経営力創成の研究

東洋大学経営力創成研究センター 編

Research Center for Creative Management,
Toyo University

学文社

まえがき

　21世紀以降，経営のグローバル化によって順調に新しい展開を遂げつつあった日本企業は，サブプライムローン問題による金融市場の混乱を契機として，企業経営に大きな危機を生じさせることになりました．このような経営状況のなかで日本企業の経営者は，経営体をリードする経営実践家として，新たな経営環境の中で経営の社会責任が問われているわけであります．日本企業を取り巻く経営環境は，金融・経済・政治・法律・社会環境や文化環境はもとより，科学・テクノロジー環境や自然環境にまで及んだ広領域にわたっており，これらの環境から日本企業は大きな圧力と影響を受けております．1990年代および2000年代において，多くの日本企業の経営が必ずしも十分な改革を行うことができませんでした．しかし，今日の日本企業は，この難局に対し，新しい経営課題に向けて果敢に挑戦を続け，展開していく必要があります．

　さて，東洋大学経営力創成研究センターは，2004年6月に文部科学省の「私立大学学術研究高度化推進事業」を受けたオープンリサーチセンターとして設立されました．本研究センターにおいては，研究テーマを「日本発マネジメント・マーケティング・テクノロジーによる新しい経営力の創成」として設定し，この5年間研究活動を続けてまいりました．この2009年3月で，本研究センターは，この研究活動の成果をまとめることによって終了することになりました．本書はその最終報告の成果としての出版物であります．本書には13本の論文を収録しております．ここで展開した研究員の研究成果は，日本企業における「日本発の新しい競争力の創成」への手掛かりになることを期待しております．

　本センターの特徴の一つとして，日本企業の経営実践家をお招きしてのシンポジウムを開催し，研究者と経営実践家との研究交流を行う場として有意義な

ものにしてきました．またそのことは，研究者・経営実践家が日本企業の経営実践の実態を知り，研究交流を通じて生成した経営実践モデルを構築するための力となっております．

　なお，巻末に本研究センターの概要と活動報告を掲載しております．本研究センターの事業・研究活動の一端をご理解いただくと同時に，本研究センターで発行した年報『経営力創成研究』5巻と本書を加えた出版物2点を参照していただければ幸いです．

　最後になりましたが，この5年間の長きにわたり，本研究センターにご尽力いただきましたとりわけシンポジウムにご参加いただいた研究員，経営実践家の先生がたをはじめ，関係者各位の皆様のご協力に感謝申し上げる次第です．また本書出版にあたり，学文社社長の田中千津子氏には並々ならぬご尽力をいただきました．あわせて感謝する次第です．

2009年2月5日

東洋大学経営力創成研究センター
センター長　小椋　康宏

目　次

第1章　経営力創成と現代経営者 ― 1
1. 問題の所在……1
2. 企業価値創造の枠組みと経営力の影響……3
3. 経営力の創成とは何か―投資媒体モデルと対境モデルとの関連で―……5
   3.1 経営力の創成……5／3.2 投資媒体モデル……6／3.3 対境モデル……8
4. 現代経営者のCSR……9
   4.1 経済同友会のCSRに関する最近の取り組みと課題……9／4.2 現代経営者のCSR……11／4.3 キャロルとブックホルツ（Carroll and Buchholtz）によるCSRの見解……14
5. 結　び……18

第2章　自己統治経営者の経営力創成の条件 ― 21
1. はじめに……21
2. 21世紀の企業が直面する新たな状況……21
3. 企業が共有すべき「持続可能な発展」理念……22
4. 「社会に信頼される企業」の形成……24
5. 他者統治から自己統治へ：自己統治経営者への期待……26
6. 自己統治経営者の経営力創成の条件……28
   6.1 経済同友会の調査結果にみる次世代経営者育成の実態……29／6.2 産労総合研究所の調査結果にみる次世代経営者育成の実態

……31／6.3　社会経済生産性本部の調査結果にみる次世代経営者育成の実態……33／6.4　自己統治経営者の経営力創成の条件……35
7. おわりに……36

第3章　経営の全体的な調整・統合化—バーナード＆ドラッカー理論とERP/SEM実践— ──────── 38

1. 経営の全体的な調整・統合化による経営力創成の可能性……38
2. 水平的／垂直的／関係的な調整・統合化の理論とERP/SEM等の実践……38
3. バーナードの技術的統合化論・効用的統合化論やドノヴァンたちの経営価値創造論とERP/SEM等の実践……40

    3.1　バーナードの公式組織概念と技術的統合化論・効用的統合化論……40／3.2　バーナードの効用的統合化論の発展としてのドノヴァンたちの経営価値創造論……43／3.3　ERP/SEM等の実践との関連づけ……46

4. ドラッカーの会計と経営情報処理のシステム的統合化論とERP/SEM等の実践……51

    4.1　ドラッカーの会計と経営情報処理のシステム的統合化論……51／4.2　ERP/SEM等の実践との関連づけ……55

5. ERP/SEM中心の情報システムに関する経営学的研究の必要性……58

第4章　資源ベース論からみたマネジリアル・ケイパビリティ—持続的競争優位性の構築を求めて— ──────── 61

1. はじめに……61
2. 外部環境重視の戦略論から内部環境重視の戦略論へ……61
3. 資源ベース論の持続的競争優位性……63

4. コンピタンスをベースとした戦略策定……65
　5. 持続可能な競争優位性獲得のためのコンピタンス・ベースのモデル……67
　6. システムとしてのコア・コンピタンス……70
　7. 知識に注目した資源ベース論……71
　8. おわりに……72

第5章　人材マネジメントの革新と競争力の創成―新しい人材像と人事部門― ―――― 76
　1. はじめに……76
　2. 人材マネジメントの史的展開……77
　　2.1　人材マネジメントの概念……77／2.2　内的側面を重視する戦略論へのシフト……78／2.3　戦略的人材マネジメントの展開……79
　3. 人材マネジメントにみる能力概念……80
　　3.1　企業において求められる能力……80／3.2　顕在能力と潜在能力の関連性……81／3.3　能力マップ……82
　4. 多様化する人材と技術経営（MOT）人材の育成……84
　　4.1　多様な人材と労働市場の変化……84／4.2　MOT人材育成の進展……85／4.3　わが国のMOT人材育成の現状……86
　5. 新しい人事部門の役割……88
　　5.1　ドゥアブルからデリバラブルへの転換……88／5.2　ウルリッチにみる新しい人事部門の役割……89／5.3　競争力ある人材マネジメントと人事部門の方向性……90
　6. おわりに……92

第6章　環境経営と組織間関係 ―――― 97
　1. はじめに……97

2. 環境経営と閉じた組織観……97
3. 環境経営と企業間関係……100
4. 企業間関係から組織間関係へ……103
　4.1　環境経営と利害関係者……103／4.2　環境経営と環境責任主体ネットワーク……104
5. おわりに……106

第7章　経営力の創成とビジネスモデル ―――― 110

1. はじめに……110
2. ビジネスモデルの概念……111
　2.1　戦略的な概念としてのビジネスモデル……111
3. ビジネスモデルの一般化過程……113
　3.1　ビジネスメソッド（business method）としてのフランチャイジング（franchising）……114／3.2　システム・フランチャイジング（system franchising）……115／3.3　ビジネスフォーマット・フランチャイジング……118／3.4　フランチャイジングのわが国への移植とビジネスモデル化……119
4. ビジネスモデルとしてのフランチャイジングの有効性……120
5. まとめ……126

第8章　化学産業の技術開発動向とトップ・マネジメント構成 ―― 132

1. はじめに……132
2. 化学産業の特徴と技術開発動向……134
3. トップ・マネジメント構成と技術開発動向に関する先行研究……140
4. サンプルと分析方法，および変数……143
　4.1　サンプルの選択とその理由……143／4.2　開発期間の選定理由……143／4.3　分析方法……145／4.4　従属変数……145／4.5

　　　　独立変数とコントロール変数……146
　5. 分析結果と考察……146
　6. 結　　語……149

第9章　板ガラス産業における競争力と寡占形成要因――旭硝子の事例を中心に―― 155

　1. はじめに……155
　2. 競争力を重層的にとらえる……156
　3. 際立つ製品競争力……157
　4. 競争力の源泉は「摺り合わせの組織能力」……160
　5. 建築用板ガラス市場はなぜ寡占か？……164
　6. 操業ノウハウ移転の海外戦略――タイ工場のケースを中心に――……167
　　　6.1　積極的な海外進出……167／6.2　アジアの生産基地・タイ工場……167
　7. おわりに……176

第10章　日本発マーケティング概念と競争力創成について 179

　1. はじめに……179
　2. アメリカ発マーケティング……180
　　　2.1　マーケティングの誕生……180／2.2　AMAによる定義……181
　3. 日本におけるマーケティングの導入と理解……186
　　　3.1　マーケティングという言葉の流入……186／3.2　日本生産性本部「トップマネジメント訪米視察団」(1955年)の帰国記者会見……187／3.3　日本生産性本部「マーケッティング専門視察団」(1956年)による報告……187／3.4　日本生産性本部「第2次マーケティング専門視察団」(1958年)による報告……188／3.5　導入

時のわが国での理解……189
	4. 日本発マーケティング……190
		4.1 日米のマーケティング理解の異同……190 ／ 4.2 JMAによる定義作成……191 ／ 4.3 日本発マーケティング……193

第11章　JR東日本とヤマハ楽器の競争力の理由—マーケティングの視点から—　　199

1. はじめに……199
2. JR東日本……199
	2.1 JR東日本の柔軟な事業（市場）展開……204 ／ 2.2 JR東日本の市場創造と最適なニッチの発見……207
3. ヤマハ楽器……210
	3.1 ヤマハ楽器の柔軟な事業（市場）展開……215 ／ 3.2 ヤマハ楽器の市場創造と最適なニッチの発見……218
4. おわりに……222

第12章　技術進歩と規制の下での技術採用政策　　225

1. はじめに……225
2. モデル……226
3. キャッシュフローの具体例と新技術採用タイミング……227
4. 数値例……229
5. 結　論……231

第13章　産学官連携による新産業関連技術の創成と学術研究都市の経営　　234

1. はじめに……234
2. 市場競争力の多重的構造……235

2.1　グローバルな市場競争原理……235／2.2　競争力の多重構造……236
3. イノベーションの創出に向けた中小企業の変革……238
　　3.1　中小企業経営者のリーダーシップ……238／3.2　中小企業経営者の企業家精神……239
4. 欧米における企業競争力の強化政策……240
　　4.1　アメリカにおける企業競争力の強化政策……240／4.2　EUにおける企業競争力の強化政策……241／4.3　OECDにおける企業競争力の強化政策……243
5. 企業競争力の源泉としてのクラスター……244
　　5.1　新しい産業集積による企業競争力の創成……244／5.2　産業クラスターにおける知識イノベーションの創出……245
6. 英国における企業競争力とケンブリッジ・サイエンスパークの形成……246
　　6.1　ケンブリッジ現象とハイテククラスターの創成……246／6.2　産学官連携と学術研究都市の成長……247／6.3　サイエンスパークを主導する地域ネットワークの役割……248
7. わが国における産業クラスターの形成と北九州学術研究都市の経営……250
8. 北九州市発のモノづくりのまちと新産業関連技術の創成……251
　　8.1　新産業関連技術の創成……251／8.2　北九州市モノづくりの産業振興プラン……252／8.3　北九州市モノづくり産業振興プランの基本戦略……253
9. おわりに……255

〔資料〕東洋大学経営力創成研究センターの概要と活動報告
1. 本センターの概要……258

2. シンポジウム……258

3. 刊行物……260

索　引 ——————————————— 261

第 1 章

経営力創成と現代経営者

1．問題の所在

　21世紀における経営環境は，日増しに大きな変容をもたらすことになった．サブ・プライム・ローンによる金融問題，エネルギーの問題，従業員（作業者，正規雇用者，非正規雇用者を含む）を取り扱う問題，CSR（corporate social responsibility：企業の社会的責任（コンプライアンスを含む））の問題は，いずれも21世紀の新しい企業経営にいくつかの重要な経営課題をつきつけてきたといってよい．

　21世紀の経営実践を検討する場合，ここでは環境変容として2つのグローバル化を考えてきた．ひとつは経営のグローバル化（globalization of management）である．経営のグローバル化は，国境を超えて経営活動する経営システムを意味している．ここでは，従来の日本的経営から日本型経営の経営実践を考えることになる．日本企業の経営者はアベグレン（2004）（Abegglen（2006））も指摘するように，マネジメント（management）を導入することによって，マネジメントを取り入れた日本的経営実践を展開してきたのである．今日，この日本的経営から日本型経営への転換が求められているといえる．もうひとつのグローバル化は，金融のグローバル化である．金融のグローバル化は，かねが国境を超えて自由に移動するところから，金融・資本市場の国際化・グローバル化が会社・経営体に強い圧力をもたらすことになった．具体的な経営課題は，M&A（mergers and acquisitions）にみられるように企業合併・買収の脅威であり，経営体そのものが，外部の金融・資本市場のなかにさらされることを意味している．

今日，日本企業の将来を考え，また日本型経営の原理を構築し世界に発信することは，きわめて重要なことである．そのためには，現代経営者が新たな経営力をもって，経営活動する必要がある．経営力は，財務力・組織力・マーケティング力・テクノロジー力を統合する能力を含んでいる（小椋，2006, p.35）．

　経営力とは何か．ここでは，経営力が企業競争力を強くする基礎力であり，経営者がこの経営力をもって経営実践するのであり，経営力が企業競争力を上げる重要な要素となっている．

　ところで，日本企業における最近20年間の経営実践の流れをみてみると，1980年代のバブル経済の崩壊は，1990年代に入り，日本企業の経営者は，日本企業の再生を考え，経営するようになった．しかしながら，日本的経営に基づく経営改革は必ずしも大きな成果とはならず，1990年代後半に入って，ようやく企業価値創造のもとに経営改革が行われるようになった．とくに事業の絞り込み，研究開発投資の重視および企業価値評価の重視が行われ，それらの点検は，経営のグローバル化を含めた戦略提携およびM&Aという経営方針の遂行につながったのである．経営財務における「資本コスト」の原理が財務的意思決定基準のなかに組み込まれたのもこの時期である．

　2000年代に入ると，「株主重視の経営」が強く打ち出されてくる．株式の時価総額が企業価値評価の基準として，経営指標となる．また，自然環境に代表される経営環境の変化が企業経営の意思決定に大きな影響を与えることになる．経営体は，地球環境にやさしい経営を意識し，経営活動をする．この数ヶ月の人員削減の問題は，あらためて従業員の雇用の大切さを現代経営者に教えており，今後の研究課題である．

　以上のような問題の変革を基礎にして，本章では，現代経営者の経営力創成とCSRを中心にその理論的意味を論じてみたい．

2．企業価値創造の枠組みと経営力の影響

　企業価値創造の枠組みは，経営財務の基本的枠組みのなかで示される．現代経営者は，企業価値創造を経営目標の基礎におくことになる．この財務でいう企業価値は，金融・資本市場であるマーケットで評価される．グローバル化時代の企業価値創造は，財務の視点からみると「企業価値最大化」あるいは「株価最大化」を経営行動の経営指針としてとりあげることになる．

　図表1－1は，企業価値の基本モデルを経営財務目標として，そのもとにフリー・キャッシュ・フローと加重平均資本コスト（weighted average cost of capital; WACC）に分解して説明している．フリー・キャッシュ・フローにおける3つの主要な決定要素は，①売上高，②営業費用および税金，③投資活動における必要投資額である．

　キャッシュ・フローの第1の決定要素は，事業単位の売上高，事業単位の価格および期待未来成長率の現行水準に依存する．経営者は，実際に顧客をよく理解し，顧客が望む財やサービスを提供することによって，事業単位の売上高を増大し，キャッシュ・フローを増大することができる．

　キャッシュ・フローの第2の決定要素は，営業費用と税金とを結びつけた効果であり，キャッシュ・フローは会社が従業員と供給者に支払った後に，投資家に利用可能な税引き後利益の総額である．

　キャッシュ・フローに影響を与える第3の決定要素は，会社が経営活動に投資しなければならない貨幣総額（工場，設備，コンピュータ・システムおよび棚卸資産といった資産を含む）である．

　他方，ここでの加重平均資本コストは，会社の資本コストとして考えられ，資金調達の組み合わせによって，加重平均資本コストが計算される．資本コストが経営財務の基本的枠組みで重要な概念としてとりあげられ，1990年代後半以降，日本企業の経営財務実践に組み込まれてきた点については評価してよい．この枠組みでの資本コストは，利子率，企業リスク，マーケット・リスク

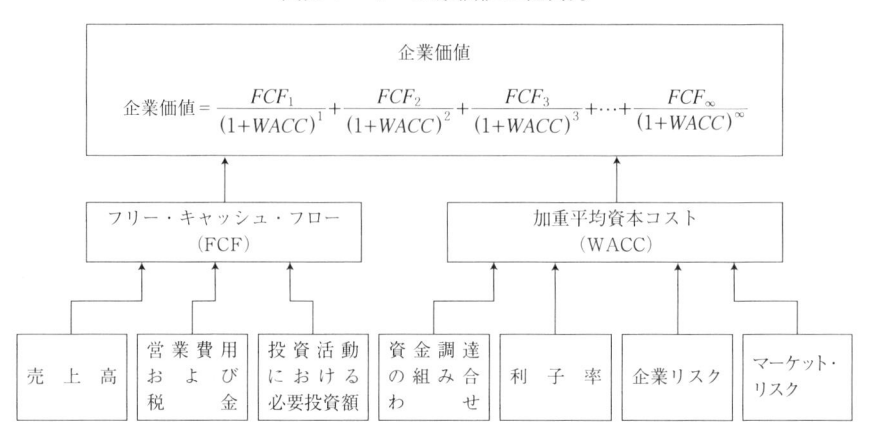

図表1―1　企業価値と経営力

$$企業価値 = \frac{FCF_1}{(1+WACC)^1} + \frac{FCF_2}{(1+WACC)^2} + \frac{FCF_3}{(1+WACC)^3} + \cdots + \frac{FCF_\infty}{(1+WACC)^\infty}$$

フリー・キャッシュ・フロー（FCF）: 売上高／営業費用および税金／投資活動における必要投資額

加重平均資本コスト（WACC）: 資金調達の組み合わせ／利子率／企業リスク／マーケット・リスク

出所）Ehrhardt and Brigham（2006）p.9 より筆者作成

の影響を受けたものである．これは，金融市場が会社の資本コストに重要な影響を与えているということである．

　企業価値最大化は「経営力」によって達成される．経営力はキャッシュ・フローを創造する力，たとえば「研究開発・製品開発力」，「テクノロジー力」，「人事・労務力」，「組織力」，「マーケティング力」，「営業力」あるいは「資本調達力」即ち「財務力」をまとめる能力を意味する．したがって，その経営力の創成によって，企業価値が増大することにつながるのである．ここに企業価値創造への「経営力」の影響を理解することができる．

　日本企業の将来を考え，日本型経営の原理を構築することになれば，そのなかに，経営力が重要な要素としてとりあげられることになる．経営力とは何か．ここでは，経営力を競争力との関連でとりあげることにする．もちろん経営力は今日の経営体・経営者がもつものとして特別の意味をもっている．それは，今日，経営者がリードする経営体において経営力が経営を展開させるキーワードであり，その経営力をもって，経営者は，経営体そのものの社会的存在をステークホルダーに対し示すことになる．

3．経営力の創成とは何か
　　——投資媒体モデルと対境モデルとの関連で——

3.1　経営力の創成

　経営者は，経営力の創成を通して経営体を新しい経営体制の段階へと発展させる．21世紀における日本型経営では，経営体の社会的存在としての位置づけと同時に，経営体をリードする専門家としての経営者の能力を高めることが重要である．経営者の能力評価は，経営者の経営能力による．それでは，経営力とは何を意味することになるのか．

　経営力とは，経営者が経営ビジョンを掲げ，経営体を経営目的に向かって，推進させる力である．経営力は経営という機能の力であって，財務・労務・生産・販売等の職能をまとめたものを統率し，経営体を成長させる機能の推進力である．すなわち，経営力は経営体全体を指導する経営機能の推進力を意味し，経営体内において執行されるマネジメント機能以外の職能をリードする経営機能を包摂するものであり，マネジメント自体の能力と関連する．経営者は，経営体における経営資源の維持に対する責任を担っている．この経営資源の維持機能は，経営体の持続的成長の基礎にある機能であるといってよい．経営者は経営体を構成する有形・無形の経営資源の維持および有効的利用に関する能力を備えあわせている．

　図表1—2は，次のことを表している．経営体は経営・管理・作業の階層に分けられ，作業階層には，それぞれの専門的職能が含まれる．たとえば作業階層には，財務・労務・生産・販売等にいたる専門的職能があり，それを統率する経営と管理にはマネジメント機能の専門的機能（経営と管理が示す）が経営体を構成する（小椋，2008a，p.4）．

　前者は，スペシャリストとしての職能を示し，後者はゼネラリストとしてのマネジメント機能を示している．マネジメントのなかには，経営の最高意思決定機能に加え，管理の部分機能である計画・組織・統制のマネジメント・プロ

図表1―2　経営体

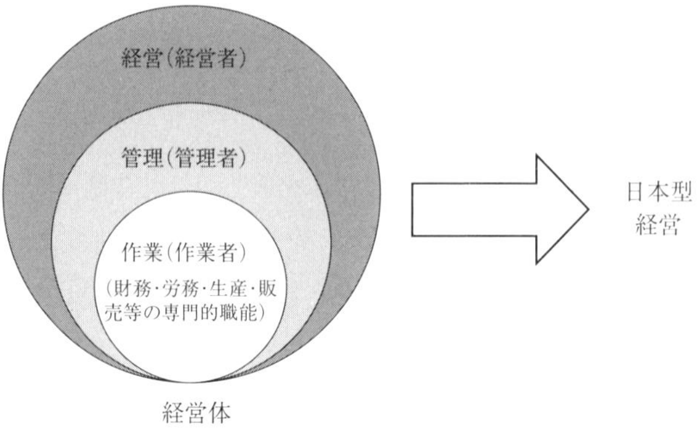

（経営体の同心円図：外側から「経営（経営者）」「管理（管理者）」「作業（作業者）（財務・労務・生産・販売等の専門的職能）」、矢印で「日本型経営」へ）

セスがマネジメント・サイクルによって経営実践される．

3.2　投資媒体モデル

　経営体が持続・成長する根底に資本の維持がある．また，経営体の持続・成長のためには，現代経営者の経営力が求められる．ここでは，経営力を支える基本的力としての財務力をとりあげてみよう．

　財務力を考える上で，まず経営財務の枠組みを考える．企業価値創造をもとに，ここでは，会社に関する2つのモデルを説明する．

　エメリー，フィナーティとストーエ（Emery, Finnerty & Stowe, 2007, pp. 9-10）は次のように説明する．

　まず第1に，投資媒体モデルである．このモデルは3つの主要な財務領域と関連している．図表1―3に示される投資媒体モデルは，会社の3つの主要な領域を表している．投資家は，有価証券の交換によって資金を提供する．そのとき，会社は，その資金を投下し，利益を投資家に支払う．エメリー他（2007）によれば，2つの基本的なタイプの金融資産，エクイティ（equity）とデット（debt）を次のように定義する．エクイティとは経営体の所有権である．典型的なものとしては，普通株式によって示される．すべての普通株式を所有

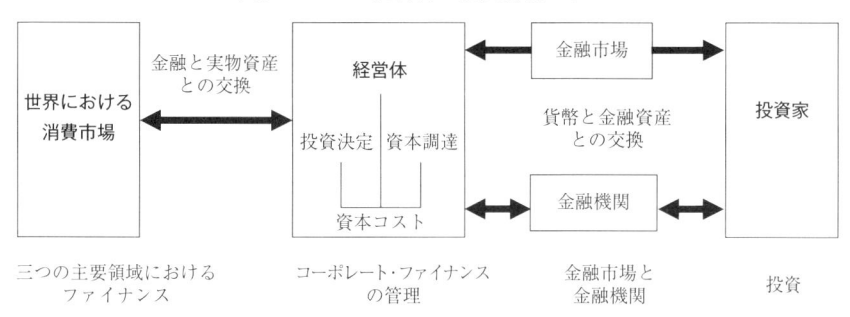

図表1-3　経営体の投資媒体モデル

世界における消費市場	←金融と実物資産との交換→	経営体 投資決定　資本調達 資本コスト	←金融市場→ 貨幣と金融資産との交換 ←金融機関→	投資家
三つの主要領域におけるファイナンス		コーポレート・ファイナンスの管理	金融市場と金融機関	投資

出所) Emery, Finnerty and Stowe (2007) p.9 より一部修正

する人は経営体を支配する．複数の株主の場合には，所有権は持分の割合となる．会社の総数1,000株のうち350株を所有する株主は，35％の株式を所有していることになる．

　デットは，契約上将来の支払いに同意する法的義務である．利子と元金（最初のデット金額）の支払いとして一体化される．

　デット保有者は，会社に金を貸し付ける．所有者と経営者は，会社が支払いの義務を果たしている限り，所有権の権利をもたない．会社は資金の利用をコントロールできる．

　エメリー他（2007）による投資媒体モデルでは，経営者は，株主の最善の利益にのみ行動する中立的金融機関であるという．とくに中小の経営体の場合には，所有者は経営者である．このような場合には，彼らが同一人物であるため，所有者と経営者との間に明確な葛藤はない．

　経営体の投資媒体モデルでは，経営者が株主の富を最大化しなければならないという経営財務目標に一致しているといえる．株主の富を最大化する「完全」な市場（所有者，経営者が葛藤のない世界）では，株主の富の最大化は，理論的に正当な経営目的である．このためには，投資媒体モデルは，財務論的意思決定を分析するための最もよい出発点であるといえる．

3.3 対境モデル

　経営体の一連の対境モデルは，投資媒体モデルを精緻化したものである．エメリー他（2007）によれば，これは，投資媒体モデルから出発する（ここでは，山城章（1982）の対境理論からエメリー他（2007）のモデルを一部修正している）．しかしこれは，経営体の多くのステークホルダー間での契約（関係）において生ずる不完全さを認識している．図表1－4は，経営体と主要な多くのステークホルダーとの関係を示している．ここでは，経営体をリードする経営者が主体としてその経営体とステークホルダーとの対境関係を示している．

　経営体の一連の対境モデルにおける契約は，明示的であり，非明示的でもある．明示的な契約においては，会社は特定の約束をする．非明示的契約は社債，以前に売られた製品の期限付きの保証，就業期限付従業員に対する契約解除および年金負担金といったようなものを含んでいる．正直であるが正当でない情報である非明示的な契約がある．従業員は，自分らの最善の努力を与えるという非明示的な契約をもっている．経営者は株主の最善の利益に向かって行動するという株主と非明示的な契約をもつ．作業現場の安全基準や製造物責任といった原則的で法的要件は明示的であるが，非明示的契約である．

　以上のように，エメリー他（2007）の投資媒体モデルを修正し，また山城（1982）の対境理論に基づくステークホルダー論を考えると，そこでは，主体である経営者の役割が重要となる．山城によれば，経営実践学の研究方法，研究態度が芸術の学問などと等しい内容をもつという考え方から，ここでは経営者の研究はその態度において全人性（全人格的）をもっているという．したがって現代経営者は，ステークホルダーを含めた経営社会において，こういった社会的責任（CSR）を遂行する担い手としての役割をもっているのである．

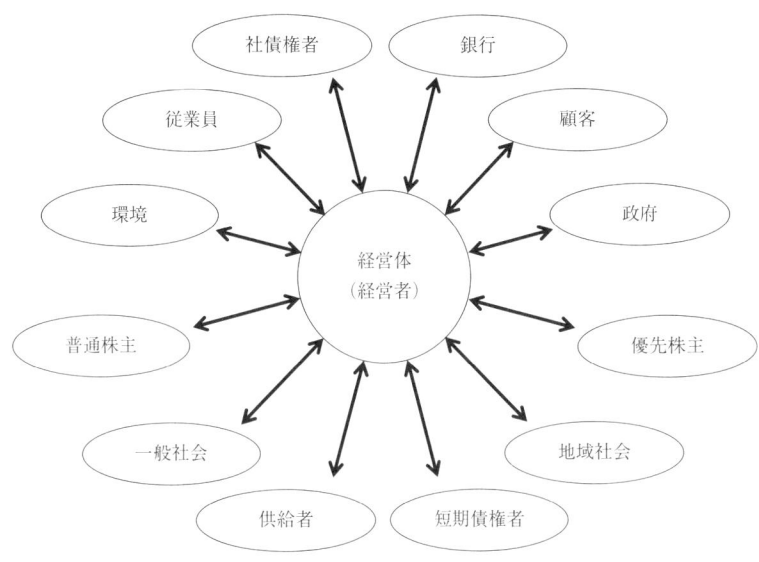

第1章　経営力創成と現代経営者　9

図表1—4　経営体の一連の対境モデル

(図：中心に「経営体（経営者）」、周囲に「社債権者」「銀行」「従業員」「顧客」「環境」「政府」「普通株主」「優先株主」「一般社会」「地域社会」「供給者」「短期債権者」が双方向矢印で結ばれている)

出所）Emery, et al.（2007）p.9 より一部修正

4．現代経営者のCSR

4.1　経済同友会のCSRに関する最近の取り組みと課題

　経営実践家（現代経営者）の集団である経済同友会は図表1—5で示すように，CSRに関し，最近の取り組みと課題を提示してきた．

　経済同友会（2008b）は，CSRについて次のように述べている．

　「現代社会は様々な社会的課題に直面しており，これらに対して社会から求められる企業の役割は格段に大きくなっている．企業には，法令遵守等による信頼構築の『守りのCSR』と，潜在的な社会的ニーズを先取りして価値創造をめざす『攻めのCSR』を両輪とする『価値創造型CSR』の取り組みが求められる．日本人の民族的特性で挙げた『高い倫理観・道徳心』『自然との共生』『思いやり』『謙虚さ・自制心』などの要素や，日本企業の強みで挙げた『長期的視野に立った経営』『環境に優しい技術・製品を生み出す力』などは，価値

図表1—5　経済同友会のCSRに関する取り組み状況

年度	委員会（委員長）	主な活動内容
1999年度	経済社会思想を考える委員会（南直哉委員長）	■『我々の考える経済社会』
2000年度		■『21世紀宣言』（「市場の進化」の提唱）
2001年度	「市場の進化と21世紀の企業」研究会（斉藤敏一座長）	■第1回「経営者意識調査」
2002年度		■欧州現地調査（英国、ベルギー、ドイツ、スイス） ■第15回企業白書『市場の進化と社会的責任経営』（CSRの提唱、自己評価シート）
2003年度	CSR推進委員会（桜井正光委員長）	■第1回「自己評価」の実施 ■『日本企業のCSR：現状と課題—自己評価レポート2003』
2004年度	CSR推進委員会（原良也委員長）	■「自己評価シート」の改訂
2005年度		■シンポジウム開催 ■第2回「経営者意識調査」および「自己評価」の実施 ■『日本企業のCSR：進捗と展望—自己評価レポート2006』
2006年度		■『CSRイノベーション～事業活動を通じたCSRによる新たな価値創造～』日本企業のグッド・プラクティス2007

出所）経済同友会（2008a）p. 7

創造型CSRの実践には強みとなりうる可能性を持っているので，それらが遺憾なく発揮されるよう，企業経営者のリーダーシップある取り組みが重要となる．」（経済同友会，2008b, p. 39）

　ここでは，CSRの内容が日本人の民族的特性に基づいているという．しかし，今日の日本企業の現状について経済同友会（2008b）は次のようにも述べている．

　「しかしながら，現状では，さまざまな企業不祥事が発生しており，企業に対する信頼感が揺らいでいる．これに伴って各種規制が強化されることは，企業の活力を失わせ，経済全体を委縮させるだけでなく，一部にはその場しのぎの対応や抜け道探しを図る動きを生じさせ，一段の規制強化に向かわせるという悪循環を生みだしてしまう危険性をはらんでいる．今こそ企業経営者はCSRの本質を再確認し，自主・自律の力を発揮して，社会からの信頼を取り戻すとともに，社会的課題の解決に貢献しなければならない．」（経済同友会，

2008b, p. 39）

　ここでは，日本の企業経営者に対し，CSR の重要性を認識させ，社会からの信頼の回復を取り戻すことを強く主張することになる．

　「経済同友会では，1973 年に木川田一隆代表幹事が，所見『社会進歩への行動転換』の中で，『企業に原点を置いて社会を見るという態度から，社会に原点をおいて企業のあり方を考えるという発想の 180 度の転換』が必要であると唱え，その後の『21 世紀宣言』（2000 年 12 月），第 15 回企業白書（2003 年 3 月）などの活動に引き継がれている．」（経済同友会，2008b, p. 39）

　日本企業の経営実践家が提起する CSR 論は，日本流の経営実践のなかに経営原理として組み込む必要がある．しかしながら，企業不祥事が続いたり，最近の非正規従業員や正規従業員の解雇にみられるように，日本企業の経営者が基本的な経営理念を失っているかにみえる経営実践に対し，ひとつの批判的見解を示しておく必要がある．基本的な CSR 論としては，各ステークホルダーへの経営体側の基本行動原理を示すことにある．企業体制の発展の帰結として生成した経営体は，経営社会における社会的存在としての意味を理解することである．

4.2　現代経営者の CSR

　経済同友会（2008a）は，2007 年度の社会的責任委員会の提言において，価値創造型 CSR への行動指針として以下の 6 項目を挙げている．次に，その要点をみてみよう．

　① 経営トップのリーダーシップとコミットメントが必須である

　「経営トップの積極的かつ明確な意思の表明と実行が必須である．『CSR は経営そのもの』であり，CSR 担当部署だけが頑張ればよいというものではなく，経営トップの意欲が不可欠であり，常に何らかのメッセージやコミットメントが社内に発信されることが重要である．」（経済同友会，2008a, p. 11）

② 社会からの期待と要請，社会的課題を直視する

「社会からの要請と期待，社会的課題や全地球的な課題を，幅広い視野と感受性を持って把握することが重要である．経営トップはこれを自らの課題と位置付け，担当部署と積極的な連携を図らなければならない．その中から様々な社会的課題から価値創造に繋がる成長の芽（ニーズ・シーズ）を発掘するためには，各ステークホルダーとの対話ならびに現場を重視（現場確認）する姿勢が求められる．そのためには，NGO や NPO との協力・連携も有効である．」（経済同友会，2008a, p.11）

③ 社会性を備えた人材を育成する

「社会からの要請と期待に応えるためには，従業員の感受性と誠実さに基づいた行動力が求められ，社会性を備えた人材を擁していることは，企業経営にとって重要な競争力の源泉になる可能性が大きい．企業が CSR 経営を推進していくことを通じて，社会性を備えた人材が育成されていくという好循環を期待したい．」（経済同友会，2008a, p.12）

④ PDCA サイクルによる CSR マネジメントシステムを確立する

「各企業は自社のステークホルダーのニーズを踏まえ，どのような社会的課題に取り組むかを選択し，戦略の策定と展開（P）～価値創造のプロセス（D）で実行し，その活動結果を評価（C）し，次の施策（A）に繋げる．この一連のマネジメントシステムを継続的に回すことで自社の社会的価値を向上させることが理想である．この PDCA サイクルの中では，企業の自己満足的な評価ではなく，社会の評価を把握する仕組みを確立する C（Check：評価）のステップが重要である．社会的課題への取り組みにより社会変革が起これば，自ずと社会がその企業を認めることになる．」（経済同友会，2008a, p.12）

⑤　一企業を超えた連携を図る

「個別企業の能力を超えて対応すべきケースなどでは，業界内の協力・連携や他業種間での協力・連携も有効なアプローチであると考える．これにより，問題意識の共有，情報の共有，成功例の共有などが促され，日本企業全体のCSRのレベルアップに繋がる．また，中小企業のCSRの取り組みやSCM（サプライ・チェーン・マネジメント）にも大きな効果が期待できる．規制に頼らず，業界自らが自浄機能を発揮することが必要不可欠である．」（経済同友会，2008a，p.14）

⑥　ステークホルダーとの多面的な対話を活かす

「多種多様で複雑化・複合化している社会的課題・地球的課題を解決に導くためには，企業セクターだけでなく，様々なステークホルダー間における多面的な交流（マルチ・ステークホルダー・コミュニケーション）を通じた，現状把握・認識，問題意識の共有化，相互理解の増進，協力連携，ルール化が必要不可欠である．特定のセクターに課題解決を押し付けたり，過度な依存をすることなく，各々の経営資源を提供しあい，役割を分担しながら協働して社会的課題を解決するWin-Win型のアプローチが社会変革（ソーシャル・イノベーション）を誘発する大きな原動力になる．ステークホルダーの視点が弱いという日本企業の現状を打開し，ステークホルダーとのコミュニケーションを活性化すべきである．」（経済同友会，2008a，p.15）

ここでとりあげた6項目における内容は，現代経営者が今日とるべき姿の指針を示したものであると考えることができる．

①のリーダーシップとコミットメントについては，経営者が現在，何を行っていてどこへ進もうとしているのか，とくに従業員に対しビジョンを発信することである．

②の社会的要請に応える点については，経営体自体が開かれた存在になっ

ている点が重要であり，IR (investor relations；インベスター・リレーションズ) のコミュニケーションが問われているといえる．

③の社会性を備えた人材の育成については，当然 OJT (on the job training；職場内教育) を活用し，企業内で重要な経営教育プログラムの作成が問われることになる．

④のCSRマネジメント・システムの確立については，CSRのマネジメント・システムを通常のマネジメント・システムとうまく関連づける必要がある．つまり，ステークホルダーからの評価システムを経営体自体の主体的評価システムのなかに組み込むことである．

⑤のCSRに関する連携は，新しい組織間関係の構築にもつながる．グループ会社のみならず競争会社との関係がCSR活動を通じて前向きな経営活動につながることになれば，そのことについては，新しい経営社会を生み出すことであり，評価してよい．

⑥ステークホルダーとの多面的対話については，新しい対境関係の構築が必要であり，経営の情報公開の重要さを示すことになろう．

4.3　キャロルとブックホルツ (Carroll and Buchholtz) によるCSRの見解

企業の社会的責任の概念については，キャロルとブックホルツによれば，以下のように考えられてきた．

キャロルとブックホルツは，「まず，CSRの初期の見解では，企業社会責任は，会社の社会に対する活動の影響を真面目に考えることである．また他の定義では，社会的責任の考え方が全体の社会的システムの用語で個人に対し，自分らの行動を考えさせることを必要とする」(Carroll and Buchholtz, 2005, pp.30-31) と述べた．

これらの定義の両者とも，われわれに対して，ある主要な歴史を助ける社会的責任の考え方のなかに第一義的な洞察力を与えてきた．

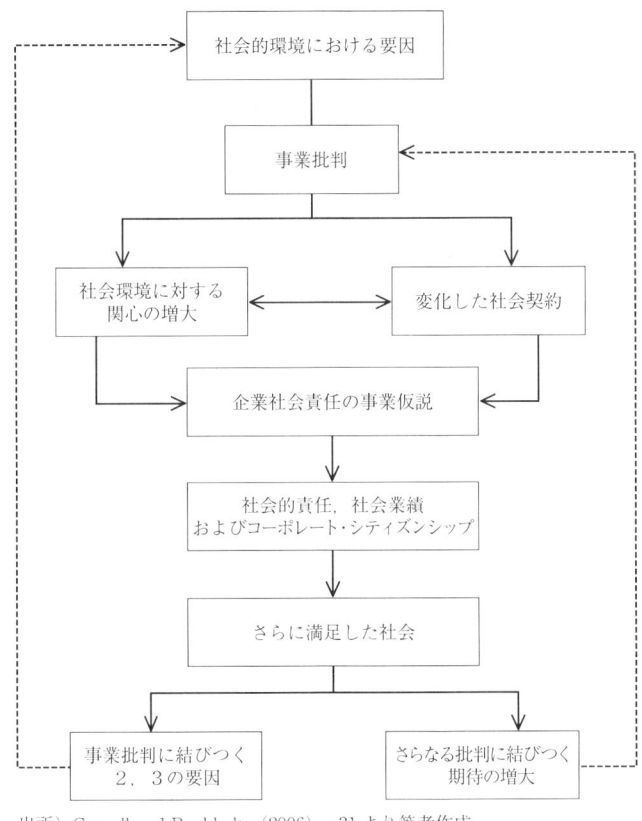

図表1－6　事業批判対社会的反応循環

```
社会的環境における要因
        ↓
     事業批判
       ↓
社会環境に対する    変化した社会契約
関心の増大    ↔    
        ↓
  企業社会責任の事業仮説
        ↓
  社会的責任，社会業績
  およびコーポレート・シティズンシップ
        ↓
    さらに満足した社会
     ↓        ↓
事業批判に結びつく  さらなる批判に結びつく
 2，3の要因       期待の増大
```

出所）Carroll and Buchholtz (2006) p.31 より筆者作成

　図表1－6は，CSRの概念がキャロルとブックホルツが導入した考え方をいかに成長させたかを表現しながら，事業批判対社会的反応循環を説明している．この図表は，ステークホルダーに対して増大する企業の反応や改善された社会的（ステークホルダー）業績によって導いてきたことを明らかにしている．キャロルとブックホルツによれば，企業市民（corporate citizenship）の概念を次のように展開している．

　企業の社会的責任は，義務と説明責任を強調する．それは，企業の社会的反

応として，具現化され，企業の行動や活動に影響を与えることになる．これが，企業の社会的業績として表れ，最終的には，成果や結果が強調されることになる．

これらの考え方の展開により，事業をさらに満足させる社会をもたらすことになった．しかしながら，それが事業批判に導く多くの要因を減少させてきたけれども，この満足は，同時により多くの批判を生じさせる結果を増大させることにつながった．こういった２つの影響は図表１―６に破線で示される．事業の社会業績と社会的満足の全体的水準が肯定的要因と否定的要因との相互作用にもかかわらず，時間とともに増大しなければならないということが最終結果である．事業が社会的期待に反応できないならば，それは事業対社会の関係にある重大な悪化を生じさせることとなり，悪循環のスパイラルに突入することが考えられる．

キャロルとブックホルツによるピラミッド型の企業の社会的責任は，次のように説明される（Carroll and Buchholtz, 2005, pp. 38-41.）．

CSR の４つの部分の定義をグラフ的に表現する有効的な方法が４つの層からなるピラミッドを構成している．図表１―７は，ピラミッド型企業の社会的責任（CSR）を示したものである．

このピラミッドは，この基礎にある経済的業績の基本的建築物のブロックに始まる CSR の４つの構成要素を表している．同時に，事業は法律に従うことが期待されている．法律は受容できる実践か，拒否できる実践かの社会的規範である．加えて，倫理的である事業の責任が存在する．最も基本的レベルにおいては，CSR は，正しいもの，公正なものおよび正義なものにしなければならない義務であり，ステークホルダー（従業員，消費者，環境，その他）への害を避けたり，最小限にする義務である．最後に，事業は地域社会に対し，財務的原理や人的資源に貢献したり，生活の質を改善するための社会貢献責任を課すために，よい企業市民であることが期待される．

企業社会責任に関し，完全なたとえというものはない．ピラミッド型 CSR

図表1—7　ピラミッド型企業の社会的責任

```
慈善的責任
よい企業市民でありなさい
地域社会に対して資源を還元する：
生活の質を改善する

倫理的責任
倫理的であれ
正当，公正，公平に行う責務

法的責任
法に従え
法律は正しいことと間違ったものを成文化したもの．
ルールに従って行動しろ

経済的責任
経済的であれ
上記を支える土台
```

出所）Carroll and Buchholtz（2006）p. 39 より筆者作成

図表1—8　企業社会責任の4つの構成要素の理解

社会責任の型	社会の期待	説明
経済的	社会による事業の必要性	収益性，売上高の極大化，原価の最小化，健全な戦略的意思決定をなす．注意深い配当政策・投資に関して適切で魅力的なリターンを投資家に提供する．
法的	社会による事業の必要性	すべての法律に従い，すべての規制を守る．環境法と消費者法，労働基準法，サーベンス・オクスリー法，すべての契約義務を満たす．信用保証，債務保証．
倫理的	社会による事業の必要性	問題ある実践を避ける．法律の条文と同様に精神に反応する．法律は行為の場であり，必要最低限以上で作用することを仮定している．正しく，公正であり，正義なものを実施する．倫理的リーダーシップを主張する．
社会貢献的	社会による事業の要望と期待	よい企業市民でありなさい．資源を戻しなさい．企業の社会貢献をしなさい．地域社会を支持するプログラム—教育，健康，人的サービスおよび文化と芸術—を提供しなさい．地域社会の向上に尽くしなさい．ボランティアに従事しなさい

出所）Carroll and Buchholtz（2006）p. 38 より筆者作成

も例外ではない．事業の全体の社会的責任が一体として取り扱ったり，全体としてつくりあげるとき，CSRが個々に区別した構成要素からなっているということを説明することがキャロルとブックホルツの意図にある．

CSRの構成要素が議論の目的に対する別々の概念としてとり扱ってきたけれども，これらの構成要素は，相互に排他的ではなく，経営体がその他の社会的責任と経済的責任を並列しようとしているものでもない．

キャロルとブックホルツは，事業の総合的社会責任は，経営体の経済的，法的，倫理的および社会貢献的責任を同時に満たすことを必要とすると結論づける．キャロルとブックホルツによる全体の経営体の社会的責任の方程式は，次の通りである．

経済的責任＋法的責任＋倫理的責任＋社会貢献的責任＝総経営体社会責任

このようにして，キャロルとブックホルツは，①経済的責任，②法的責任，③倫理的責任，④社会貢献的責任の4つを経営社会責任の全体として位置づけていることに注意したい．つまり，キャロルとブックホルツは，ピラミッド型の社会的責任を示したわけであるが，それらは一体としての経営社会責任を主張しているのである．

山城（1982）が主張してきた社会的責任論は次の通りとなっている．そこでは，経営社会責任を(1)社会性，(2)公益性，(3)公共性の3者に分け，それぞれを区別して考えられている．しかしながら，山城においても，以上に示した社会性，公益性，公共性の3者が相互に一体の関係をもって経営社会責任の内容を形成しているのである．

5．結　び

以上にわたって，経営力創成と現代経営者に関し，若干の私見を踏まえてそ

の経営実践的意味を検討してきた．今日における現代経営者は，ステークホルダーに対応した経営実践とともに，経営者としての行動を明確にする必要がある．現代経営者の役割は経営力の創成による経営意思決定が経営体の持続・成長に役立っていることである．現代経営者は，経営力を身につけることが求められる．経営は管理・作業を包摂しており，内部のステークホルダーはもとより，対外部のステークホルダーと対境関係をもつ．この対境関係は，経営体をリードする経営者が主体的にステークホルダーの要求と対抗することである．逆に，今日のステークホルダーは，それぞれ高い要求を経営体にぶつけることになる．経営体・経営者は主体的に現代の経営理念をもってステークホルダーと対抗することが求められる．

現代経営者は，経営体の維持・発展に対する責任を負っているので，少なくとも第一義的には資本の維持活動についての社会的責任があり，それが現代経営者の社会的責任の基礎として明確にしておく必要がある．

経営力の創成は現代経営者に課せられた経営実践であるといってよい．したがって，経営力の創成によって経営体をリードする経営者の役割は，今日の経営社会のなかで重要なものとなっている．経営体は経営・管理・作業の集合体であり，それぞれの職能および機能を担当する専門家の集団であるといってよい．経営体の経営実践原理は，日本型経営の経営実践として展開することになる．われわれは，ここにおける日本型経営を遂行する現代経営者は，強力な経営力をもつことによって，企業競争力を得ていると考える．

経営力は，「経営者が経営ビジョンを掲げ，経営体を経営目的に向かって推進させる力である」という点からみて，この経営力創成が現代経営者の社会的存在としての地位を示すことになるといってよい．今日の経営体の維持・発展は，現代経営者の経営力によって支えられているといえる．

（小椋康宏）

参考文献

小椋康宏（2006）「経営力創成に関する一考察―企業競争力との関連で―」『経営力創成研究』第2号，東洋大学経営力創成研究センター，pp. 33-44.

小椋康宏（2007）「経営力創成と企業競争力」東洋大学経営力創成研究センター編『企業競争力の研究』中央経済社，pp. 1-20.

小椋康宏（2008a）「マネジメント・プロフェッショナルの理念と育成」『経営教育研究』第11巻第1号，日本経営教育学会，pp. 1-13.

小椋康宏（2008b）「財務力創成に関する一考察―企業競争力との関連で―」『経営力創成研究』第5号，東洋大学経営力創成研究センター，pp. 67-77.

経済同友会（2007）『CSRイノベーション―事業活動を通じたCSRによる新たな価値創造―日本企業のグッド・プラクティス2007』経済同友会.

経済同友会（2008a）『価値創造型CSRによる社会変革―社会からの信頼と社会的課題に応えるCSRへ―』経済同友会.

経済同友会（2008b）『新・日本流経営の創造』経済同友会.

山城章（1970）『経営原論』丸善.

山城章（1982）『経営学〔増補版〕』白桃書房.

山城章編（1990）『経営教育ハンドブック』同文舘.

Abegglen, J. C. (2006) *21st-Century Japanese Management: New System, Lasting Values*, Palgrave Macmillan.（山岡洋一訳（2004）『新・日本の経営』日本経済新聞社.）

Carroll, A. B. and A. K. Buchholtz (2006) *Business & Society: Ethics and Stakeholder Management*, 6th ed., Thomson South-Western.

Ehrhardt, M. C. and E. F. Brigham (2006) *Corporate Finance-A Focused Approach*, 2nd ed., Thomson South-Western.

Emery, D. R., Finnerty, J. D. and J. D. Stowe (2007) *Corporate Financial Management*, 3rd ed., Pearson Prentice Hall.

第2章 自己統治経営者の経営力創成の条件

1. はじめに

　21世紀の企業はこぞって，地球社会の一員として，地球社会の「持続可能な発展」に寄与することが期待されている．日本企業もその例外ではない．日本企業がこの期待に応え得るためには，自らを「社会に信頼される企業」に高めることが必要となる．21世紀の日本企業が歩むべき道は，「社会に信頼される企業」への道であり，この高大な経営課題に応え得る経営者こそは，企業のすべての構成員から全幅の信頼を得て，自己統治を推進できる責任経営者にほかならないであろう．これが筆者の考えである．本章では，そうした自己統治経営者の経営力創成の条件を考えてみることにしたい．

2. 21世紀の企業が直面する新たな状況

　「社会に信頼される企業」は，「誠実な企業」とも「責任ある企業」とも言い換えることができる．日本企業もなぜそれに向けて歩まなければいけないのか．この問題を考えるに当たって，筆者はまず，21世紀における地球上のすべての企業が，以下にあげるような社会からの問いかけや期待や要望に，誠意をもって応えなければならない新たな状況に直面していることを指摘しておきたい．

　ひとつには，21世紀を迎えたいまなお，企業不祥事が跡を絶たない現実を眼の当たりにして，企業は社会において何のために存在するのか，その社会的役割は何なのか，という企業の根本にかかわる問いが，企業とその経営者に，

そして，社会に生きる私たちにも，投げかけられていることがある．

2つには，21世紀の企業はこぞって，地球社会の一員として，地球社会の「持続可能な発展」に寄与することが期待されていること，そして，この期待に応えるためには，企業は自らを「社会に信頼される企業」に高めることが必要とされることがある．

3つには，グローバル化にともなう貧富の格差拡大，環境破壊などに対する発展途上国やNGOの懸念，利益第一の経営を是正し節度ある企業行動を求める機運，環境・人権・労働環境への配慮を求める消費者行動，社会性，倫理性を重視する投資家の意識変化，社会的責任への取り組みを重視して企業を選択しようとする従業員の意識変化，さらには「社会に信頼される企業」を選別するNPOなどの社会の人びとの厳しい目が，企業に対して新たな社会的責任(CSR)を強く求めていることがある（海外事業活動関連協議会，2003）．

4つには，企業を，財務業績だけでなく，企業統治や企業の社会的責任によって格付けし，「良い企業」の発掘に努める動きが，国内外で広くみられるようになったことがある．

如上の社会からの問いかけや期待や要望は，地球上のあらゆる企業を不祥事から脱皮させ，誠実で公正な企業へ向かわせずにはいられないほどの大きな力を秘めた時代の流れなのである（平田，2008, pp.9-31）．

3．企業が共有すべき「持続可能な発展」理念

周知のように，地球環境の危機は深刻の度合いを深めているが，これに警鐘を鳴らしたのは国連であった．まず，1972年に国連人間環境会議がストックホルムで開催され，かけがえのない地球（Only One Earth）をスローガンに，「人間環境宣言」が採択された．ついで，1987年には環境と発展の国連世界委員会（委員長はブルントランド・ノルウェー首相）がリポートを作成し，そのリポート「我ら共有の未来」（Our Common Future）のなかで，「持続可能な発

展」(Sustainable Development) 理念が提唱された．この「持続可能な発展」理念は，1992 年のリオデジャネイロで開かれた「環境と発展に関する国連会議」（地球サミット）以後，地球社会の将来を方向づけるキー・コンセプトになった．これを受けて，2002 年にはヨハネスブルグで「持続可能な発展に関する世界首脳会議」（ヨハネスブルグ・サミット）が開催された．

こうして「持続可能な発展」理念は，地球社会の将来を方向づける鍵概念になったのであるが，それは，将来の世代が自らのニーズを満たす能力を損なうことなく，現在の世代のニーズを満たすような発展を，地球社会にもたらすことを意味する．

そこでは，ひとつに，経済成長と環境保全との調和が目論まれている．従来，両者は対立的にとらえられ，環境保全は経済成長を抑制するものとみられてきたが，ここでは，両者は調和的にとらえられ，環境保全を計りながら経済成長は実現するものとみられている．しかし，すべての国に適用できる調和達成の方法はないので，各国は思い思いに「持続可能な発展」の道を歩むしか術がない．

2 つには，環境の有限性が経済成長の持続可能性を規定するものとみられている．ここでは，とりわけ再生資源は再生能力の限度内で使用する．枯渇性資源は代替資源の開発や使用量の削減により対処する．また，汚染や廃棄物は自然の浄化能力，同化能力の限度内に制限することが求められている．

3 つには，公平性と経済発展の必要性が説かれている．ここでの公平性は，世代間公平（親子孫）と現世代間公平（地域間公平）をいう．わけても現世代には，次世代の生活を犠牲にして現在の豊かさを追い求める権利はない．したがって，良い環境を将来の世代に残すことは現世代の人間の義務であり，社会のすべての構成員が各自のレベルで社会の発展に向けた責任と役割を分担することが大切だとされる．にもかかわらず，現実には，現世代間にあっては，先進工業国の人口は発展途上国の人口よりはるかに少ないのに，資源の多くを使用し，さらに，先進工業国では豊かさが，発展途上国では貧困と人口増加が環

境を破壊している.

　21世紀のすべての企業は，地球社会の一員として，以上にみた「持続可能な発展」理念を共有し，地球社会の「持続可能な発展」に寄与することが期待されているのである（石山，2008，pp.53-72；八木，2008，pp.26-55）.

4．「社会に信頼される企業」の形成

　企業が地球社会の「持続可能な発展」に寄与することへの期待に応え得るためには，企業は自らを「社会に信頼される企業」に高めることが必要となる．では，「社会に信頼される企業」とはどのような企業をいい，それはどのようにして形成され得るのであろうか．

　まず，「社会」（society）とは，企業の利害関係者（stakeholders）を指すとみてよいであろう．しかし，その利害関係者自身が多様であるから，ひとくちに「社会に信頼される企業」といっても，「株主に信頼される企業」もあれば，「従業員に信頼される企業」もあり，「債権者に信頼される企業」もあれば，「取引先に信頼される企業」もあり，「顧客・消費者に信頼される企業」もあれば，「地域社会に信頼される企業」もあるであろう．そして，おそらくは，これらのあらゆる利害関係者に信頼される企業こそが「社会に信頼される企業」の最も望ましい姿であるだろう．だが，そのような企業は，現実には稀にしか存在しないであろう．その意味で，現実的にあり得るのは，うえにあげた単独の利害関係者に信頼される企業や，複数（といっても2つまたは3つ）の利害関係者に信頼される企業，たとえば，「株主と従業員に信頼される企業」，「債権者と取引先に信頼される企業」，「消費者と地域社会に信頼される企業」，あるいは「株主と従業員と消費者に信頼される企業」などであるだろう.

　次に，「信頼」（trust）の意味であるが，狩俣正雄（2004）の所説に拠りながら，これを考えてみたい．狩俣は，自分自身で解決できない問題を抱えた人（信頼者）が，その問題解決において他者に依存するという脆弱な状況で，他

者（被信頼者）がその脆弱性や弱点を攻撃するどころか，逆にその問題解決のために一肌脱いでくれると期待することが信頼の意味であるという．そうした期待が信頼者に芽生えるのは，他者（被信頼者）は能力，言行一致，配慮，平等，自己開示，一体化，ロゴス性をもっていると信頼者が考えるからである．こうして形成される信頼者の被信頼者に対する信頼は，「対人的信頼」とよばれる．しかし，企業という組織は，この対人的信頼のみで自らを存続発展させることはむずかしい．狩俣によれば，企業の存続発展は，企業という組織が多様な利害関係者から得る信頼（狩俣はこれを組織の信頼と名づける）に依存する．この組織の信頼は，さきの対人的信頼に「システム的信頼」と「コンテクスト的信頼」とが複合的に関わりあうことによって得られるという．

　ここに「対人的信頼」とは，能力（職務遂行に必要な専門的知識や技能あるいは熟練のこと），言行一致（他者に対して言ったことを実行すること），配慮（他者へ関心を払い，他者の問題や悩みに対して思いやること），平等（他者の尊厳や人権を尊重し，人間として平等との立場に立つこと），自己開示（自己の考え，思想，価値観あるいは情報を他者に対して明らかにすること），一体化（他者の課題や問題と一体化し，他者と共苦共感すること），ロゴス性（人間存在の意味を求めて自分も他者もともに自己中心性を克服し自己超越していくこと）を通じて人が他者の信頼を得ることをいう．また，「システム的信頼」とは，システムそのものが全体としてもつ信頼であり，システムを構成する個々の要素の相互関係から生み出される信頼がそれである．さらに，「コンテクスト的信頼」とは，法律，社会的慣習，商慣行などの社会的制度や組織の規則，行動規範，倫理規程などへの組織構成員の遵守状況から生み出される信頼のことである．それはコンプライアンス的信頼と言い換えることができよう．

　組織の信頼は如上の三種の信頼が複合的に関わりあうことによって形成されると説く，狩俣正雄の見解を企業について考えてみると，対内的に企業の信頼を形成する方策は，以下のような3つのフェーズを通して展開される．すなわち，まず，① 経営者は，従業員の人権を尊重し，労働環境を整備し，自らの

経営姿勢を対話と教育を通じて社内に浸透させ，従業員と共苦共感しあうことにより，従業員からの「対人的信頼」を獲得していく．これと並行して，②経営者は，自己（または企業）の経営哲学（経営理念）に自己（または企業）の経営倫理観，社会の倫理・規範・ルール，自己（または企業）の社会的責任などを注入して，企業の倫理規程・行動規範・社内規則などを策定し，それらに基づいて内部統制・法令遵守を社内に徹底することにより，役員・従業員からの「コンテクスト的信頼」を獲得していく．そして，この①②を基にして，③経営者は，社内の聖域をなくし，風通しの良い企業風土を醸成し，経営の透明度を高めることにより，企業それ自体の「システム的信頼」を獲得していく．このようにして形成され得る企業の対内的信頼は，やがて④組織としての企業が，その対外的信頼を社会，すなわち，さまざまな利害関係者から勝ち得ることに繋がっていくのである（狩俣，2004, pp.47-68, 173-194；平田, 2008, pp.358-360）．

5．他者統治から自己統治へ：自己統治経営者への期待

　経営者は，一般に，企業において最高管理機能を割り当てられた職位につき，責任をもってこれを担当し遂行することが期待されている人または人びとである．だが，実際には，すべての経営者が企業の期待に応え，責任をもって最高管理機能を遂行しているとは限らない．そこには，企業の期待に応えている責任経営者（機能する経営者）もいれば，企業の期待に背いている無責任経営者（機能しない経営者）もいるのである．

　前者のような責任経営者は，企業の期待に応えて自らの職務を，責任をもって遂行している経営者である．このような経営者は，企業の持続可能な発展のために積極的に創意・工夫をこらし，あらゆる革新的努力を傾注してやまない革新的経営者である．これに対して，後者のような無責任経営者は，自らの職務を必要最小限遂行し，事なかれ主義に堕している官僚的経営者や，経営者の

地位を利用して，自己の利益のために，逸楽に耽ったり，利己的暗闘に憂き身をやつしたりする利己的経営者である（藻利，1984，pp. 153-164, 235-257）.

このように，ひとくちに経営者といっても，責任経営者（機能する経営者）もいれば，無責任経営者（機能しない経営者）もいるわけであるが，こうした経営者の経営力（managerial capability）とは何なのか．経営力とは，最高管理機能の担い手として企業を経営する経営者に求められる能力のことである．それは，ひとつには，企業の使命を探索し，企業の未来像を構築し，その実現に向けた戦略を策定する能力であり，2つには，各職場や各部門の執行機能を連結し，企業全体の最適化を実現し，企業の持続可能な発展を図る能力である．前者の能力としては，戦略的発想力，未来像構築力，情報収集力，事業意欲，自己変革力，決断力等が，また，後者の能力としては，指導・統率力，推進・実行力，人間的度量，人間的魅力等が求められる（大沢，2004，pp. 67-92）.

しかし，企業の命運を左右する経営者も人間であるから，よしんば経営者がそうした経営力をもち合わせていたとしても，経営者が企業とその構成員にとって常に望ましい舵取りをするとは限らない．そこに，経営者の経営を監視・監督する仕組みを作り，これを使って経営者の舵取りを監視・監督することが必要とされるようになるゆえんがある．いわゆる企業統治（corporate governance）がそれである．

いま企業統治の実践的意義が経営者の経営を監視・監督することにあるとすれば，これを監視・監督する主体としては，企業の外部者，内部者および経営者自身の三者が考えられる．企業の外部者による監視・監督は外部者統治（市場型統治）であり，企業の内部者による監視・監督は内部者統治（組織型統治）である．確かにこれらの経営者の舵取りに対する他者統治は，企業を経営危機から守るために欠かせない統治方式である．だが，筆者は，そうした他者統治よりもはるかに重要なのは，経営者自身による自己統治（経営者型統治）ではなかろうか，と考えている．つまり，企業統治は，根源的には，経営者自身による自己統治であるべきであり，企業が他者統治に頼ろうとする限り，企

業はいつまで経っても，その甘えや脆弱さから脱却できないであろう．

私見によれば，経営者の自己統治は，経営者が自らの経営哲学に自らの倫理観と社会的責任とを注入して，経営者行動規範を策定し，これに基づいて，自らの行動を，法令遵守に照らして律するとともに，内部者と外部者とによる監視・監督に晒されながら自己統治することにより，可能となる．しかも，企業のすべての構成員から全幅の信頼を得て，自己統治を推進できる経営者は，責任ある経営者であり，機能する経営者である．「社会に信頼される企業」づくりを期待できるのは，まさしくこのような自己統治経営者なのである．

このような自己統治経営者は，対内的には，自らの倫理観や社会的責任についての考え方がすべての構成員に浸透しているかどうか，つまり，役員・従業員がこぞって経営者と同じ気持で，同じ方向を向いて仕事をしているかどうかを見届けうるであろうし，対外的には，経営・経済・社会環境の変化に応じて，どの利害関係者の利益を優先すべきかを的確に判断し，対処していけるであろう（平田，2008, pp. 72-75, 362-364）．

6．自己統治経営者の経営力創成の条件

筆者は，自己統治経営者に課せられた経営課題は4つある，と考えている．第1の課題は，「社会に信頼される企業」を作り上げることである．第2の課題は，企業不祥事を抑止・防止し，不健全経営を健全経営にすることである．第3の課題は，経営理念，経営倫理，企業社会責任，企業統治，法令遵守などを経営者行動規範のうちに摂取し，総合し，具体化することである．そして，第4の課題は，優れた人間教育と倫理観に裏打ちされた経営幹部や社員を育成することである．しかも，第2・第3・第4の課題は，いずれも第1の主要課題を達成するための副次課題をなしているのである．しかし，これらの課題を文字どおり全うできると期待される経営者は，おのずから自己統治経営者に限られてくるであろう．だからといって，経営者であれば，誰もが自己統治経営

者になれるわけではない．その経営力創成には，一定の条件が課されるのである．以下では，その条件とは何かを，次世代経営者の育成に関する経済同友会，産労総合研究所および社会経済生産性本部の調査結果を拠りどころにして考えてみることにしよう．

6.1 経済同友会の調査結果にみる次世代経営者育成の実態

経済同友会は，「新・日本流経営」を考えるための資料を得る目的で，2007年11月から12月にかけて，株式会社に所属する会員経営者890名を対象に，事業環境の変化に対する認識と各社の具体的な取組み，および日本企業の強みに対する認識に関するアンケート調査を行った（回答数213名，回答率23.9％）（経済同友会，2008）．その調査結果から，次世代経営者の育成に関わる事項を抜き出してみよう．

- 人材育成策について，従来力を入れて取り組んできたものは，「OJT」(77.9％)，「階層別に求められる能力を高めるOff-JT」(49.0％)，「職種ごとの専門性を高めるOff-JT」(36.5％)，「次世代経営者育成」(33.2％)，「外部教育機関が提供する教育への派遣，利用補助」(26.4％)，「外国語能力の強化」(16.8％)である．

- 人材育成策について，今後力を入れていきたいものは，「次世代経営者育成」(65.4％)，「OJT」(43.5％)，「階層別に求められる能力を高めるOff-JT」(42.9％)，「職種ごとの専門性を高めるOff-JT」(41.9％)，「外国語能力の強化」(26.2％)，「外部教育機関が提供する教育への派遣，利用補助」(20.9％)である．

- 現在不足しており，今後早急に充足しなければならない人材は，「経営者候補者層」(52.9％)，「戦略企画立案要員」(32.9％)，「ミドル・マネジャー」(30.5％)，「専門職スタッフ」(30.0％)，「海外ビジネス要員」(29.0％)である．

- 経営者人材（社長，CEO，COOクラス）を確保する方法としては，

「内部で育成された者を登用する」(55.5％) ことが多く,「外部からの人材を登用する」(3.8％) ことは少ない.

- 現在の競争力の強みとなっている要素としては,「製品・サービスの競争力」(62.6％),「競争戦略」(14.7％),「人材の競争力」(13.3％),「組織・人材のマネジメント力」(4.7％),「財務力」(2.4％) があげられる.

- 今後も強みとして維持・強化していく要素としては,「製品・サービスの競争力」(50.5％),「競争戦略」(23.6％),「人材の競争力」(16.5％),「組織・人材のマネジメント力」(8.5％),「財務力」(0.5％) があげられる.

- 人材の競争力を支えるために強化すべき要素としては,「従業員の能力の高さ」(23人),「従業員・組織間のチームワーク」(22人),「従業員・経営者の倫理観,自己規律の高さ」(19人),「経営者育成の人材育成システム」(10人),「経営トップの能力の高さ」(9人),「ボトムアップ型の人材育成システム」(3人) がある.

- 組織・人材のマネジメント力を支えるために強化すべき要素としては,「明確な企業理念・ビジョンの共有」(12人),「柔軟な人材調達」(11人),「成果主義の評価・処遇制度」(8人),「系列・グループ経営」(7人),「現場からのボトムアップ」(4人) がある.

- 10年後にも競争力をもつために取り組む必要のある課題としては,「イノベーション」(62.0％),「グローバル化への対応」(46.0％),「優れた経営者・リーダーの育成(または獲得)」(40.8％),「独自性の高い製品・サービスの創出」(40.8％),「人材の能力向上」(35.7％) があげられる.

以上の調査結果から,会員経営者の多くは,① 人材育成策の重点を,これまではOJTやOff-JTに置いてきたが,これからは次世代経営者の育成に置きたいと考えていること,しかし,② 経営者候補は人材に乏しく,企業競争力の強化のためにも,内部育成システムの充実が急がれねばならないと考えていることがわかる.だが,次世代経営者育成の具体策は,アンケート結果からは

ほとんど読み取れない．

6.2　産労総合研究所の調査結果にみる次世代経営者育成の実態

　産労総合研究所は，2007年10月から11月にかけて，機関誌『企業と人材』の購読企業2,858社を対象に，管理者の育成・研修に関するアンケート調査を行った（回答数133社，回答率4.7％）（産労総合研究所，2008）．調査項目は，① 管理者を取り巻く状況，② 管理者に求められる能力・要件，③ 管理者の育成施策，および ④ 管理者研修の内容からなる．ここでは，② ③ ④ の調査結果を，かいつまんで紹介しよう．

- 管理者に求められる能力・要件

　係長クラスでは，「業務の遂行能力・知識」が77.2％で最も多く，ついで，「コミュニケーション能力」64.9％，「問題形成・解決能力」52.6％，「チャレンジ精神・変革力」51.8％，「リーダーシップ」49.1％の順だった．

　課長クラスでは，「部下の管理・育成力」が84.6％で最も多く，ついで，「リーダーシップ」77.7％，「問題形成・解決能力」65.4％，「意思決定力・判断力」53.8％，「チャレンジ精神・変革力」39.2％の順だった．

　部長クラスでは，「ビジョン・政策立案力」が74.8％で最も多く，ついで，「戦略的思考」72.5％，「リーダーシップ」69.5％，「経営感覚・起業家意識」68.7％，「意思決定力・判断力」66.4％の順だった．

　以上の結果から，部長クラスでは，とりわけ「ビジョン・政策立案力」や「戦略的思考」といった，経営幹部の一員としての能力が求められていることがわかる．

- 管理者の育成施策

　係長クラスでは，「集合研修」が80.2％で最も多く，ついで，「自己啓発支援」66.7％，「社外セミナー・講座への参加」63.1％，「目標管理」60.4％，「自己申告制度」51.4％の順だった．

課長クラスでは，「集合研修」が90.8％で最も多く，ついで，「目標管理」73.3％，「社外セミナー・講座への参加」67.9％，「自己啓発支援」64.9％，「自己申告制度」47.3％の順だった．

部長クラスでは，「社外セミナー・講座への参加」が70.1％で最も多く，ついで，「集合研修」67.7％，「目標管理」67.7％，「自己啓発支援」58.3％，「自己申告制度」40.9％の順だった．

以上の結果から，部長クラスの育成施策は，係長クラスや課長クラスのそれと比べて，あまり違いがなく，自立性もさして違いがないことが読める．

- 管理者研修（集合研修）のテーマ

係長クラスでは，「コミュニケーション」が54.5％で最も多く，ついで，「問題形成・解決」52.3％，「部下育成・管理」51.1％，「業務上のスキル・知識」38.6％，「人事管理（目標管理）」35.2％の順だった．

課長クラスでは，「部下育成・管理」が78.0％で最も多く，ついで，「人事管理（目標管理）」53.4％，「問題形成・解決」47.5％，「コミュニケーション」47.5％，「組織管理」45.8％の順だった．

部長クラスでは，「部下育成・管理」が57.0％で最も多く，ついで，「組織管理」53.5％，「経営戦略・計画」52.3％，「人事管理（目標管理）」43.0％，「コミュニケーション」38.4％の順だった．

以上の結果から，部長クラスでは，とりわけビジョン構想の立案，経営戦略や，担当部門の組織管理といった，経営幹部の一員としての役割が求められていることがわかる．

- 管理者研修（集合研修）の方法

係長クラスでは，「講義」が87.2％で最も多く，ついで，「グループ討議」86.0％，「感想文・アンケート」57.0％，「事例研究」44.2％，「演習・実習」38.4％の順だった．

課長クラスでは，「講義」が88.9％で最も多く，ついで，「グループ討

議」85.5％，「感想文・アンケート」54.7％，「事例研究」51.3％，「参加者の懇親会」35.9％の順だった．

部長クラスでは，「講義」が89.5％で最も多く，ついで，「グループ討議」80.2％，「感想文・アンケート」45.3％，「事例研究」44.2％，「参加者の懇親会」33.7％の順だった．

以上の結果から，部長クラスでも，係長・課長クラスと同様の研修方法が取られていることがわかる．

6.3　社会経済生産性本部の調査結果にみる次世代経営者育成の実態

社会経済生産性本部は，2007年8月から9月にかけて，賛助会員企業他1,600社を対象に，将来の経営幹部育成に向けた選抜人材教育に関するアンケート調査を行った（有効回答数202社，回答率12.6％）．その調査結果の概要は，以下のとおりである．

- 選抜人材教育を「実施している」企業は58.7％，「実施の方向で検討している」企業は26.9％，合わせて85.6％を占めた．
- 選抜人材教育を「実施している」企業のうち，「今以上の力を入れる」企業は51.7％，「現状程度を維持する」企業は44.9％を占めた．
- 選抜人材教育で重視している内容については，「経営戦略・マーケティング・財務，組織などマネジメントに関する知識」が73.3％，「組織を牽引するためのリーダーシップ」が54.3％，「組織の進む方向やビジョンを描く構想力」が49.1％を占めた．「多様な切り口から物事を見ることができる視点，発想力」（31.9％），「率先して問題解決ができる実践力，課題解決力」（29.3％）も目立った．これらに反して，「歴史，宗教，哲学など判断の機軸をつくるための知識」（3.4％），「企業倫理，リスクマネジメント，ガバナンスなどに関する知識」（8.6％）は重視されていない．
- 選抜人材教育を「実施している」企業は，「対象者の業務が忙しく時間が確保しにくい」（57.6％），「教育の効果が見えない」（48.3％），「選抜方

法に納得できる基準がない」(46.6%),「選ばれない人のモチベーションが下がる」(31.4%)等の問題を抱えている.

- 「選抜人材教育を実施していないし,当面実施の予定もない」企業 (14.4%) は,その理由として,「選抜方法に納得できる基準がない」(69.0%),「選ばれない人のモチベーションが下がる」(55.2%),「内容をどうすべきかが分からない」(48.3%)等をあげている.

社会経済生産性本部は,2006年8月から9月にかけても,賛助会員企業他1,548社を対象に,同趣旨のアンケート調査を行っている(有効回答数260社,回答率16.8%).その調査結果から,2007年の調査結果になかった事項について,5つ紹介しておきたい.

- 後継者計画には「関心がある」(71.1%)が,わずかしか実施していない(15.4%).
- 選抜人材教育の対象者の選抜は,人事部(25.3%)や各部門(28.8%)による人選のほか,社長(10.3%)や役員(27.4%)の指名等により進められている.
- 経営陣は,「研修において講話・講演等を行う」(59.2%),「プログラムの企画・構想」(49.0%),「研修への陪席」(46.9%),「研修後のフィードバックを行う」(29.3%),「研修後の参加者の処遇決定」(21.8%)等,さまざまな形で関与している.
- 選抜人材教育の形態としては,「社内での集合研修」(72.1%),「社外のプログラムへの派遣」(63.3%)が多く,「コーポレートユニバーシティへの参加」(8.2%)や「国内外大学院への派遣」(11.6%)は少ない.
- 将来の経営幹部として期待される能力・資質については,「ビジョンを構想する力があること」(60.5%),「経営に対する使命感・責任感があること」(59.7%),「あるべき姿に向けて現状を変えていく力」(36.0%),「状況・情勢を見極めて判断する力」(30.8%)のほか,「組織,社会に対して誠実であること」(20.6%),「目標に向かって実践する行動力」(19.0

%), 「社員と対話できるコミュニケーション力」(17.0%), 「自分の言葉を持ちそれを伝える力」(16.2%) 等があげられる.

以上の調査結果から, ① 選抜人材教育を実施している企業は多く, その対象者は, 人事部等による人選, 社長・役員の指名等によって選抜されていること, ② 教育の重点は, マネジメント知識, リーダーシップ, 未来像構想力, 複眼的発想力, 問題解決力などの向上に置かれていること, さらに, ③ 将来の経営幹部としては, 未来像構想力, 経営に対する使命感・責任感, あるべき目標に向けての変革力, 状況判断力, 組織・社会に対する誠実さ, 目標へ突き進む行動力, 社員とのコミュニケーション力等の能力・資質が期待されていること, しかし, ④ 「対象者の業務が忙しく時間が確保しにくい」, 「教育の効果が見えない」, 「選抜方法に納得できる基準がない」, 「選ばれない人のモチベーションが下がる」等の問題を抱えている企業は多いことがわかる.

6.4 自己統治経営者の経営力創成の条件

以上の次世代経営者育成に関する経済同友会, 産労総合研究所および社会経済生産性本部の調査結果から, 次世代経営者の経営力としては, 未来像構想力, 複眼的発想力, 戦略的思考力, 経営に対する使命感・責任感, チャレンジ精神・変革力, 状況判断力, 組織・社会に対する誠実さ, 行動力, リーダーシップ, コミュニケーション力, 問題解決力などが期待されていることが読める.

それらは, 複眼的発想力, 戦略的思考力, 未来像構想力, 経営に対する使命感・責任感, チャレンジ精神・変革力と, 組織・社会に対する誠実さ, 状況判断力, リーダーシップ, コミュニケーション力, 行動力, 問題解決力とに二分することができる.

筆者はさらに, 前者には, 高い志, 強い意志, 明確な経営観, 情報収集力, 事業意欲, 決断力を, 後者には, 人間的度量, 人間的魅力を加えたい.

これらの経営力は, いずれの経営者にも共通的に期待される経営力創成の要

因なのであって，なにも自己統治経営者に限定的に期待される経営力創成の要因であるものではない．自己統治経営者にあっては，並の経営者におけるよりも，高い志，強い意志，明確な経営観，未来像構想力，経営に対する使命感・責任感，チャレンジ精神・変革力，事業意欲，決断力，行動力，そして，人間的度量，人間的魅力などの経営力をより高めたい，より深めたいとする意欲と熱意が強く働いているのではなかろうか．センサーでしか検知しえないような，そうした経営力の意欲や熱意が並の経営者のそれより高いことが，自己統治経営者の経営力創成の条件をなすのである．

7．おわりに

戦後日本の経営者群像のなかから，誰もが名経営者と仰ぎたくなるような自己統治経営者をあげるとすれば，松下幸之助，小倉昌男，十河信二，稲盛和夫を欠かすことはできないであろう．彼らはいずれも，高い志，強い意志，確乎たる信念と経営観，経営に対する大きな使命感・責任感をもって，行く手に立ちはだかる障碍をものともせず，チャレンジ精神・変革力を発揮して，社会の持続的発展に寄与する大きな仕事を成し遂げた．彼らにとっては，経営実践そのものが経営者教育の場であり，それを通じて，社会的責任経営を実践したのである．

（平田光弘）

参考文献
石山伍夫（2008）「企業の環境行動と環境責任」菊池敏夫・平田光弘・厚東偉介編著『企業の責任・統治・再生』文眞堂．
大沢武志（2004）『経営者の条件』岩波書店．
狩俣正雄（2004）『支援組織のマネジメント』税務経理協会．
経済同友会（2008）『新・日本流経営の創造』第Ⅲ部資料編．
海外事業活動関連協議会（2003）「企業の社会的責任（CSR）に関する国際基準・

規格の現状と今後の対応について」
産労総合研究所（2008）「管理者の育成・研修に関する調査」結果，1月5・20日号．
社会経済生産性本部（2006）「将来の経営幹部育成に向けた選抜人材教育に関する調査結果」（プレスリリース）．
社会経済生産性本部（2007）「将来の経営幹部育成に向けた選抜人材教育に関する調査結果」（プレスリリース）．
日本監査役協会編（2003）「企業不祥事防止と監査役の役割」日本監査役協会『月刊監査役』9月号．
平田光弘（2006）「新たな企業競争力の創成を目指す日本の経営者の三つの課題」東洋大学経営力創成研究センター『経営力創成研究』第2号．
平田光弘（2008）『経営者自己統治論─社会に信頼される企業の形成─』中央経済社．
平田光弘（2009）「次世代経営者の育成と経営者教育」日本経営教育学会編『経営教育研究』第12巻第1号．
藻利重隆（1984）『現代株式会社と経営者』千倉書房．
八木俊輔（2008）「持続可能性とマネジメントの新潮流」鈴木幸毅・所伸之編著（2008）『環境経営学の扉─社会科学からのアプローチ─』文眞堂．

第3章 経営の全体的な調整・統合化
——バーナード&ドラッカー理論と ERP/SEM 実践——

1. 経営の全体的な調整・統合化による経営力創成の可能性

近年,各種経営体のそれぞれの環境が変化してきている.経営体の内外でその全体的な成果や最適性をめざして,経営の全体的な調整・統合化の態勢を築く努力を進めていけば,それに相応しい経営力創成がその経営体において可能になるであろう.

2. 水平的／垂直的／関係的な調整・統合化の理論と ERP/SEM 等の実践

経営の全体的な調整・統合化のための理論としては,多くのものが提示されてきている.

バーナード(Barnard, C. I.)は,①協同体系(一般にいわれている各種の組織体・経営体のこと)を「少なくとも1つの明確な目的のために2人以上の人びとが協同することによって特定の体系的な関係にある,物的・生物的・社会的な諸構成要素の複合体」と定義し,そこから「2人以上の人びとの意識的に調整された諸活動や諸力の体系」という公式組織概念(理念型)を導き出し,また,②相互作用化・統合化・具体化という研究方法を示し,さらに,③各種貢献者・利害関係者に対する効用統合的管理論を提唱し,しかも,④利害関係者・社会的諸要素には他の経営体やそれとの関係も含めていた.これに応じてわれわれは,⑤バーナードの現実型公式組織概念のなかに,「客観的権威の体系としての意思疎通体系」・「権威と組織内意思決定の公式的構造」・「調整

体系」(《客体的組織意思とこれの組織人格的保有をめざした職位〔組織的意思疎通の拠点〕と能力〔技術的指導力〕と情報〔組織意思〕との三位一体化の体系》と解釈)のみならず,「公式組織形成三要素の相互作用」による〈戦略的手段・行為の選択的意思決定の体系〉という概念をも追加した[1](河野,2003;2004参照)

　また,ドラッカー(Drucker, P. F.)は,①「マッキンゼー式の取引基準原価管理」を例示し現在の活動基準原価管理の原型を作り,それも含む会計と経営情報処理とのシステム的統合化の必要性を提起し,また,②調達(財務・労務)・製造・販売による全体としての経営過程や経済的・統治的・社会的な統合的三重制度や各労働者と経営体全体成果との関係づけによる責任労働者化や経営体存続目標群などにより相互作用化・統合化という研究方法を示し,さらに,③各種利害者との関係化・調整という最高経営者課題や取締役会機能のひとつを提唱し,しかも,④利害関係者や原価管理対象には他の経営体やそれとの関係も含めていた.以上に応じてわれわれは,ドラッカーの叙述とその体系を読み取って,⑤事業基本構造に対応した「事業経済的システム」をも解釈し経営組織のなかに追加した[2].(河野,1994;2006;2007参照)

　次に,経営の全体的な調整・統合化のための実践としては,各種のものがあげられると思われるが,われわれは,世紀を跨ぐ形で推進されてきているERP (Enterprise Resource Planning) とSEM (Strategic Enterprise Management) に注目している.

　ERPは,従来の業務別のソフトウェアとは異なって,経営体で「水平的」に分化された諸業務を統合するソフトウェアであり,各種のベスト・プラクティスを結合・統合してひとつのパッケージにされ,SEMは,経営体の戦略レベルと作業・業務レベルとの間を調整・統合化している点では,経営体で「垂直的」に分化された諸職能を調整・統合化しようとしている.さらに,他の経営体とのシステム的な関係は,連結やグループ経営の場合はSEMで取り上げられ,また,SCM (Supply Chain Management) やCRM (Customer Relation Management)の場合は,SEMに含まれると解釈されるか,ERPの展開と解釈されるか,ERPやSEMとは別のシステムと解釈されるかの場合があろうが,以上を「関係的」(垂直関係的,水平・側生(lateral)関係的)に調整・統合化するシステムだとわれわれは表現する(河野,1994,p.472;Meier, Sinzig & Mertens, 2004,p.3,iii;ベイリングポイントCPMコンソーシアム,2007参照).

3. バーナードの技術的統合化論・効用的統合化論やドノヴァンたちの経営価値創造論とERP/SEM等の実践

3.1 バーナードの公式組織概念と技術的統合化論・効用的統合化論

バーナードの理論『経営者の役割』(Barnard,邦訳,1938)で,①協同体系や公式組織の概念には各種用語が使われた.「2人以上の人びと」とは企業の場合,広義の従業員・顧客・原材料供給者・技術提供者・投資家などの貢献者(contributors)であり,組織という人「力」の場を占有する組織の客観的源泉である.人びとの諸活動や諸力(activities or forces)は,物の取引・移転・支配という物それ自体に対する行為であり,また,人間にのみ存在する活力から由来し,かつ,一定の条件が人力の場で生じるときにのみ組織力となるものである.これが生じるのは,意識的に調整され,すなわち,目的を成就しうる仕方で人びとの努力を協同情況全体の諸条件に相関させて人びとの活動の態様・程度・時間などが体系により決定されるからである.

②協同・公式組織・管理を研究していくバーナードの方法は,行動の起因あるいは結果の観点から全体状況的思考・諸要素の相互作用化・統合化・具体化をめざす立場である,とバーナードの叙述からわれわれは解釈している.

③協同体系の維持・発展には各種の利害関係者〔貢献者〕の活動が必要であり,そのためにはその個人的欲求が充足されなければならない.組織活動を抽き出すに十分な程に個人の動機を満足させて,組織活動の獲得と均衡を維持できるか否かが,大事である.これが,バーナードの「組織的能率性」

(organization efficiency; efficiency of organization)・「協同体系的能率性」(efficiency of a system of coöperative effort) の問題である.

ところで,効用の適切性・能率性を判断する観点として,2つのものが次のように考えられうる,とわれわれは理解している〔Barnard, 1938, p.253〕.前者は,ⅰ.貢献〔者〕の種類に応じた個別経済(顧客経済・労働経済・信用経済・原料経済・技術経済),ⅱ.協同体系の構成要因の種類に応じた個別経済(物的経済・個人的経済・社会的経済)におけるそれぞれのものである.しかし,連鎖的な組織目的の達成のための諸活動は相互に関連づけられ,また,それらを動機づけるものは経済的にも内容的にも相互に調整されていなければならないので,各々の個別的効用体系は同じ協同体系における他の個別効用体系に具体的に関係し依存している,と解釈される.これを十分に考慮していないのが個別効用経済的観点である〔Barnard, 1938, pp.241-242, 246-249, 253-256〕.そこで,後者の組織全体の立場から効用をとらえる必要が生じる.〈効用経済統合化〔the pool of the utilities; p.242. the pool of values as assessed by the organization as a social system; p.242. the aggregate of these utilities; p.287〕的視点〉がこれである,と解釈する.これで明らかにされるのが「創造的な全体的経済性」「組織的能率性」であり,「組織経済」において得られるものである.「組織が支配する物財,組織が支配する社会関係,組織が調整する個人の行動,に対しその組織自身が与える諸効用の統合(the pool of utilities assigned by *it*〔= *the organization*〕)」により可能になる.

この組織経済を中心にして上述の各種の個別経済が調整・統合化された全体というものが,「効用経済的機能を完遂する」という〈協同体系経済〉「協同体系的能率性」である.[3]

④ 上述の公式組織概念は理念型的なものであり,現実・実際には,諸単位組織をそれぞれ基本的細胞にした複合組織として存在する.複合的公式組織は,特定の協同体系の内にも外にも存在する.複数の下位単位組織の上に上位単位組織が積み重ねられることが繰り返されて,「階層組織」(scalar organization）が特定の協同体系の内・外に形成されることになる．また，単位組織間あるいは協同体系間に「相互理解・契約・あるいは条約による自由な合意」によって形成されるものが，「側生組織」(lateral organization) である．

⑤ バーナードの組織論と管理論は十分に関係づけて経営理論全体で解釈されるべきだとの立場を，われわれは採っている．バーナードは管理論で，個別技術の観点と協同体系での技術統合化の観点を区別し，また貢献〔者〕の種類あるいは協同体系の構成要因の種類（それらの細分化も可能）に応じた個別効用経済の観点と協同体系での効用経済統合化の観点を区別し，しかも各後者を重視しているので，それに応じた組織論も必要であると検討し解釈した．「目的の絶えざる精緻化ならびに事実の一層綿密な識別という漸進的過程を，異なる時，異なる職位における，異なる管理者やその他の人々による連続的意思決定過程とすることにより，得られ」たもの，すなわち，専門化した各組織人格の責任が総合化されたものが，これである．

こうした組織的意思決定過程において，また組織的意思決定過程によって，まず，組織目的以外の意思決定環境の戦略要因を識別するために化学的分析・機械的分析・望遠鏡・顕微鏡・統計的方法・貸借対照表などの各種の技術を用い，「応用科学の技術だけでなく，組織構造の技術・儀式の技術・管理的技術体系を含んだ広義の技術」，あるいは，「技術（狭義）的考慮〈有用〉と経済的考慮（費用）と社会的考慮（効用）」（山カッコ内は筆者河野補記）を含んだ「標準」，などのうちから戦略的要因が選別されて，全体情況にふさわしい有効的な目的達成諸手段・行動の全連鎖・体系が，実際・現実には，形成されることになる．

次に，こうした組織的意思決定過程において，また組織的意思決定過程によって，比較できない諸要素間の相対的効用に関する判断または意思決定の総計，組織の調整的行為に基づく評価，効用を生産するための組織諸要素の適切な組み合わせなどをめざして，物的環境の要素・社会的環境の要素・個人からの貢献と個人への支払いの要素，あるいは，他の管理諸職能・技術・説得・誘

因・意思疎通・分配的能率などすべての要因，のうちから戦略的要因が識別されて，全体情況にふさわしい能率的な欲求充足・協同体系維持の諸手段の全連鎖的な体系が，実際・現実には，形成されることになる．

別の公式組織の実際型は，「客観的権威の維持という観点から見た組織的意思疎通体系に関する諸原則」が適用されて実現されたものである．そこでは人間は実力発揮や組織定着等の欲求の充足主体とされ，この人間により組織意思・命令が権威あるものと受容される命令の性格は権威の客観面であり，それはとくに貢献意欲や意思疎通からみられた組織問題であるとわれわれは解釈する．それらの各原則は，職位・情報・能力のいずれかと関連づけられ，原則全体で三位一体化されて実際の組織が形成される，と解釈する．しかも，この公式組織はバーナードにより「調整体系（the system of coördination）」ともされている．

3.2 バーナードの効用的統合化論の発展としてのドノヴァンたちの経営価値創造論

バーナードの戦略的で有効的な目的達成諸手段・行為選択的意思決定の全連鎖的な体系論の具体化・発展は，まず，ジョンソン，カスト＆ローゼンツワイグの社会的技術的体系（諸サブシステムによって構成されたもの）の理論によってなされた，とわれわれは解釈している．そのために有効な管理技術は「ネットワーク分析」（例：科学的管理やガント・チャートやCPM（Critical Path Method）やPERT（Program Evaluation and Review Technique））である．これらにより要素的ではなく時間を基準にした経営全体構造的な経営管理の体系が形成される，とわれわれは解釈し，さらにPERT/cost（費用も基準にした構造的な経営管理の体系）も加える．次に，バーナードの戦略的で能率（組織経済あるいは効用的統合化）的な目的達成諸手段・行為選択的意思決定の全連鎖的な体系論の具体化・発展をわれわれは解釈する．それらは，リッグスの著書，ニューマン＆ローガンの著書，あるいはドノヴァン，タリー＆ワートマンの著

書（Donovan, Tully & Wortman, 1998, 邦訳, 1999）（とくに本章では第3のもの）[4]，である（河野，2003；2004 参照）．

　ドノヴァンたちの「価値創造企業」（the value enterprise）論は，「株主・顧客・従業員・納入業者・地域住民・その他すべての利害関係者のために価値を創造すること（to create value for all their（＝all organizations'）key constituencies）」「利害関係者の皆がお互いに利益を享受する情況（win-win situations）を生み出せるように提供すること」「投資家・顧客・従業員（三者に絞らずに全利害者への対象化は困難だとされた——筆者河野補記）それぞれのための価値を同時に最大化させること（*simultaneous* maximization）」という考え方である．これを具体化したことで有名なのは 1982 年からの GE 社であり，その 1992 年の年報で価値創造企業の手本としてウォルマート社が紹介されている，とドノヴァンたちは述べている．

　顧客価値は，顧客満足と異なり，顧客の必要と代価を考慮した「価格に対する品質」，および，「顧客の維持・成長・獲得，したがって，収益・需要・市場シェアと関連したもの」「顧客価値に関する競争他社の諸企画にすべて関連しうるもの」であるとされている．また，株主価値は，「投下資本に対する収益（すなわち，配当と株価値上がり益を含んだ株主総収益［TSR］）」である．これは，資本コストを上回ったキャッシュ・フロー（金利・税金・償却費の控除前の利益）によってもたらされる．また，従業員価値は，通常多くの場合に見受けられるような「会社にとっての従業員の価値」や「従業員が会社で働いて実現した価値」ではなくて，「従業員のために会社が創造した価値」「ライヴァルの雇主が提供する価値と比べた相対的なもの」，したがってバーナード流の誘因や誘因支出，のことである．

　「この考え方はまた，計画と分析から業績評価と意思決定までの管理過程の全局面に完全に取り込められなければならない．」「経営価値志向の変化即応的な計画策定」の具体化は，経営価値スコアカード（the enterprise value scorecard），経営価値創造モデル（value modeling; putting the elements together），

経営価値構成関係図（value tree），経営価値地図（value map），感応度分析（sensitivity analysis），レヴァレッジ係数（leverage factor）による．

　経営価値スコアカードでは，顧客価値・株主価値・従業員価値のそれぞれの属性ごとに，目標値，実績値，差異の説明，具体的な施策が示される．経営価値創造評価モデルは，顧客価値・株主価値・従業員価値という「これら3つの価値形態の諸境界を貫通し（crosses the boundaries of the three forms of value），部門間と部門内の諸関係を明確にして（captures the inter- and intradivisional relationships），価値創造に導く」あるいは「組織内の職能的な全境界を貫通する（across all functional boundaries in an organization）というような旅をすること」の上で，「さまざまな状況下で価値創造を最大化させるための業務パラメータの使い方」を活かし，「標準的な財務諸表を業務パラメータに変換」して，構築される．その静態的モデルは，各経営価値とその影響関係を組み込んだ価値評価モデルである．動態的モデルは，経営価値やその創造の因果関係や原因や結果の時間差や活動間・行動間の相互反応を組み込んだ価値評価モデルである．モデル内の要素と諸要素関係については「キャッシュフローを中心に据え，また，これらを生み出すような要素」に分解し，要素間関係を明確化するようにすれば，経営価値構成関係図が描かれることになる．これらをさまざまな樹枝のように結び付けてネットワーク図にすれば，経営価値地図が描かれる．経営価値を最も高めるには，業務のどの部分を改善すればよいのか，また，エネルギーと資源をどこに集中すればよいのかを明らかにさせるように，感応度分析がなされる．そして，「業務パラメータの変化に経営価値がいかに反応するかという増幅効果を示す指標」たるレヴァレッジ係数も算定されることになる．なお，これらのパラメータは，「価値を，創造したり，また破壊したりして，経営価値に影響を与えるもの」であるので，「価値ドライヴァー」といわれる．そのうちで，その目標に影響を与えるように直接コントロール可能なものが，価値レヴァーである．それらは，価値基準の業績評価指標にはさせるが，それぞれのパラメータの相互依存性や経営価値への影響を考慮され

てランク付けされて重要なものに限定される必要がある．また，価値リスクは，直接コントロールできないものではあるが，監視し，その危険度を抑え，リスクそのものへの顕在化を減らすための戦略を立てることも必要であり，また，目標とすることで目標達成の評価指標にさせる必要がある．

3.3 ERP/SEM 等の実践との関連づけ

バーナードが「目的の定式化と規定は広く分散した職能であり，そのうち全般的な部分だけが経営者の職能である．この事実にこそ，協同体系の運営に内在的で最も大きな困難，すなわち，下層の人びとに，常に結束をもたせ，究極の細部的諸決定をその線に沿わしめるように，全般的目的いいかえれば重要決定を教え込んでいかねばならない必要性，および，経営者がとかく遊離しがちな『末端』貢献者たちの具体的状況と特定的意思決定を上層部の人びとが常に理解しておかなければならない必要性，が存在しているのである．目的に沿った諸決定を上下一貫して調整しなければ，全般的な決定および目的は，組織的真空における頭の中だけの過程に過ぎず，誤解の累積により現実から遊離してしまうことになる」(Barnard, 1938, p. 233) と述べていることは，SEM でも十分に意識されている事柄である．バランスト・スコアカードや個人毎の企業ポータルや利害者ポータル等では，バーナードの述べたことが十分に配慮されているか否かを今後検討していかなければならないであろう．

また，活動基準会計（Activity-Based-Costing）を，戦略的と業務的な企業管理の統合化のための技法（instruments for combined Strategic and Operational Enterprise Management）のひとつとしてあげているのは，Meiyer, M. と Sinzig, W. と Mertens, P. である．ここで "activity" に注目すると，"activity" という用語をそのうちに含めた組織概念がバーナードによって提示されていたこと[5]が想い出される．この点，さらに，これにより管理会計学と経営学との間に共通する面が現われることになるであろうという点は，加藤勝康先生に御教示いただいたことである（2008 年 2 月 16 日の午後，神奈川県 登戸にて）．

以上を基本にした上で，以下では，さらにこれ以外のバーナードの諸理論との関連づけ面は，ドノヴァンたちの経営価値創造論と ERP/SEM との関連づけにおいて代替することにする．

まず，価値創造経営の情報インフラは次のようなものである〔Donovan, 1998, Chapter 9〕，とわれわれは解釈する．従業員価値創造のための情報インフラは，1．人材面のものとして，人材価値管理面（人数・教育研修・報酬・従業員活動〔顧客と他の従業員への貢献〕による従業員自身の価値，従業員の意識・満足度調査などによる仕事・雇用条件・福利厚生における従業員価値，人材の技能・能力の貸借対照表）（1―a），継続的な組織の研修面（価値創造とその経営に関する研修と日常の業務との関連づけ，業務と戦略と財務の統合）（1―b），意思疎通面（価値創造経営の導入進捗度さらに一般の変革の評価関係諸事項に関する従業員についての従業員調査）（1―c），精鋭部隊の編成面（財務・業務・戦略立案の経験者たち〔現場の人たちも〕）（1―d），報酬調査面（従業員の市場価格，各種報酬）（1―e），である．顧客価値創造のための情報インフラは，2．プロセス面のものとして，顧客価値管理面（顧客の足跡，市場と顧客からの情報・シグナル，顧客貸借対照表上の質量）（2―a）が必要とされている．株主価値創造のための情報インフラは，3．ツールとテクノロジー面のものとして，企業全体の財務システム面（データ蒐集・情報・分析・意思決定を組み合わせるのに役立つ財務関連の IT システム，データ間のギャップの管理）（3―a）である．これらのうち従業員価値創造インフラ構築は，ERP で実施するか，SEM とセットにされた経営分析の構成要素たる人的資源分析で実施するか，または，レガシーの人事管理情報システムで EAI (Enterprise Application Integration) によって他との関係化のなかで実施するか（赤木・速水, 2002），あるいは SA (Services Architecture) のコンポジット (composite) への組み込みにより実施する (Woods, 2002, 邦訳, 2003) 必要があり，さらに，他の価値インフラについても，これと同様である，と考えられる．

価値創造経営の計画（分析も含む）のための情報インフラは，2．プロセス

面として，モデル作り面（満足度・業務・モデル意思決定のデータ）（2—b），報告と分析機能の再構築面（経営価値を最大化する事業管理，資本配分やリスクとの関連づけ，業務と財務を統合化する財務部門）（2—c），計画立案プロセスの再構築面（単位事業別の動態モデルの統合化，潜在的で未対応だった「空白」状態の成長機会の管理）（2—d），である．また，価値創造経営の意思決定そのもののための情報インフラは，3．ツールとテクノロジー面として，企業全体の財務システム面（データ蒐集・情報・分析・意思決定を組み合わせるのに役立つ財務関連のITシステム，データ間のギャップの管理）（3—a），活動基準管理会計（ABC）面（資産利用や利害関係者獲得・維持とそのコストとベネフィットを理解するための顧客や従業員の活動）（3—b），ベンチ・マーキングとベスト・プラクティス面（実際業績と同業種の最高水準を考慮して決定される経営価値影響要因の中身）（3—c）である．

　経営価値スコアカードの作成・活用のためには，SEM技法のバランスト・スコアカードの活用面が必要であろう．経営価値創造評価モデルの構築のためには，SEMのコンポーネントの事業計画・シミュレーションや，戦略的と業務的との企業管理の統合化（SEM/ERP）のための技法たる予測技法・シミュレーション，が必要であろう．経営価値構成関係図・経営価値地図・感応度分析の作成・実施のためには，戦略的と業務的との統合化（ERP/SEM）のための技法たる活動基準管理会計（ABC）や，SEM技法たるバランスト・スコアカード（CPM［Corporate Performance Monitor］のサブ・コンポーネントと兼用）が必要であろう．

　以上のような価値経営創造経営の計画（分析も含む）の策定では，異なる部門からのラインとスタッフ，さらには，独創性のある若い人びとまでをも結集して，非公式的な学習効果，柔軟性，分析のリアルタイム性を生かし，価値ドライヴァー中心に検討し，また，市場を含め外部で発生する可能性のある諸シナリオ下で戦略が引き続き適用可能であるのかを調べて将来の不確実性に対処するようにし，とくにトップ経営者が本来の役割を考え直して経営価値創造評

価モデルの問題点を総合的・客観的に判断するとともに資源最適配分機能の移転価格を活用してモデルを完全適用していくことが必要とされることになる．このような計画策定のためには，以上の技法に加えて，戦略的と業務的な統合化（ERP/SEM）のための技法たる活動基準管理会計と予測とシミュレーションや，SEM技法たる企業分析・競争分析，シナリオ分析，バランスト・スコアカード（SEMのコンポーネントたるCPM［Corporate Performance Monitor］のサブ・コンポーネントとしても考えられているもの）と同様のサブ・コンポーネントたる価値ドライヴァー経営，が必要であろう．

　以上のような計画（分析も含む）活動の実施では，顧客・市場・競合他社・技術・プロセスに関する最新の情報やさまざまなシナリオや価値創造評価モデルを研究することによって，随時発生してくる何事にも即時に戦略的に対処できるような包括的戦略会議のためのウォー・ルーム（war room）の設置・運用が大事なものとなっている．このような計画活動実施のための情報インフラは，3．ツールとテクノロジー面として，ウォー・ルーム面（あらゆる関連データや価値ドライヴァー情報を基にして全社的な戦略と整合した迅速な意思決定をするための支援ツール）（3—e）が必要であろう．このような計画活動実施のためには，以上の技法やコンポーネントに加えて，SEMのコンポーネントたるCPM［Corporate Performance Monitor］のさらにサブたるマネジメント・コックピットが必要であろう．

　以上の情報インフラには，3．ツールとテクノロジー面として，データハウス面（分野毎の情報のグループ化，時系列的な蓄積，分析，戦術的・戦略的意思決定への支援）（3—d）が必要であろう．これに当たるのはSEMで活用されるBW（Business information Warehouse）ということになるであろう．

　また，顧客価値・株主価値・従業員価値という「これら3つの価値形態の諸境界を貫通し，部門内と部門間の諸関係を明確にして，価値創造に導く」，あるいは「組織内の職能的な全境界を貫通するような旅をする」ためには，ERPも活用しうると考えられる．たとえばSAP R/3（2006年現在の最新版はリリ

ース 4.7 ないし Enterprize)(現在は SAP ERP)は,次のような各種の機能・職能モジュールにより構成され統合化されている (Monk & Wagner, 2002, 2006, 邦訳, 2006). i. 販売管理(R/3, BW, APO([Advanced Planner and Optimizer] との情報交換による mySAP 機能も含む), ii. 在庫・購買管理(EDI で結合される SCM 機能も含む), iii. 生産管理・計画, iv. 品質管理, v. プラント保全, vi. 資産管理, vii. 人的資源管理. さらにこれらを取り囲むもの(この図は現在不使用):viii. 財務会計(取引を総勘定元帳に記録し外部報告する財務諸表を作成するもの. 販売管理との統合による与信管理, サーベンス・オクスリー[SOX]法の遵守が可能), ix. 管理会計(原価差異分析, what if 分析, ABC 会計, 製品別収益性分析と経営報告や分析のツールなどを含む), x. ワークフロー(どの活動でも自動化するのに利用できるツール群. プロセス・マッピング, ギャップ分析, イベント駆動プロセス連鎖, 価値分析[ビジネスプロセス内の活動のそれぞれを, 製品やサービスに付加した価値という観点から分析, 動的プロセスモデリングによる改善, プロセスを定義するためのワークフロー・ビルダー, を含む]). ERP に接続するものとして, xi. e コマース(バックオフィス[注文後における一連の後処理の諸ステップ]処理のために, 経営体内の ERP を活用する場合か, アプリケーション・サービス・プロバイダ[ASP]の ERP を活用する場合, あるいは, インターネット上でのビジネス取引を支援するコンポーネント群たる NetWeaver を活用する場合).

　最後に, ドノヴァンたちは, 価値創造経営に必要な以上のような諸技法とともに更なる諸技法も含めて紹介し, 価値創造経営との関係・差異やそれに相応しい形への条件づけ・変更理由を示している. 各種の利害者価値の同時的最大化, ないし価値創造経営の立場から, ① 顧客重視の TQC(Total Quality Management/Customer Focus)には, 単に顧客価値だけに注目する危険性があると述べ, ② リエンジニアリングについては, その対象と根拠を示さない欠点を述べつつも, 価値創造経営へと誘うプロセスの一部として位置づけ, ③

アウトソーシング，仮想企業，コア・コンピタンスについては，コア・コンピタンス以外のアウトソーシングやそれ以上のアウトソーシングによる仮想企業化が従業員に悪影響を及ぼさないようにすべきだと勧告し，④権限委譲と品質改善サークル活動により従業員価値が重視されることを，他の種類の利害者価値への重視とともに，期待し，⑤ジャスト・イン・タイム（JIT）の在庫管理については，市場需要増への企業対応の柔軟性を損なう場合もありうると心配し，⑥活動基準原価計算（ABC）が，ベネフィットも含めて管理し（ABM），さらに，設備投資・運転資本投資も，またキャッシュフローも考慮（価値創造経営）するようになれば，価値創造経営と同じものになるとし，⑦バランスト・スコアカードは，種々のトレイド・オフや部門間関係についての視点を欠いているので，これを含んだモデルで代替できる場合もあると位置づけ，⑧ベンチマーキングは，比較対象間を同類のものにするという正確性を保てば，価値創造の機会を判定するための有効なツールになるとし，⑨学習する組織の概念については，それと価値創造のフレームワークとを組み合わせれば，そのプロセスを早められるものとし，⑩チェンジ・マネジメントは，価値創造の観点から必要な変化が明確化されたところに至らせる基礎を提供するものであると意義づけている．

4．ドラッカーの会計と経営情報処理のシステム的統合化論とERP/SEM 等の実践

4.1 ドラッカーの会計と経営情報処理のシステム的統合化論

ドラッカーは，*Great Change* の第10章（1992年初出の論文）で，情報関係について次のようなとらえ方を示した．第1に，コンピュータ専門家はコンピュータ情報という道具の作成者でありユーザーの相談相手であり，他方，情報の利用者（ユーザー）たる経営者・各種専門家・組織の方は情報に精通しなければならない．第2に，情報システムの中に蒐集し活用し統合化されるべき内容

については，意思決定とくに戦略的意思決定のために活用されるような情報，すなわち，成果・機会・脅威などの経営体にとって外部の情報，さらに具体化していえば，既存顧客や非顧客（＝市場にはいても当該経営体の製品・サービスの非購買者たる潜在的顧客）が購買する物・場所・方法などという経営体外の情報，ならびに，人口動態や顕在的のみならず潜在的な競争相手（の行動・計画など），技術，経済，為替レート変化，資本移動などという市場外の情報，でなければならない．第3に，会計を資金管理たる財務から切り離し業務に注目するような改革（ABC会計を指していると思われる——筆者河野補記）が必要とされ，また，経営活動を期待成果に結び付けるような新しい会計も開発され，また，資産評価を取得原価ではなく将来収益で行う試みもなされてきているので，会計データを意思決定情報に転化させ〔turning accounting data into information for management decision making〕，会計システムとデータ処理システムとの間が，一体化させられるもの，少なくとも矛盾のないものにする必要がある〔the most difficult of the new challenges: will have to bring together ……computer-based data processing and accounting system. At least will have to will have to make the two compatible.〕，とドラッカーは主張した．そして，コンピュータに精通した経営者が意思決定の地位に就くようになり変化が生じ始めており（1992年段階でのドラッカーによる情況評価），10年以内に統合化されると見通した．

また，ドラッカーは，*Great Change* の第12章（1995年初出の論文）で，コンピュータという新しい道具には新しい事業体コンセプトが要請され，また経営者に必要な情報や経営者の道具としての情報の中身が明確にされなければならない，と以下のような論述を展開している．

第1に，最古の情報システムたる会計の分野では，個別作業の原価計算から経営過程全体すなわち「原料や資材や部品が工場に到着したところから製品が最終消費者の手元に達するまでの全プロセス」の成果管理（yield control）とその情報が必要とされるようになっている．事業体は，「資源の加工者」「コスト

第3章　経営の全体的な調整・統合化　53

を成果に変換するもの」という新しい概念で理解されることになる．そこで，従来は独立していた価値分析（VA）・プロセス分析・品質管理・原価計算を統合化することが図られ，① 製造過程全体の原価情報，② 何かを行わないことによる原価発生情報（遊休時間・待ち時間・不良品の手直し・廃棄），③ 各作業や作業場所の必要性・不要性の情報，とくにサービス活動（＝一定期間の総原価が固定し資源間の代替が不可）の成果向上努力情報，④ 個別の活動原価と成果の変化が事業全体に与える影響情報，等々が蒐集され活用されるようになった（例：トヨタ・日産・ホンダ）．

　第2に，経営体は，法的擬制の各経営体から，事業経済的連鎖，さらに具体的に言い換えれば，最終製品にまで関わりをもつ諸事業体・経営体群という事業経済的現実，へと変換してきている．今や，ますます激化してきているグローバルな市場において，競争に勝つためには，外部委託・提携・合弁などパートナーシップ的事業関係下における経済活動の連鎖全体の原価を把握し，これらの事業体・経営体群と協力して，原価を管理・削減し，成果を最大化させる必要がある．それには，まず顧客が自ら進んで支払う価格（顧客受容価格）を設定し，商品の設計段階から，許容される原価を明らかにしていくような価格主導の原価管理が必要になっている（例：1910年前後にGMを構想し設立したウィリアム・デュラント，これを20年代に最初に導入したシアーズ・ローバック，これを30年代初頭に導入したマークス・アンド・スペンサー，その20年後にトヨタを筆頭にした日本企業群，1980年代のウォルマート）．こうした事業経済的連鎖には，経営体間で情報の共通化が必要である（例：ウォルマートをモデルにして世界300社と連鎖したプロクタ＆ギャンブル社）．これらは，現在では，SCMといわれている．なお，経済学の分野で経済連鎖全体の原価計算の必要性を1890年代末に説いたマーシャル理論を経営者・経営学者が無視してしまっていたとのことである．

　第3に，事業体・経営体が代価の支払いを受けているのは，「富を創出すること」に対してであって，「コスト管理」に対してではない．富を創出する社

会的機関としての事業体・経営体のために必要な情報は，① 基礎資料は，経営状況の判断のための情報であり，異常値を発見し処置すべき問題の存在を教えてくれるものである．それらは，ⅰ．キャッシュ・フローや流動性，ⅱ．在庫数と販売数の比率，ⅲ．収益と社債費の比率，ⅳ．売掛金と売上高の比率であるとされている．② 生産性の情報は，生産要素すべてについてのものであり，それらを測定し管理するものは付加価値分析とベンチマーキングである．前者は，「あらゆるコストに付加した価値を測定することによって，生産要素すべての生産性を測定する」のであり，いかなる製品・サービス・活動・作業の生産性が高く，大きな価値をもたらしているかを教えてくれるものであるので，対応の仕方がわかることになる．後者は，ある経営体にできることは他の経営体にもできるはず，また主導的経営体と少なくとも同水準の仕事ができなければ競争優位を保持できないという前提に立ち，自らの経営体の仕事を同一あるいは全部の産業界における最高の仕事と比較することによって，対応の仕方を検討する．③ 自社の卓越性に関する情報としては，主導的地位をえるために，市場や顧客の価値と，生産者・供給者としての自らの特別能力とを，結合する力が明らかにされなければならないので，ⅰ．自社と競争相手が予期はしなかったような成功，ⅱ．業界全体と自社の成功した革新例，ⅲ．革新実績の目標到達度や市場動向・市場地位・研究開発費との合致度，ⅳ．成功した革新は成長力や機会が最大の分野なのかという点についての確認，逃してしまった重要な革新機会とその逸失の理由，ⅴ．革新の商品化の成功度，についての情報が必要である．④ 資金と有能者の配分・配置についての情報は，ⅰ．収益率・回収率・回収期間・キャッシュフロー・現在価値すべてを投資の提案と代替案で検討して成果の期待と達成の度合いとその影響と期限を一覧表化したもの，ⅱ．明確な目的意識のもとに慎重に人員配置し，その結果を記録し検討したもの，である．以上の情報は，「現在の事業の情況」とそれに基づく「戦術」を教えてくれるものである．次に，戦略情報が以下必要とされることになる．

第3章 経営の全体的な調整・統合化　55

　第4に,「経営活動の成果が存在する場所は外部の世界である」ので,事業体は,外部世界により造られる被造物であり外部世界を創る創造主体である.そのために必要な情報は,市場・顧客・非顧客・産業内外の技術・国際金融市場・世界経済についてのものであり,戦略的情報であるということになる.それらを蒐集し活用するために,市場選好・流通経路・税制・社会規制・知的財産権等について期待する情報を提供し,環境の仮定や経営体の戦略・ヴィジョンに正しい疑問を提起してくれるような日常的な情報システムを,構築する必要がある(例:ユニリーバ,コカ・コーラ,ネスレ,日本の大商社や建設会社など).これらの情報の入手先・入手手段は, i.あらゆる種類のデータバンク, ii.各国の専門誌,データサーヴィス, iii.経済団体, iv.政府刊行物, vi.世銀レポート, vi.科学論文, vii.調査報告物,などである.また,情報の使用法を具体的に教え,事業や業務について具体的に質問し,相談者との間で双方向のコンサルティングをしてくれる者も,必要である.

4.2　ERP/SEM 等の実践との関連づけ

　① ドラッカーは, *Great Change* の第10章で3つの論点の始めの2つで情報関連の基本的な点を指摘した上で,その3番目の前半で,会計分野の変革のひとつとしてABC会計をあげた.また既に,「マッキンゼー式の取引基準原価管理」と付加価値と直接原価計算を総合化し,各部分(すなわち事業成果領域やその細分化された分野)の経営全体への貢献度を表すことを1964年の『事業成果管理』(邦訳書名『創造する経営者』)で例示していた.この原価管理は現在の活動基準原価管理(ABC会計)に道を開いたと,意義を解釈できる.さらに,ドラッカーは,同じ第3の論点の後半において,それも含む会計と経営情報処理のシステム的統合化の必要性を提起している.1992年段階でこのことはERPによっても可能であった,と理解できる.なお,ERP(「SAP R/3の統合情報システム環境における機能モジュール」の図)において,各種機能モジュール群を取り囲むように描かれているのは財務会計と管理会計であ

るとしたのは，Monk, E. F. と Wagner, B. J. である．かれらは，ERP に関連して，4つの機能・職能・経営部門（マーケティング・販売，SCM，人的資源管理，会計・財務）について，情報システム的関係を含めてそれらの間の相互関係を，示している（例：Ⅰ．マーケティング・販売機能領域に対するインプットは，ⅰ．顧客データ，ⅱ．受注データ，ⅲ．販売動向のデータ，ⅳ．単位あたり製造原価であり，アウトプットは，ⅴ．販売戦略，ⅵ．製品の価格決定である．マーケティング・販売機能領域と顧客との相互関係は，前者から後者への注文情報と，後者から前者への発注である．他の機能との関係も以上と同様に記述）(Monk & Wagner, 2002, Chapter 1, sec. 3, 邦訳, 2006, pp. 11-18)．

② 調達（財務・労務）・製造・販売による全体としての経営過程というとらえ方は，ERP とまったく同じ考え方である．また，経済的・統治的・社会的な統合的三重制度は，ERP/SEM の各種のコンポーネントあるいはモジュールにおいて取り上げられているものもあれば，今後取り上げられる可能性もでてくるものもあることを期待したい．また，各労働者と経営体全体成果との関係づけによる責任労働者化論は，活動主体を労働者としてとらえれば活動基準会計という戦略的ならびに業務的（ERPに関連――筆者河野補記）との企業経営統合化手法，あるいは，個人毎の企業ポータル，によって具体化されることになるであろう．さらに，経営体存続目標群とSEM経営手法のバランスト・スコアカードは同様であると上田惇生名誉教授によってとらえられている（上田, 2006, p. 114）．ただし，革新という項目・目標は BSC に未だ入れられていなく，フランス会計学・実践では「タブロー・ド・ボード」(tableau de bord) の4つのコンポーネント（BSC, バリューチェーンブループリント，コックピット，最重要基本業務支援プロセスのオペレーティングビュー）の2番目のもののなかで取り上げられるようになってきている．この点は SAP 社の関係者などでは意識されていると解釈できる (Read, 2003, 邦訳, 2007, pp. 339-343)（ただし，ドラッカー流の革新のすべては扱っていないように感じられる）．

③ ドラッカーは，顧客・主要納入業者・労働組合・銀行・金融機関・その

他の外部機関との関係化・調整による経営権力の正当化という最高経営者課題，ならびに，公共・地域社会関係委員会という取締役会機能を提唱した．このような課題・機能は SEM-SRM (Stakeholder Relationship Management) で取り上げられうる．しかし，こうした SEM-SRM の実践は，ドラッカーがこれは単なる均衡化ではなく，各種利害関係者を調整し永続的経営体維持に結集するように経営体の富創出能力を最大化させる (maximize the wealth-producing capacity of the enterprise) と主張していることと，いかなる関係にあるのかという点は，今後検討していかなければならないであろう (Drucker, 2002, pp. 195-196, 邦訳, pp. 299-301).

④ ドラッカーが利害関係者の中に他の経営体やそれとの関係も含めていたことは，ひとつ前のパラグラフで述べたとおりである．また，原価管理対象に他の経営体やそれとの関係も含めていることは，*Great Change* の第12章 (1995年初出の論文) で第2点すなわち「事業経済的な連鎖」「顧客受容価格主導の原価管理」で述べられた．この考え方は，少し遡った1964年著の『事業成果管理』でも述べられていた (Drucker, 1964, pp. 70-71, 邦訳, pp. 106-108；河野, 1986, p. 112). これは，ERP における SCM モジュール，あるいは SEM/ERP の経営分析のひとつたる「サプライ・チェーン分析」，あるいは OEM ないし ERP の経営手法のひとつ「ターゲット原価」において実現されている．

さらに，われわれは，ドラッカーの叙述とその体系を読み取って，⑤ 事業基本構造（諸単位事業の複合的構造と事業諸活動の複合的構造）に対応した「事業経済的システム」をも〈経営組織〉のなかに追加したのであった．すなわち，経営成果領域別経済的事業分析，ならびに費用分析的な全体的な事業分析と，マーケティング分析的・知識分析的・成果領域別経済分析的な事業分析を，相互に関連させて，眺められたひとつの経済的システムとしての事業全体 (the entire business as an economic system)，すなわち，現在の事業・将来の事業・本来の事業，また，改善されるべき事業・革新されるべき事業，についての経済的システム，についての必要性を，ドラッカーの叙述・立論から解釈し

たのであった (Drucker, 1964, p.11, 127, 邦訳, pp.24-25, 191).

最後に, *Great Change* の第12章で第3・4点において, 経営者の意思決定とくに戦略的意思決定のための情報について述べていた. これらの情報がSEM/BW で取り上げられているかということは, 今後検討していかなければならないであろう (Egger, 2004, 邦訳, 2004 ; Stackwiak, Rayman & Greenwald, 2007).

5．ERP/SEM 中心の情報システムに関する経営学的研究の必要性

以上に示した ERP/SEM のソフトウェアやシステムだけで経営体の情報システム全体が確立される訳ではなかろう. たとえば, 参考文献にあげさせていただいた赤木氏は, 2002年段階で Oracle EBS という ERP だけでなく社外から購入した既存のソフトウェアや社内で独自開発したソフトウェアをも活用し, それらを EAI によって結合・統合して, 全体としての経営情報システムを構築され, そのシステム構築投資の効果・効率の算出方式も示された. また, 2003年には SAP 社は, 参考文献にあげさせていただいたように, エンタープライズ・サービス・アーキテクチャー構想を提起された. 今後は, ERP/SEM 中心の経営情報システムやそれに基づく経営的意思決定に関する研究が経営情報学だけでなく経営学の分野でも必要になろう.

（河野大機）

注
1) 以下において〈山括弧〉内に示したものは, われわれ独自の用語であることを表したものである.
2) ① の前半に関連して, 取引基準原価管理と ABC の関係については, 櫻井 (2004) p.357 を参照のこと. また, ドイツや SAP 社 (Systemanalyse und Programmentwicklung; 英語訳社名 System Analysis and Program Development. 1972～) の ABC については次を参照のこと. ⅰ. 櫻井 (2004) p.358. ⅱ.

Sedgley & Jackiw（2001）

　以下においては，本書の引用頁は（丸括弧内），参考頁は〔亀甲内〕に，それぞれ示すことにする．
3）「協同体系的能率性」ないし〈協同体系経済〉については，河野（2003）の第四章（三）「バーナードの効用経済統合化論」pp. 246-272，（七）「バーナードの組織制度論と管理論を包含した協同体系論の発展」pp. 307-324 を参照のこと．
4）ただし，ドノヴァンたち自身は，「企業全体のアプリケーション（enterprise-wide applications）（ERP を指していると思われる――筆者河野補記）」と述べていた〔p. 181, pp. 225-6〕だけである．
5）非常に簡単に 2 行分で触れているだけではあるが，次を参照のこと．吉田（2005）p. 2.

参考文献
赤木健一・速水治夫（2002）『Oracle ESB でリアルタイム経営を目指せ――"決められる"マネージャが成功のカギ――』工業調査会．
上田敦生（2006）『ドラッカー入門――万人のための帝王学を求めて――』ダイヤモンド社．
河野大機（1986）『ドラッカー経営論の体系』三嶺書房．
河野大機（1994）『ドラッカー経営論の体系化――時代に適い状況を創る経営――』〈上巻〉三嶺書房．
河野大機（2003）『経営・組織の科学と技能と倫理――バーナーディアン・コーオペレーション――』千倉書房．
河野大機（2004）『経営書読解の修業――バーナード『経営者の役割』をケースにして――』文眞堂．
河野大機（2006）『P. F. Drucker のソシオ・マネジメント論』文眞堂．
河野大機（2007）『P. F. Drucker のマネジメント・プラクティス論』文眞堂．
櫻井通晴（2004）『管理会計』（第 3 版）同文舘，初版：1997 年．
ベリングポイント CPM コンソーシアム（2007）『統合的業績評価マネジメント―― CPM による企業価値向上――』生産性出版．
吉田康久（2005）『活動原価会計の研究―― ABC・ABM アプローチ――』中央経済社．
Barnard, C. I. (1938) *The Functions of the Executive*, Cambridge Mass.; Harvard University Press.（田杉・矢野・降旗・飯野（旧訳），山本・田杉・飯野（新訳）『経営者の役割』ダイヤモンド社，旧訳版 1976 年，新訳版 1968 年．）
Donovan, J. & R. Tully & B. Wortman (1998) *The Value Enterprise: Strategies for Building a Value-Based Organization*, Ontario; McGraw-Hill Ryerson Limited.（デトロイト・トーマツ・コンサルティング戦略事業部訳）（1999）『価

値創造企業──株主，従業員，顧客全ての満足を最大化する経営改革──』日本経済新聞社.）

Drucker, P. F.（1964）*Managing for Results: Economic Tasks and Risk-taking Decision*, New York; Harper & Row, Publishers.（野田・村上訳（1964）『創造する経営者』ダイヤモンド社.）

Drucker, P. F.（1992）*Managing for the Future*, Oxford; Butterworth-Heinemann Ltd.（上田・佐々木・田代訳（2002）『未来企業』ダイヤモンド社.）

Egger, N.（2004）*SAP® BW Professional: Tips and Tricks for Dealing with SAP Business Information Warehouse*, SAP Press.（オーパス・ワン訳，SAP ジャパン監修（2004）『SAP BW 構築・分析技法』日経 BP ソフトプレス.）

Stackowiak, R., J. Rayman & R. Greenwoald（2007）*Oracle Data Warehousing and Business Solutions*, Indianapolis; Wiley Publishing, Inc.

Meier, M. & W. Sinzig & P. Mertens（2004）*Enterprise Management with SAP SEM^{TM}/Business Analytics*, N.Y.; Springer, 1st ed. 2002, 2nd ed., 2004.

Monk, E. F. & B. J. Wagner, *Concepts in Enterprise Resource Planning*, Thomson Course Technology, 1st ed. 2002, 2nd ed. 2006.（堀内正博・田中正郎（邦訳）（2006）『マネジメント入門──ERP で学ぶビジネスプロセス──』トムソンラーニング，初版：平成18年.）

Read, C.（2003）*The CFO as Business Integrator*, John Wiley & Sons, Ltd.（SAP ジャパン訳（2007）『The CFO ──ビジネスインテグレーターの時代──』東洋経済新報社.）

Sedgley, D. J. & F. Jackiw（2001）*The 123s of ABC in SAP: Using SAP R/3 to Support Activity-based Costing*, N. Y.; John Wiley & Sons, Inc.

Woods, D.（2002）*Enterprise Services Architecture*, Cambridge; O'Reilly Media, Inc., (SAP ジャパン（監修）福龍興業・木下哲也（邦訳）（2003）『SAP エンタプライズサービスアーキテクチャー──変革の時代を勝ち抜く最新 IT 戦略──』オーム社.）

第4章 資源ベース論からみたマネジリアル・ケイパビリティ
――持続的競争優位性の構築を求めて――

1. はじめに

　東洋大学経営力創成研究センターの研究目的である経営，マーケティング，テクノロジー等を通じた競争力の創成や経営力の向上の本質は，一時的な競争優位性の創成を目的としているのではなく，持続的競争優位性をいかにして構築するかの問題としてとらえることが必要であると考察する．その源泉は当該企業内のケイパビリティあるいはコンピタンスである．さらに，それらを引き出し統括するためには，リーダーとしての経営トップがリーダーシップを発揮することが重要となる．彼らによって創成されるのがマネジリアル・ケイパビリティである．

　したがって，本章では，このマネジリアル・ケイパビリティをいかにして高めるかが当センターのプロジェクトの研究目的であり，これに焦点を合わせて研究を行うことこそが，期待される研究成果の核心であり，その方向性に適うものであると考察している．

2. 外部環境重視の戦略論から内部環境重視の戦略論へ

　これまでの戦略論の流れは外部環境論重視から内部環境論重視へ，つまり資源ベース論への移行である．外部環境重視の理論では大きく新古典派経済学（Chamberlin, 1933; Friedman, 1953 等）と産業組織論（Bain, 1956; Hill, 1988; Porter, 1980, 1985 等）の2つの流れに大別できる．新古典派経済学では企業が長期にわたって生き残るための要素として経済的効率を論理の基礎に置いている．ま

た，産業組織論では，競争優位性は産業集中度やコスト構造のような産業の特性によって決定されると考える．ポーター（Porter, M.）によれば，競争優位性はその企業が属する産業特性における5つの競争要因（競争企業間の敵対関係の強さ，買い手の交渉力，売り手の交渉力，新規参入者の脅威，代替品の脅威）を注意深く分析し，その産業特性に適合（fit）した戦略を選択・実行することで生み出される．さらに，この競争優位性は，規模の経済，範囲の経済，経験効果，買い手のスイッチング・コストなどで参入障壁を構築し，得た収益を参入障壁に再投資することで維持できると考える．

しかし，このような競争戦略論は，規制緩和の今の時代に適合しないし，どちらかといえば独占企業や寡占企業の戦略としては実施可能であっても中小企業にはほとんど実行不可能な戦略といえよう．そこで重視されるのが内部環境重視の資源ベース論である．

新古典派経済学も産業組織論もともに，持続的競争優位性を積極的に企業内部から構築することについてほとんど触れていない．これらの理論は，競争優位性を産業や市場に任せることによって，経営者の意欲，組織ルーティン，組織の名声，組織文化といったものから引き出されるユニークな企業のコンピタンスを見落としている．準レント[1]を生み出すユニークな企業のコンピタンスをどのようにすれば競合企業の模倣から守れるのかという問題もほとんど検討されていない．

これに対して，資源ベース論の特徴は，基本的に持続的競争優位性を企業の内部資源に根ざしているとみていることである．そして持続的競争優位性の獲得では，経営資源の異質性と非移動性に注目する．具体的な資源特性として，①（その資源が）価値を有すること，②希少性があること，③模倣が不完全（困難）であること，④代替が利かないこと（非代替可能性），⑤因果関係が曖昧であること，⑥社会的複雑性があること，（バーニー，2001；Barney, 1991）である．

①はそれを使って企業環境におけるチャンスをものにし，脅威を無効にす

るという意味で価値があること．②は現在の企業間競争および潜在的競争において希少性があること．③は他社による模倣が不完全にしかできない（困難である）こと．たとえば，シャープでは液晶パネルの製造装置をブラックボックス化して外部に漏洩しないようにしている．とくに，生産の歩留まりに関わる重要な装置では，同社の技術者が設計したものを4つの部分に分解して，液晶装置ではない分野の装置メーカーにばらばらに発注しているという（後藤，2005，pp.61-101）．④は類似の資源や他の資源では代替できないこと．⑤はアクションとその結果の関係が曖昧であること．つまり，企業の所有資源とその持続的競争優位性の関係が曖昧であるため，結局，模倣が困難となる．⑥は外部の企業がその資源を体系的に管理したり，それに影響を及ぼすことができない資源であり，たとえば，企業内管理者の人間関係によって競争優位性が生み出されている場合などである．

3．資源ベース論の持続的競争優位性

したがって，持続的競争優位性を構築する鍵のひとつは，競争企業からの模倣困難性であることがわかる．そして資源ベース論では，経営資源のなかでも目に見えない技術，スキル，マネジメント・ノウハウなどの暗黙知をベースとした無形の資源を重視する．しかし，資源の特性や条件は持続的競争優位性を生み出すための必要条件ではあるが十分条件ではありえない．

企業が所有する経営資源にはリソースとケイパビリティがある．リソースには，パテント，ライセンス等の取引可能なノウハウと，工場，機械設備等の財務的・実物的資産がある（Amit & Schoemaker, 1993）．持続的競争優位性を構築するには，これらのリソースを活用する能力（コンピタンスまたはケイパビリティ）が重要になる．ケイパビリティとは望まれる結果に向けてリソースを配置する企業のキャパシティあるいは資源間の相互作用を通じて時間をかけて開発される企業特殊的能力と定義される[2]．

したがって，持続的競争優位性は，リソースよりもむしろケイパビリティによってもたらされる場合が多い．リソースとケイパビリティが競争優位性を創り出すためには，顧客，ライバルなどの戦略的産業要因と企業の有する戦略的資産との適合が必要である．

　しかしながら，持続的競争優位性は，企業の内部および外部（ポジショニングの優位）両面の要因から生じることになるとするAmit & Schoemaker (1993) の研究もある．資源ベース論に立ちながらも産業組織論も統合した理論というべきであろう．

　また，同じく資源ベース論に立ち，コア・コンピタンス概念を提唱するHamel & Prahalad (1994) は，資源と市場との連動性を重視している．彼らによれば，コア・コンピタンスは，無数の製品ラインの基底にある個々の技術や生産スキルの組み合わせによって生み出されるとしている．たとえば，これまでのソニーのコア・コンピタンスは小型化の技術であり，ウォークマンから始まり，ビデオカメラ，ノート型パソコンへと続く流れである．そして，コア・コンピタンスを獲得するための条件として，① 顧客の市場価値への貢献，② 競合他社の模倣困難性，③ 他の事業でも利用可能なこと，④ 他社より早い製品開発，を挙げている．

　これより先に，Reed & DeFillippi (1990) は，競争優位性との関係で「際立ったコンピタンス（distinctive competence）」の概念を提示している．この概念では，持続的競争優位性を獲得するためには，暗黙性，複雑性，特異性の特徴をもち，行動とその結果について因果関係が曖昧な組織コンピタンスに再投資することを推奨している．暗黙性からなる暗黙知は体系化できない非明示的で複製できない情報やコンピタンスである．複雑性はスキルと他の知識ベースのコンピタンスとの関係の範囲に関わるものである．特異性は，資源とスキルがその企業にとってユニークであり（たとえば，多大のコストなしには容易に他の用途に転換できない），それによって特定の顧客に向けて有利な販路を開くことのできる程度と関係している．したがって，この概念は企業特殊的コンピ

タンスを持続的競争優位性の源泉とみるひとつの根拠を提供している.

また,彼らの他にも競争優位性に関する概念を提唱する多くの学者がいる.たとえば,Stalk 他(1992)はコア・コンピタンスより広い概念として「ビジネスプロセス」の概念を,Normann & Ramirez (1993)は家具のイケアを例としてバリュー・チェーンよりも自社のステークホルダーとともにネットワークを組みながら,全体として新しい価値を創造していく「バリュー・コンスタレーション」の概念をそれぞれ提示している.

以上から,企業が持続的競争優位性を構築するためには,複数のイノベーションを連続的に組合わせ,そのようなイノベーションを継続的に起こしていく組織能力を構築する必要がある.つまり,ラディカル・イノベーション,市場創造イノベーション,インクリメンタル・イノベーションなどの複数のイノベーションを連続的に組み合わせる組織能力を構築することで持続的競争優位は構築できることになる.

4. コンピタンスをベースとした戦略策定

企業が内部に保有するリソースやケイパビリティー(あるいはコンピタンス)を利用して,競合企業に勝つためには,ただ単に資源ベース論が明らかにしたいくつかの資源特性を所有しているだけでは機能しない.企業はその内部の資源特性を開拓して外部環境の機会に結び付けて競争優位性を獲得するための戦略を策定し,実施する必要がある.つまり,自社の資源やコンピタンスを戦略の実行段階に落とし込むことが重要である.Grant (1991)は,図表4−1に示すように,「戦略策定のための5段階の手順」を提示している.具体的には,①自社の資源ベースの分析,②自社のケイパビリティの評価,③自社の資源とケイパビリティから派生する収益性についての潜在性の評価,④戦略の選択,⑤自社に蓄積された資源とケイパビリティを拡張し,向上させること,である.

図表4−1　戦略分析のための資源ベースアプローチ：実践的枠組み

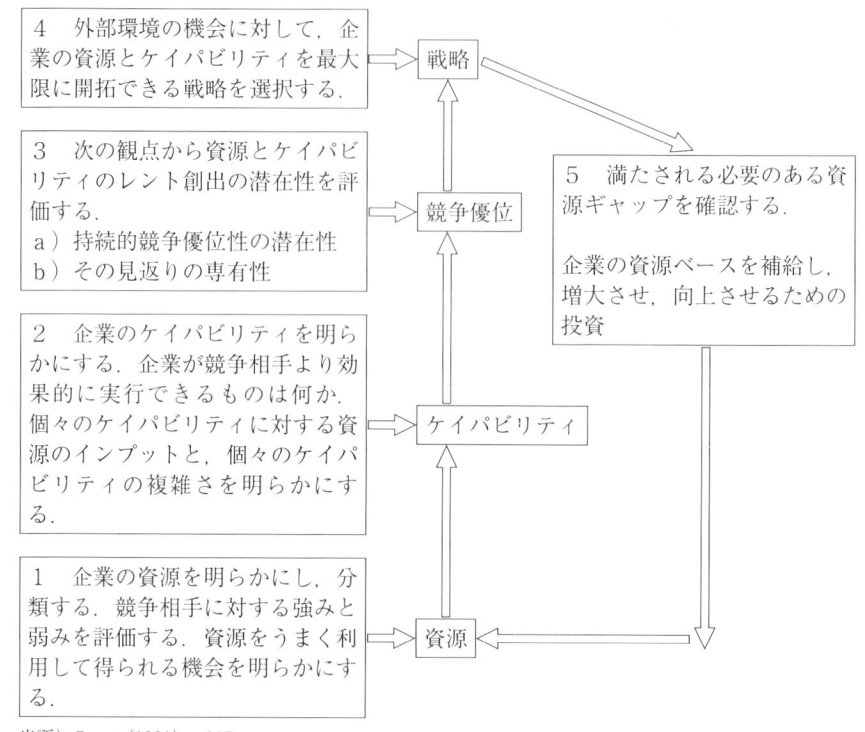

段階	内容
4	外部環境の機会に対して、企業の資源とケイパビリティを最大限に開拓できる戦略を選択する. → 戦略
3	次の観点から資源とケイパビリティのレント創出の潜在性を評価する. a) 持続的競争優位性の潜在性 b) その見返りの専有性 → 競争優位
5	満たされる必要のある資源ギャップを確認する. 企業の資源ベースを補給し、増大させ、向上させるための投資
2	企業のケイパビリティを明らかにする. 企業が競争相手より効果的に実行できるものは何か. 個々のケイパビリティに対する資源のインプットと、個々のケイパビリティの複雑さを明らかにする. → ケイパビリティ
1	企業の資源を明らかにし、分類する. 競争相手に対する強みと弱みを評価する. 資源をうまく利用して得られる機会を明らかにする. → 資源

出所）Grant（1991）p.115

　Grantは、自社の資源とケイパビリティーが長期戦略の基盤となるためには、それらが自社の戦略に基本的な方向づけを提供すること、それらが自社の主要な収入源であること、の2つが前提条件であるといっている.

　彼の戦略策定のための5段階アプローチは、資源をベースとした戦略の策定、実行のプロセスを明示した点でこれまでの資源ベース論よりも大きな実践的かつ理論的貢献をしたといえよう. しかしながら、コンピタンスの種類にはどのようなものがあり、それがどのような要因によって構成されているのかといったことに関しては触れられていない（高井，2007，p.107）.

5. 持続可能な競争優位性獲得のためのコンピタンス・ベースのモデル

これまでみてきたように，経営，マーケティング，テクノロジー等を通じた競争力の創成や経営力の向上の本質は，一時的な競争優位性の創成ではなく，持続的な競争優位性をいかにして構築するかである．そして持続的競争優位性の源泉となるのはその企業が有するコンピタンスであることも明らかとなった．本節では，企業内でどのような種類のコンピタンスが存在し，それらがどのような形で結びつき，最終的に企業としてのコンピタンスに高められるのかについて，Lado他（1992）の所論に依拠しつつ考察してみたい．

図表4－2は，Lado他によるコンピタンスの4つの源泉を統合的にリンクしたシステムモデルである．「マネジリアル・コンピタンスと戦略フォーカス」は，当該企業に持続的競争優位性を生み出すようなやり方で他の3つのコンピタンスを統合的に結び付ける役割を担っている．

当モデルでは，トップによる戦略的リーダーシップが組織戦略や業績に大きな影響を与え，そのようなリーダーシップが企業特殊的コンピタンスを用いてユニークさを打ち出せる限り持続的競争優位性の源泉となることを示している．

「マネジリアル・コンピタンスと戦略フォーカス」はモデル中の他の3つのコンピタンスを創造するのに中心的な位置を占めている．換言すれば，既述の「組織の際立ったコンピタンス」は経営トップの決定と行動により生み出される．したがって，マネジリアル・コンピタンスは他の3つのコンピタンス間の相互依存関係に多大の影響を及ぼしていると考えられる．

図表4－2においてリソース・ベースのコンピタンスは，ある企業が存続期間において競合企業に勝ることを可能にさせる，有形・無形の，中核となる人的・非人的資産である．この種のコンピタンスが持続的優位性の源泉になるためには，既述の資源特性をもつことが必要となる．とくに，無形のコンピタン

図表4－2 持続可能な競争優位性獲得のためのコンピタンス・ベースのモデル

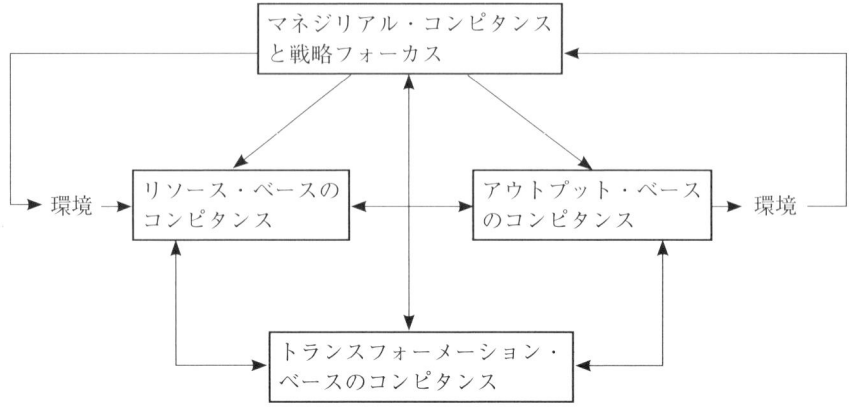

```
                    ┌──────────────────┐
                    │ マネジリアル・コンピタンス │
                    │  と戦略フォーカス    │
                    └──────────────────┘
                       ↙         ↘
    ┌──────┐  ┌──────────┐   ┌──────────┐  ┌──────┐
    │ 環境 │→ │ リソース・ベースの │←→ │ アウトプット・ベース │ ←│ 環境 │
    └──────┘  │  コンピタンス   │   │  のコンピタンス   │  └──────┘
              └──────────┘   └──────────┘
                       ↘         ↙
                    ┌──────────────────┐
                    │ トランスフォーメーション・ │
                    │  ベースのコンピタンス  │
                    └──────────────────┘
```

出所）Lado, et al. (1992) p. 82

スは競合企業に対して模倣の困難性を高めることになる．このコンピタンスは，図表4－2に示すように当該企業の環境を通じて蓄積されると同時にリーダーによる「マネジリアル・コンピタンスと戦略フォーカス」によって調整・コントロールされる．また，それはアウトプット・ベースのコンピタンスおよびトランスフォーメーション・ベースのコンピタンスと相互依存している．

　トランスフォーメーション・ベースのコンピタンスはインプットをアウトプットに転換するのに必要なコンピタンスであり，イノベーションと組織文化が重要な要素となる．イノベーション（技術，マーケティング，経営などの）は競合企業より早く組織に新製品や生産プロセスを生み出す能力を提供する．組織文化は組織学習や適応の能力を高めるかもしれない．このコンピタンスは「マネジリアル・コンピタンスと戦略フォーカス」と相互依存を行うと同時に「リソースベースのコンピタンス」および「アウトプット・ベースのコンピタンス」とも相互依存している．

　アウトプット・ベースのコンピタンスとは，顧客に「有形の」物的アウトプットを提供するだけでなく，製品やサービスに対する評判，ブランド名，ディーラーネットワークといった「無形の」アウトプットも届けることに関係した

コンピタンスである．「リソース・ベースのコンピタンス」および「トランスフォーメーション・ベースのコンピタンス」と相互依存すると同時にリーダーによる「マネジリアル・コンピタンスと戦略フォーカス」により調整・コントロールされている．さらに，環境を通じて「マネジリアル・コンピタンスと戦略フォーカス」にフィードバックされている．

このようにリーダーによる「マネジリアル・コンピタンスと戦略フォーカス」は，それ以外の3つのコンピタンスを創成するのに中心的な役割と位置を占めている．つまり，「組織の際立ったコンピタンス」は経営トップの決定と行動によって生み出される．既述のように，上記の3つのコンピタンスとの相互依存を行い，併せて統合的な影響を及ぼしている．マネジリアル・コンピタンスは，情報収集，問題の枠組み作り，結論への到達，経験学習などを通じて生み出される．

以上4つのコンピタンスが相互にうまく連動することで持続的競争優位性が生み出されることになる．中核的位置を占めるのは「マネジリアル・コンピタンスと戦略フォーカス」である．これがユニークな資源を獲得するための鍵である．この能力の開発と活用に大きな責任を有するのが，企業のトップである．企業のトップは個々のコンピタンスを引き出し，統括し，全社的な持続的競争優位性の構築に繋げる責任がある．

ただ，資源ベース論でとりあげた独自性の強い，差別化された資源をより実行レベルに落とし込むには，その資源を活用できる組織になっていなければ持続的競争優位性は構築できない．

以上によって，コンピタンスやケイパビリティが複数の能力で構成されることは明らかになったが，それらがどのような関係性をもつときに持続的競争優位性に繋がるのかといった疑問に対しては必ずしも明確になっていない．Black & Boal (1994) によれば，経営資源間におけるダイナミックな関係性を認識する必要があり，それらの関係性として，① ひとつの資源レベルの変化が他の経営資源のレベルの変化に相殺される補充的関係性，② ある経営資源

の存在が他の経営資源の能力を高める関係性，③ある経営資源の存在が他の経営資源のインパクトを抑制する抑制的関係性，の3種類を提示している（高井，2007，p.111）．

6．システムとしてのコア・コンピタンス

　最近の資源ベース論は，初期の資源そのものの研究から資源の活用方法による競争優位性の構築へと移行しつつある．換言すれば，その流れは資源ベースの静態的アプローチから動態的アプローチへの転換である．この転換を契機として，経営資源とケイパビリティの概念を明確に区別する方向に動き始めている．Grant (1991) によれば，経営資源とはインプットであり，ケイパビリティとは資源を組み合わせてあるタスクや行動を行うキャパシティであると述べている．例として，フェデラルエクスプレスの競争的強みとしてのケイパビリティは，飛行機，配送車，追跡装置，自動荷分け装置など複数の物的な経営資源が連動することによって生み出されているという．他社からみて同社の個々の業務の模倣はできてもシステム全体の模倣はきわめて困難である．

　競合企業にとってシステム全体の模倣が困難なのは，機能間のフィットを創り出すためのその企業独自の業務のやり方や組織文化といった目に見えないノウハウは模倣できないからである（高井，2007，p.112）．これは既述したように，持続的競争優位性獲得のための資源特性のひとつである因果関係の曖昧性に符合する．つまり，所有資源とその持続的競争優位性の関係が曖昧であるため，結局，模倣が困難となる例である．技術や製品といったハードの物的資源だけでなく，企業独自のマネジメント・ノウハウやマーケティング・プロセス（たとえば，4Ps設定の意思決定プロセス）などの目に見えないソフトの経営資源との連動がシステム的に構築されている場合，より強力な持続的競争優位性を獲得することが可能になるといえよう．

　さらにこの例としてアメリカの航空業界で持続的競争優位性を有するサウス

ウェスト航空をあげることができる．同社の強みは単に中西部の地域に限定した運航と低料金というサービスだけではない．競合他社が目に見えるこの点だけを模倣しても，同社に定着している組織文化としての業務の仕方やマネジメント・ノウハウはコード化できない暗黙知的知識であり模倣が困難である．

前節でみたようにひとつの企業あるいは事業部門には，複数のコンピタンスが蓄積されており，相互に依存関係を有している．したがって，これら複数のコンピタンスをシステムとして構築することができればそれだけ強固な持続的競争優位性を獲得できるといえよう．

ただ，このような複数のコンピタンスをシステムとして構築してしまうと，それを変革したり中止しようとするとき，かえってその存在が革新のための大きな障害にもなりうることもある．

7．知識に注目した資源ベース論

資源ベース論のなかでも，とくに知識を重視したのが知識ベース論である．今日では知識ベース論が，資源ベース論のエッセンスであるといっても過言ではない．(Conner & Prahalad, 1996)．知識ベース論では，組織のなかに分散され，しばしば暗黙知化された知識をいかに見出し，最もうまく使用するかが競争優位性を創り出すと説明されている（高井，2007, pp.114-115）．また，知識をいかに統合するかが企業の重要な組織能力になり，それが競争優位性を構築することに繋がる．

一方，知識は企業に持続的競争優位性をもたらすものではあるが，その有効期間は確実に短縮傾向にある．企業は知識を特許出願などで守ろうとするのであるが，それはある意味で競合他社に技術を公開して教えることにもなりかねない．たとえば，日本の特許庁特許電子図書館における特許・実用新案の公開広報へのアクセスでは上位10位までに日本の企業はなく韓国，台湾，中国の企業であるという．特許出願などしない方がいいことになる．しかし，特許を

出願していなければ，他社が同じ技術を偶然開発し特許出願した場合，逆に自社が特許侵害になってしまう．そこでシャープが考えたのは，漏洩しては困る重要な技術のすべてを公正証書にして公証役場に供託しておく方法である．こうしておけば技術が外部に漏れず，万一類似の技術が出願された際は，供託した書類の封を切って対抗することができるというわけである（後藤，2005, pp. 61-101）．

そのような例はあっても，今日，特許知識の価値は，陳腐化や模倣によって急激にその価値を減ずる傾向にある．したがって，持続的競争優位性の鍵は，もはや特許知識それ自体ではなく，新しい知識を生み出す技術能力にあるといえる．このことは技術集約的な産業においてさえ当てはまることである．また，企業はいったん成功した知識に安穏とすることなく，もし次の時代の競争優位性構築の足かせになると判断された場合は，それを捨て去ることも必要である．つまり，知識をベースに競争優位性を生み出すためには，新しい知識を継続的に探求し，創造していかなければならない．このように持続的競争優位性を獲得するためには知識を創り出す柔軟性が重要となる．

ところで，日本企業の欧米企業に対する競争優位性のひとつは，部門間での情報の共有化である．知識を組織全体で効率的に活用したり，統合する仕組みが意図的に組込まれている．例として，① 製品開発におけるオーバーラッピング・アプローチ，② 人事での戦略的ローテーション，③ プロダクト・マネジャー制度などをあげることができよう（高井，2007, p.118）．

8．おわりに

以上，資源ベース論からみていかにすれば持続的競争優位性を構築できるかについてケイパビリティあるいはコンピタンスとの関係を中心に論じてきた．まず，資源特性と持続的競争優位性について考察し，経営資源の異質性と非移動性に着目した．また，資源と市場との連動性を重視した Hamel & Prahalad

(1994) のコアコンピタンス概念を取り上げ，持続的競争優位性を構築するためには，複数のイノベーションを連続的に組み合わせる組織能力 (organizational competence) を構築することの重要性を指摘した．さらに，資源やコンピタンスを使って競争優位性を構築するための戦略策定プロセスについて Grant (1991) の所論を中心に検討した．

さらに，本章の中心でもあるマネジリアル・コンピタンスが企業の持続的競争優位性の構築にとっていかに重要かを考察した．そこでは他のコンピタンス（リソース・ベース，トランスフォーメーション・ベース，アウトプット・ベース）との相互依存関係や環境との関係にも言及した．実践の場での持続的競争優位性の構築は，企業のトップが「マネジリアル・コンピタンスと戦略フォーカス」においていかに効率的・効果的なリーダーシップを採れるかにかかっているといえよう．

最後に，一言述べておきたいことがある．筆者の属する「経営力創成研究センター」におけるプロジェクトの研究目的は，「日本発マネジメント・マーケティング・テクノロジーによる新しい競争力の創成に関する研究」である．このセンターの英文名として，Research Center for Creative Management (RCM) の名称を使用してきた．しかし，研究を進めていくうちに気づいたことは，このプロジェクトのやっていることは creative な management を創成することには違いないが，それよりも研究においてめざすべきは managerial competence あるいは managerial capability の解明であることが明確になってきたのである．本章でのテーマとしてマネジメント・ケイパビリティを中心に論じたのは，そのような理由からでもある．

（中村久人）

注
1) 準レント (quasi-rent) とは，経営資源を最もうまく利用したときの価値と，2番目に利用したときの価値の差である．具体的には，リソースを他社よりもう

まく利用することによって得られるレントであり，事業特殊的スキルや企業特殊的スキルである（高井透，2007, p.101, p.123；Castanias & Helfat, 1991）.
2）既存の研究では，コンピタンスとはどちらかといえばスタティックな概念であり，ケイパビリティはよりダイナミックな概念ととらえられている．つまり，コンピタンスは単に独自性のあるリソースを意味し，ケイパビリティはそのコンピタンスを活用することで競争優位性につながる概念として認識されている（高井透，2007, pp.16-17）.

参考文献

後藤康浩（2005）『勝つ工場』日本経済新聞社．
高井透（2007）『グローバル事業の創造』千倉書房．
バーニー，J. B.（2001）「リソース・ベースト・ビュー」『DIAMOND ハーバード・ビジネス・レビュー』5月号
Amit, R. and P. J. Schoemaker (1993) "Strategic Asset and Organizational Rent," *Strategic Management Journal*, Vol. 14, pp. 33-46.
Bain, J. S. (1956) *Barriers to New Competition*, Cambridge: Harvard University Press.
Barney, J. (1991) "Firm Resources and Sustained Competitive Advantage," *Journal of Management*, Vol. No. 1, pp. 99-120.
Black, J. A. and K. B. Boal (1994) "Strategic Resources: Trait, Configurations and Paths to Sustainable Competitive Advantage," *Strategic Management Journal*, Summer Special Issue, Vol. 15, pp. 131-148.
Castanias, R. P. and C. E. Helfat (1991) "Managing Resources and Rent," *Journal of Management*, Vol. 17, pp. 155-177.
Chamberlin, E. H. (1933) *The Theory of Monopolistic Competition*, Harvard University Press.
Conner, K. R. and C. K. Prahalad (1996) "A Resourced-based Theory of the Firms: Knowledge versus Opportunism," *Organization Science*, Vol. 7, pp. 477-501.
Friedman, M. (1953) "The Methodology of Positive Economics," In M. Friedman (ed.), *Essays in Positive Economics:* 3-43, University of Chicago Press, pp. 3-43.
Grant, R. M. (1991) "The Resource-Based Theory of Competitive Advantage: Implications for Strategy Formulation," *California Management Review*, Spring, Vol. 33, pp. 114-135.
Hamel, G. & C. K. Prahalad (1994) *Competing for the Future*, Harvard University Press.（一條和生訳（1995）『コア・コンピタンス経営』日本経済新聞社．）
Hill, C. W. L. (1988) "Differentiation versus Low Cost or Differentiation and Low

Cost: A Contingency Framework," *Academy of Management Review*, 13 (3), pp. 401–412.
Lado, A. A., Boyd, N. G. and P. Wright (1992) "A Competency Based Model of Sustainable Competitive Advantage: Toward a Conceptual Integration," *Journal of Management*, Vol. 18, No. 1, pp. 77–91.
Normann, R. and Ramirez, R. (1993) "From Value Chain to Value Constellation: Designing Interactive Strategy," *Harvard Business Review*, Jul.–Aug., Vol. 71, pp. 65–75.
Porter, M. E. (1980) *Competitive Strategy*, Free Press.
Porter, M. E. (1985) *Competitive Advantage*, Free Press.
Reed, R. and R. DeFillippi (1990) "Causal Ambiguity, Barriers to Imitation, and Sustainable Competitive Advantage," *Academy of Management Review*, 15 (1), pp. 88–102.
Stalk, G., Evans, P., and Shulman, L. E. (1992) "Competing on Capabilities: the New Rules of Corporate Strategy," *Harvard Business Review*, Mar.–Apr., Vol. 70, pp. 54–66.

第5章
人材マネジメントの革新と競争力の創成
――新しい人材像と人事部門――

1. はじめに

　最近,わが国において,「人的資源管理（Human Resource Management: HRM）」に替わって「人材マネジメント」という用語が,使われるようになってきた[1]．人材という言葉のなかには,人間をモノ（物的資源）同様に扱うことへの抵抗から,他の経営資源に代替しがたい資源であるという点を強調しようとする意識がみられる．また,それに人間性尊重といった意味をもたせようとしているとも考えられる（Armstrong, 1992）．とくに,人材マネジメントという用語は,従業員の確保・育成・開発などに関わる,すべての活動の管理を指して使われている．そこには,教育訓練・能力開発への投資により,人間の内部に蓄積される知識や技術からなる「人的資本」を増大できるという,1960年代からアメリカでみられるようになった人的資本理論（human capital theory）の概念が認められる（岩出,1989, pp.100-101；松山,2005, p.10）．

　したがって,本章では,わが国で1990年代以降注目されるようになった,とくに,従業員の能力の育成・開発などに注目する HRM を,人的資源管理ではなく,人材マネジメントとよぶことにする．以下,まず,なぜ人材マネジメントが企業戦略において重要視されるようになったのか,その背景を理論面から整理する．次に,人材マネジメントが扱う「人材」は,企業独自の強みとなる組織能力の源泉であるため,その能力の概念やその向上方法について明らかにする．第3に,最近,わが国企業・産業界において新たな価値を創出する能力を保有した人材として,その育成が強く求められている技術経営（MOT）人材について,いくつかの視点から考察する．そして最後に,人材マネジメント

の観点から，MOT人材をはじめとする新しい価値を創出する人材の育成・開発を担う新しい人材マネジメント，ならびに人事部門のあり方について言及する．

2．人材マネジメントの史的展開

2.1　人材マネジメントの概念

　人材マネジメントという概念は，1950年代にアメリカで誕生し70年代に広く普及し，欧文の文献において一般化された用語である．日本でも，70年代にはその考え方は知られており，80年代中頃には，すでにアメリカの人材マネジメント論が紹介されていた（赤岡・日置，2005，p.3,9；花岡，2003，p.5）．それが90年代中頃になって急に注目を集めるようになってきたのには，次のような背景がある．

　第1は，従来の人事・労務管理に限界がみえてきたことである（高木，2004，p.89）．つまり，人件費負担の増大により，業績・成果主義ならびに個別主義に基づく人事管理施策を取り入れ，それと経営戦略との連動性を強める必要性が出てきたからである．

　第2は，これまで以上に他部門との協力によって，組織文化の形成や組織の環境適合のために，トータル・システムとして効果的に人材を管理する必要性に迫られてきたからである（村上，2005，p.23）

　第3は，90年代初頭からの平成不況による経営環境の悪化である（赤岡・日置，2005，p.9,12）．つまり，終身雇用・年功制の崩壊によって，企業内部だけでなく外部の労働市場からも人材を調達する必要性に迫られ，強くその開発ならびに有効活用が認識されるようになったからである．

　第4は，社会正義に基づく公平性や公正性への要請の高まりである（岩内・梶原，2004，p.37）．つまり，従来の年功主義や属人主義にみられた悪平等主義から脱却し，職場や仕事の上でのさまざまな差別をなくし，従業員が公平・公

正な処遇が受けられる環境を整備する必要性が出てきたからである.

しかし,人材マネジメントのアプローチには,名ばかりで従来の人事・労務管理とほとんど変わらない内容・アプローチ(野呂,1998, p.39)のものから,諸施策・管理システムを全社的な経営戦略に深く関連づけながら他部門と連動させるアプローチ(平野編,2000, pp.25-32)まで多様性に富んでいる[2]. とはいえ,企業にとっての資産・資本・財産である人材を能力開発・育成・活用することで,企業の競争優位性を確保しようとする点は,人事・労務管理でも人材マネジメントでも変わらない共通概念であろう.人事・労務管理に替わってこうしたさまざまな人材マネジメントアプローチが要請されるには,企業戦略が市場での地位獲得にとどまらず,人材重視へとシフトしてきたからに他ならない.

2.2 内的側面を重視する戦略論へのシフト

経営戦略論分野において,1980年代中頃より,企業が市場において持続的な競争優位を確保しようとする外部環境重視の戦略論から,内的側面を重視する戦略論へのシフトがみられるようになった.その代表的なものが,資源論的視点あるいは資源ベース・ビュー(Resource-Based View: RBV)とよばれるものである.こうした視点を最初に開発したバーニー(Barney, J.)によれば,企業が保有する資産の中で,①有価値性(valuable),②希少性(rarity),③模倣困難性(inimitability),④非代替可能性(non-substitutable)の4つの特性が,企業の持続的な競争優位を決定づけるという(Barney, 1991; 1995, p.160).そしてこの視点が,人材マネジメント論分野に影響を与え,人材マネジメントが持続的競争優位を左右するという,戦略的人材マネジメントを発展させたのである(Pfeffer, 1994).

こうした視点は,その競争優位の源泉をどこに求めるかで2つに分かれる.ひとつは,人材マネジメントの施策やシステムであり,いまひとつは人材そのものを源泉とするものである.前者には,①管理施策の最適な組み合わせが

あるとする「ベストプラクティス・アプローチ (best practices approach)」，②企業戦略ごとに望ましい管理施策が異なるとする「コンティンジェンシー・アプローチ (contingency approach)」，③人事施策の最善の組み合わせと編成を追究する「コンフィギュレーション・アプローチ (configurational approach)」がある（岩出，2002, pp. 67-68). また後者には，教育訓練への投資により，生産能力としての人的資本の経済的価値を高めることができるとする，人的資本理論あるいはヒューマン・キャピタル理論 (human capital theory) がある (Becker, 1964).

このように，企業の戦略が，市場の地位や占有率をより多く獲得することで，比較優位な地位を獲得するという市場軸や商品軸に加えて，能力軸に力点が移ってきたのである．企業が他企業に対して，市場で差別化を図り，持続的競争優位の立場を維持するためには，内部資源の異質性や非移動性が不可欠な要因であるという視点である．それは，人材やその能力を企業が管理するための組織やシステム，さらには組織風土や組織文化といった企業の内的側面を重視する戦略である．

2.3 戦略的人材マネジメントの展開

人材マネジメントでは，模倣困難でかけがえのない人材を価値ある未開発の経営資源と位置づけ，経済的な付加価値を創出しようとする．これに対して，戦略的人材マネジメントでは，従業員を企業特殊的で模倣困難な戦略的資源として，持続的競争優位の源泉と位置づける（岩出，2002, p. 56).

企業は，従業員の能力を組織システムや組織文化と相互作用させ，その能力向上により持続的な競争優位の立場を得て，企業革新を遂げようとする．そうした企業が保有するさまざまな組織能力，その優位性，学習能力，潜在能力などを，ケイパビリティ (capability) とよぶ（根本，1998, p. 78). ケイパビリティとは，具体的には，商品開発力，コスト管理力，生産技術力といったスキルを指し，それを基盤として支えているのが根の部分としての人材マネジメントで

ある．根がしっかりと地面に張って茎や花を支え，そして茎（業績フロー・コミュニケーション・情報システムなど）が養分を花（ケイパビリティ）に伝えなければ実（成果）が生らない（ボストン・コンサルティング・グループ，1994, p.49）．

3．人材マネジメントにみる能力概念

3.1 企業において求められる能力

いわゆるバブル経済崩壊後，顕在化された能力つまり業績だけが企業目的の達成に貢献するものとみなされるようになった．しかし2000年以降景気が回復するにつれて，こうした顕在能力のみを重視する成果・業績主義に対して，疑問が投げかけられるようになった．

企業において従業員に求められる能力とは，企業目標の達成に貢献する職務遂行能力である．この能力は，体力・適性・知識・経験・性格・意欲の積で表すことができる．個人の能力の質と量は，個人の努力や職場の環境によって変化する．したがって，企業は，従業員の職務遂行能力を十分に発揮させるため，各人の士気を鼓舞し，努力を促し，作業環境を整備しなければならない．いいかえれば，企業は，従業員の能力を開発・育成し，能力を発揮できる場を提供し，能力を適正に評価する必要がある．

しかし，職務遂行能力を構成する要素はかならずしも目に見えるものとは限らない．たとえば，体力，知識あるいは経験などは職務遂行上，業績として現れやすいかもしれないが，適性，性格あるいは意欲などは，従業員の内面的なものであるため，それらが業績とどのような形で結びついているかを判断することはむずかしい．結局は，それぞれの要素が影響し合い，業績として顕在化したものを職務遂行能力として評価するしかない．

では，この顕在化された能力，つまり業績だけが企業目標の達成に貢献しているのだろうか．言い換えれば，業績として現在顕在化していないが，将来顕

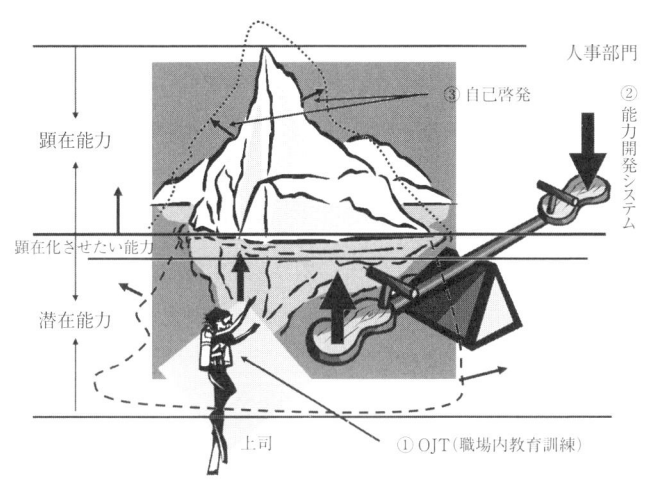

図表5—1　能力概念と能力向上の方法

出所）筆者作成

在化する可能性のある潜在能力の取扱いをどうするかということである．顕在能力を過去の能力とすれば，この潜在能力は未来の能力である．能力開発とは，まさにこうした能力を発見し，育成し，向上させることであり，それこそが人材マネジメントの最重要課題となったのである．

3.2　顕在能力と潜在能力の関連性

図表5—1は，顕在能力と潜在能力からなる（職務遂行）能力を概念化したものである．いま従業員の保有する能力を海にただよう氷山にたとえてみると，海面から見えている部分が顕在能力となる．たとえば，単純出来高給にみられるように，他人の2倍の成果を上げれば賃金が2倍になるという考え方は，顕在能力の評価方法としては合理的である．また職務給のように，職務の相対的価値や重要度に応じて支払われる賃金は，わが国にみられる属人給に比べより合理的であるといえる．しかし，わが国の企業では，職務概念が未成熟である上，これまで年齢・学歴・勤続年数といった属人的要素を重視してきたため，顕在能力だけをもって能力とすることができなかった．そこで，企業は

顕在能力に潜在能力の一部を加えたものを能力とみなすことにした．

　したがって，顕在化する可能性のある潜在能力を海面直下の氷山の一部にたとえれば，この部分を速やかに海面上に浮上させることが，企業にとって急務となる．その方法は3つ考えられる．ひとつは，底に潜って上司が氷山を押し上げ，隠れた部分（潜在能力）を海面に上げることである．たとえば，それは上司による能力発揮の機会の提供（適性配置））であり，適切な教育訓練の実施によってできる．次は，企業として氷山全体を持ち上げるような仕掛けづくりをすることである．それは職能資格制度を基盤に賃金制度，人事考課制度，能力開発制度などを互いに連結させた人事トータル・システムの導入・整備によってなしうる．最後は，氷山全体の体積を増やすことによって，海面直下の部分を浮上させることである．それは，従業員の自己啓発によって能力全体を向上させることを意味する．

　わが国の多くの企業で導入されている職能給は，「やらせればできる」能力に対して賃金を支払うために考案されたものである．これは未来の能力に対して賃金を支払う，つまり先行投資をしているため，企業はこれをできるだけ早く回収する必要がある．職能資格制度を中心とする人事トータル・システムには，こうした潜在能力を顕在化（開発・育成・評価）する機能が求められている．

3.3　能力マップ

　ここでは，企業で必要とされる能力について，それが顕在（発揮）能力なのか潜在（保有）能力なのか，そしてそれが個人の能力なのか組織の能力なのか，といった4つの次元で考えてみることにしたい（図表5－2を参照のこと）．すでに述べたように，わが国企業においては，個人の能力のうち顕在能力に業務に役立つ潜在能力を加えたものを，職務遂行能力として評価してきた．個人が保有する潜在能力のことをアビリティ（ability）という．このアビリティを顕在化させるために，管理者や人事処遇施策・システムの支援に加えて自己啓

図表5－2　能力マップ

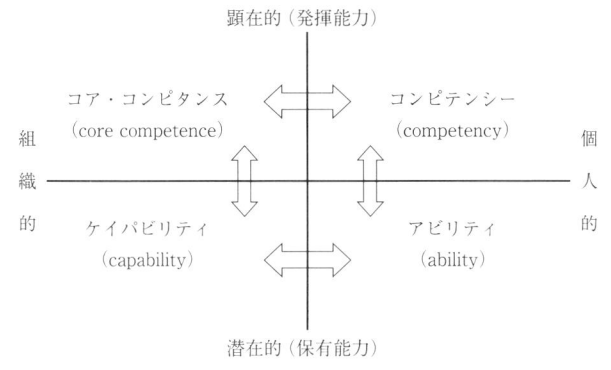

```
                     顕在的（発揮能力）
                            │
        コア・コンピタンス   │   コンピテンシー
         （core competence）│    （competency）
   組                       │                     個
   織 ──────────────────────┼──────────────────── 人
   的                       │                     的
         ケイパビリティ     │    アビリティ
          （capability）    │     （ability）
                            │
                     潜在的（保有能力）
```

出所）根本孝（1998）p.78（一部修正）

発・自己研鑽が必要となってくるのである．

　一般的に，コンピテンシー（competency）というと，企業が個人に職務内容や役割を通じて期待する成果を導く行動特性のことを指している．従来の処遇制度では潜在能力つまり保有能力も評価されてきたが，潜在能力が必ずしも顕在化されるとは限らない．そこで，すでに高い業績を上げている従業員の行動特性を探り，それを人材の採用や評価の基準として活用することで，従業員個々人の能力向上に役立てようとした．したがって，ここでは，企業が期待した成果を導き出した顕在能力という意味合いで，個人的・顕在的能力をコンピテンシーとよぶことにする．

　次に，組織能力という観点で能力をみてみよう．バーナード（Barnard, C. I.）を引き合いに出すまでもなく，組織はたんなる個人の集団ではなく，相互に影響を及ぼし合いながら成立する協働体系である．したがって，アビリティを保有し，コンピテンシーを発揮する個人が，相互の能力に影響を与えることで，企業の組織的能力を形成するのでる．こうした企業が保有するさまざまな組織的・潜在的な能力のことを，ケイパビリティという．

　そして最後に，組織が継続的競争優位をもつためには，ケイパビリティが顕在化し，企業の総合力としての組織能力つまりコア・コンピタンス（core competence）が発揮されなければならない．

　まさに人材マネジメントは，人事施策・手法によって，個人の潜在能力を顕在化させることで，そうしたコンピテンシーをコア・コンピタンスへ，また，そうした潜在能力をもった人材を獲得することでケイパビリティを高め，コア・コンピタンスを強化することに責任を負っている．

4．多様化する人材と技術経営（MOT）人材の育成

4.1　多様な人材と労働市場の変化

　いわゆるバブル経済崩壊後の平成不況期に猛威を振るったリストラの嵐の結果，正規従業員本来の職務・仕事が急激に非正規従業員に取って替わられた．未曾有の不況が長引くにつれ，それまでの潜在・保有能力をも評価する年功・属人主義や日本的能力主義に替わって，個人的にも組織的にも顕在・発揮能力といった実績を評価する成果・業績主義が主流となっていった．

　しかし，10数年も経過し，やがて景気に明るい兆しがみえるようになると，この成果・業績主義がもたらした弊害が出始めるようになってきた．その1つが熟練技術をもった人材の育成の不足あるいは欠如である．すでに述べたように，能力の向上には，個人の努力もさることながら，組織の施策・システムによる支援が不可欠である．加えて，リストラあるいは定年によりベテランのエキスパート・スペシャリストや熟練技術者などが企業外部に退出してしまった．コスト面から教育訓練費を削減した結果，企業における教育訓練・能力開発施策・システムは，効果的・有効的に機能しなくなってしまった．

　図表5－3は，帰属意識（高い／低い）と準拠対象（組織／仕事）といった4つの事象で多様化する人材像を示したものである．終身雇用制・年功制の崩壊により，高い帰属意識や高いコミットメントを抱いていたラインとスタッフの正規従業員が，短期雇用の非正規従業員に代替されていったことで，帰属意識が低くなっていることがわかる．非正規従業員は，特別な技能や資格を必要

図表5−3　多様化する人材像と労働市場

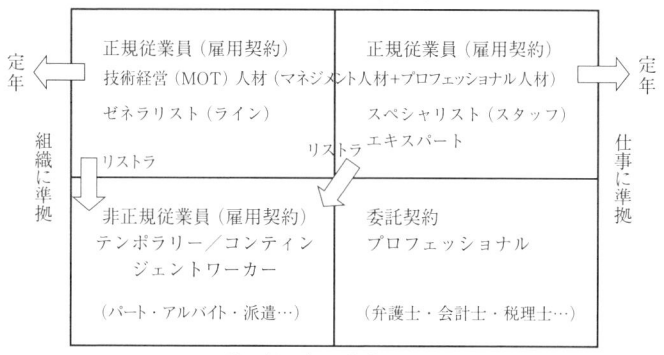

```
                    高い帰属意識（終身雇用）
         ┌──────────────────┬──────────────────┐
     定   │ 正規従業員（雇用契約）│ 正規従業員（雇用契約）│  定
  ←  年   │ 技術経営（MOT）人材（マネジメント人材+プロフェッショナル人材）│  年  →
 組        │ ゼネラリスト（ライン）│ スペシャリスト（スタッフ）│   仕
 織                              エキスパート              事
 に   ↓リストラ      ↓リストラ                              に
 準   │ 非正規従業員（雇用契約）│ 委託契約         │   準
 拠   │ テンポラリー／コンティン│ プロフェッショナル│   拠
      │ ジェントワーカー        │                  │
      │ （パート・アルバイト・派遣…）│（弁護士・会計士・税理士…）│
      └──────────────────┴──────────────────┘
                    低い帰属意識（短期雇用）
```

出所）筆者作成

としない単純・周辺労働に就いており，仕事よりも組織（企業）に準拠・依存している．

　ここで問題になるのが，各事象での能力分布の不均衡である．非正規従業員と正規従業員のバランスは，不十分とはいえ，非正規従業員が正規従業員に転換できるような措置を講じなければならないという法制面（2008年度4月1日施行の改正「パート労働法」）によるバックアップがみられた．しかし，正規従業員において新たな能力を保有する人材が不足している．ゼネラリストであるスペシャリスト，スペシャリストであるゼネラリスト，あるいは経営がわかる技術者，技術がわかる経営者といったいわゆる技術経営（MOT）人材である．

4.2　MOT人材育成の進展

　それではなぜ，こうしたMOT人材といった新しい人材が求められるのだろうか．そこには，厳しく急激な経営環境の変化にともない，企業業績を維持・向上させるために，新たな人材を獲得・開発・育成するとともに活用・運用するための仕組みやシステムを構築する必要があった．つまり，企業内に分散・偏在している知識を結びつけて新たな価値を創造する「マネジメント人材」

と，特定分野の専門家として新たな価値を創造する「プロフェッショナル人材」をそれぞれ育成するとともに，2つの特性をあわせもつ「技術経営（MOT）人材」を育成することが産業界のみならず，国にとっても喫緊の課題となったからである（経済産業省編, 2006, p.124）.

MOTとは，「コア・コンピタンスである技術力を競争力のある事業に結びつけ，他社に対する競争優位を確立すること」である（中小企業金融公庫総合研究所編, 2006, p.1）．また，経済産業省は，とくに「技術に立脚する事業を行う企業・組織」が，「持続的発展のために，技術が持つ可能性を見極めて事業に結びつけ，経済的価値を創出していくマネジメント」と定義し，国際競争力が低下したわが国の製造企業の復活のために，2002年よりその導入を推進しているものである．

このMOTの定義については，多種多様なものがあるが，その基本要素としては，①技術の選択と評価，②プロジェクト評価を含むR＆Dマネジメント，③技術の企業経営への統合，④製品・製造への新技術の搭載，⑤技術の破棄と置換が挙げられる（幸田, 2007, pp.93-94）．そしてこうした役割を遂行する任にあるのがMOT人材である．言い換えれば，MOT人材とは，（新）技術を基盤とした新しい事業を創造できる者，あるいは技術への投資効率を最大化できる者であり，技術や企業経営の一方だけでなく両方を理解し，革新的・創造的・戦略的な企業・技術戦略を立てられる者である．

4.3 わが国のMOT人材育成の現状

現在，わが国のMOT人材の育成については，産官学において，さまざまなプログラムが実施されているが，本格的に普及されるようになったのは，2002年の経済産業省の取り組み以降のことである．MOT人材の育成プログラムの開発，普及のためのセミナーの開催，セミナーの教育人材の育成などの取り組みがあるが，その中核となるのが，MOT人材育成プログラムの認定制度である．これはまだ検討の段階であるが，専門職大学院，民間の教育機関，企業内

教育，大学などの教育機関で提供されているプログラムの質の向上やMOTの普及やMOT人材の定着の推進のために，プログラムを評価・認定しようとするものである．2006年には，① プログラムの評価・認定への活用，② 企業内の人材育成の検討，③ 自己学習の指針として活用できる，「MOT教育ガイドライン」が作成された（経済産業省，2006）．

このガイドラインによれば，産業界においてMOTを実践できるスキルを以下のように想定している．

- イノベーション
- 技術を事業化するための研究開発計画，知的財産マネジメント
- マーケティング，財務・会計，品質管理，プロジェクトマネジメント，プレゼンテーションを必須要素として含む技術経営
- 人材開発，組織開発を必須要素として含む組織マネジメントの基礎
- 技術倫理を必須要素として含む企業統治

このスキルを必要とすると想定されるMOT人材としては，たとえば，技術担当役員，経営企画管理者，知的財産管理者，研究・技術開発管理者，商品・事業開発管理者，生産・製造管理者などがあげられている．

また，別の報告書（中小企業金融公庫総合研究所編，2006，p.61）によれば，MOT成功企業には次の3つの共通点がみられるという．第1は，OJTをベースとする企業内教育訓練ならびに能力開発に地道に取り組んできたこと，第2は，景気に左右されず，正社員を採用し続けてきたこと，第3は，社員のモティベーションを高める工夫をしていることである．大企業では技術者である課長以下のプロジェクト・リーダーが，MOT教育の対象者になっているケースが多い．

しかし，中小企業では，自らがMOT人材である経営者が，従業員全員を対象に，MOT教育というよりもOJTなどを通じた人材教育に努めているのが現状である．そこからは，とくに目新しい人材マネジメント施策ではなく，旧来の終身雇用・年功制といった日本的雇用慣行を基盤とした人事施策を地道に

継続してきた結果が成功に結びついていることがわかる.

それでは，旧来型の人事マネジメント施策・雇用慣行を継続し，新しいMOT教育を実行すれば，MOT人材が育成できるのだろうか．そこには，コア・コンピタンスの保有にとどまらず，技術を戦略的にマネジメントする視点が人材育成を担当する人事部門に必要となろう．MOT人材をはじめとして，新しい付加価値を創出するマネジメント人材やプロフェッショナル人材を育成するためには，旧来型の人事部門ではその役割を果たすことがむずかしいと考える．新しい人事部門にはこれまでのような組織の視点ばかりでなく，いままで以上に人の視点に立つ役割の，つまり，ルール重視の管理からサービス提供の役割が重視されると考えられるからである．当然のこととして，従来型ではなく新たな人事部門の役割が求められる．

5．新しい人事部門の役割

5.1 ドゥアブルからデリバラブルへの転換

これまで，企業において人材の教育訓練・能力開発を担ってきたのはいわゆる人事（管理）部門であり，人事労務を専管業務としたのが人事（管理）スタッフであった．しかし，MOT人材をはじめとして，新たな価値を創出するマネジメント人材やプロフェッショナル人材といった戦略的資源を，育成・開発・活用する新たな役割を果たすために，これまでのような運用部門から戦略部門へと変貌する必要がある．

新しい人事部門の役割を考える時，米国ミシガン大学のウルリッチ（Ulrich, D.）が最初に提唱したドゥアブル（doable）とデリバラブル（deliverable）という考え方が参考になる（Ulrich, 1997）．ドゥアブルとは「することのできる」という意味で，従来型の人事部門を指し，デリバラブルとは，届けるとかもたらすといったdeliverに，できるというableを組み合わせた造語で，新しい人事部門の役割を指している．

従来型の人事部門では，何をするのか，何ができるのかといった視点で，人事施策やシステムを構築してきた．またそこでは，ルールを設計し，そのルールを遵守しているかどうかをチェックし，人事のエキスパートとして従業員に対してさまざまな制度を提案し，企業が希望する達成目標を設定することで，従業員の評価を行ってきた．したがって，目標が達成できなければ，低く評価するというマイナスあるいは減点思考になるきらいがあった．

これに対して，新しい人事部門では，期待される成果を重視する．期待される成果を明らかにし，そこからどのような価値や成果がもたらされる（deliverable）のかを決定する．そこでは，従業員にとどまらず企業外の人びとにどのような価値を提供することができるかという視点に立って役割を考え，経営理念や企業戦略と密接に結び付いた人事戦略を策定し，実行に移していくのである．

5.2 ウルリッチにみる新しい人事部門の役割

ウルリッチは，新しい人事部門に期待する成果として，①戦略の達成，②高い生産性を生み出す組織の仕組みの構築，③従業員のコミットメントとコンピテンシーの向上，④組織変革の実現をあげる（守島，2004, p.19）．そして彼は，こうしたデリバラブル的な発想からみた人事部門には，①戦略を実現する役割を担う戦略パートナー（strategic partner），②組織プロセスを再設計する管理のエキスパート（administrative expert），③従業員のニーズを代弁する従業員の擁護者（employee champion），④組織変革を推進する変革のエージェント（change agent）の4つの役割があるという．こうした役割の任にあるのが，日常業務の運営と戦略の推進の両方の役割を遂行する人材マネジメント専門家（HR professional）とよばれるスタッフである（Ulrich & Brockbank., 1997, pp.199-219）．彼らは，企業戦略に結びつく企業業績の向上に貢献するという企業の視点だけでなく，人材を育成することで新しい価値の創出に貢献するという人の視点も併せもつ必要がある．こうした①新しい人事部門の4つの役割，

図表5－4　人材マネジメント（人事部門）の役割の定義

メタファー	役割／範囲	活動	期待される成果／結果
戦略のパートナー	戦略的な人材マネジメント	人材とビジネス戦略の統合：「組織診断」	戦略の実行
管理のエキスパート	企業インフラ整備のマネジメント	組織プロセスの再構築：「サービスの共有」	成果に直結するインフラの構築
従業員の擁護者	従業員による貢献のマネジメント	従業員からの声の傾聴とそれへの対応：「従業員への諸資源の提供」	従業員のコミットメントと保有能力の向上
変革の推進者	改革と変革のマネジメント	改革と変革の管理：「変革に対する受容力の確保」	新しい組織の創造

出所）Ulrich（1997）p.24（一部修正）

②日常業務の運営と戦略の推進，そして③人事部門の管理対象であるプロセス（手順・過程）と人材の管理を表したのが図表5－4である．

1）戦略のパートナーとして，長期的・戦略的な視点に立って，戦略を遂行するとともに，人材マネジメントの手法とシステムを管理する．

2）管理のエキスパートとして，日常的・運用的な視点に立って，期待する成果に直結するインフラを構築し，管理する．

3）従業員の擁護者として，日常的・運用的な視点に立って，従業員のコミットメントと保有能力の向上に貢献する．

4）変革の推進者として，長期的・戦略的な視点に立って，新しい組織を創造するために，従業員が変化を受容し，創造に向かって行動するのを推進する（Ulrich, 1997, p.24）．

しかし，これまでわが国企業の人事部門は，とくに2）の管理のエキスパートとしての役割に努力を傾注してきたと考えられる．新たな他の3つの役割を果たすためには，人事部門のスタッフを真の人材マネジメントの専門家として能力を開発・育成していく必要がある．

5.3　競争力ある人材マネジメントと人事部門の方向性

わが国企業の従来型の人事部門は，賃金・人事・教育訓練・能力開発などの

評価・処遇制度や職場の秩序維持のための規則の設計や運用に重点をおいてきた．しかし，ウルリッチのデリバラブル的発想に基づく新しい人事部門は，これまでの組織の視点だけでなく，人の視点にも配慮が求められている．その代表的なものは，従業員のニーズに耳を傾けて対応し，そのための資源を提供することで，従業員のコミットメントや能力を向上させるという従業員の擁護者としての役割である．

　では，アメリカ企業がこれまでそのような視点から人材マネジメントを実践してきたのだろうか．ジャーコビー（Jacoby, S.）によれば，量的な基準が支配するアメリカのビジネス文化にあって，質的な問題の多い人的資源を扱う彼らの地位・権限はそれほど高くなかったという（Jacoby, 2005, pp. 129-130）．そして首尾一貫した人材マネジメントの理論的枠組みもなく，従業員の在職期間が短く社内教育にも熱心でないため，人材マネジメントの専門家が育ちにくい環境にあった．これについては，アメリカの経営者は，業務の進め方や財務戦略についてかなり高度な知識をもっているが，人材マネジメント戦略についてはほとんど理解していないという厳しい批判さえみられる（Becker, Huselid & Ulrich, 2001）．

　しかし，すでに述べたように資源論的視点をベースとした戦略的人材マネジメントへの要請にともない，新しい人事部門のあり方や未来像が提案されるようになってきている．たとえば，ベイツ（Bates, 2002）は，近未来の人材マネジメント専門家の役割として次のようなものをあげている．

① 人材担当最高財務責任者（CFO for HR）──提案・実行される費用効果の分析
② 社内コンサルタント（internal consultant）──ライン管理者への助言と従業員の能力向上の促進
③ タレント・マネジャー（talent manager）──優秀な人材の発掘・開発・定着
④ ベンダー・マネジャー（vender manager）──組織内外で発生する費用処理の決定

⑤ セルフサービス・リーダー（self-service leader）—従業員へのサービスの提供

また，人事部門が企業経営において財務部門のように，戦略パートナーとしての地位を確立できるかにかかっている．現在の人事測定システムに替わって，人材と戦略と業績とを連結するために設計・開発された，測定システムである「人材スコアカード（HR score card）」は，従業員が創出した成果を測定する人材マネジメントの新しい手段として展開されている（Becker et al., 2001）．

その他，これは人事部門の役割として限定されるものではないが，ウルリッチの従業員の擁護者やベイツのこれからの人材マネジメント専門家の役割などをみても，人材を扱う人事部門の存在として一考に価するリーダー像がある．それは，グリーンリーフ（Greenleaf, R. K.）が唱える，従者あるいは僕（しもべ）が本当はリーダーであるという「サーバント・リーダー」（servant leader）という考え方である（Greenleaf, 1977；金井・守島・高橋, 2002, pp. 24-31；池田・金井, 2007）．ウルリッチのデリバラブル的視点で，人事部門・スタッフが組織内外の人びとに，何をもたらし，誰にどのように尽くすかという点で示唆に富むものである．

6．おわりに

人材マネジメントは，企業戦略が，市場地位の獲得という外部重視の戦略から人材重視の資源論的視点へとシフトしたことにより，組織の視点だけでなく人の視点をより強調する局面を迎えた．その特徴をまとめると次の3点になろう．

① 人材の管理施策と経営戦略・組織文化の関連性と整合性の強調
② 人材の能力開発・育成・活用のための管理システムの設計・運営
③ 人材の人間的側面の尊重と処遇の公平性と公正性の確保・維持

こうした新しい人材マネジメントは，MOT人材をはじめとするマネジメン

ト人材やプロフェッション人材といった新しい価値を創出する人材を育成しなければならない責務を負っている．個人の能力は顕在（発揮）能力と潜在（保有）能力があり，その潜在能力を向上させ，組織能力を増強するためには，基本的に3つの方法しかない．ひとつは，職場の上司などによる職場内教育訓練を通じて行われる face-to-face といった人間系のコミュニケーションを通じての支援である．いまひとつは，組織による能力開発システムの支援であり，最後は，何にもまして各人の個人学習ならびに集団学習を通じての自己啓発がより重要となる．新しい人事部門における人材の育成に関しては，個人的かつ組織的能力の向上を図るため，上記の3つの方法をより企業のビジョンや戦略と連携させるとともに，インフラ整備が必要である．したがってそのトップには，経営陣の戦略パートナーとして，財務部門と肩を並べる責任と権限を有する最高人事責任者（Chief Human Resource Officer : CHO）の配置が不可欠である（Collis et al., 2006）．また，同部門の運営のために，人材マネジメントの専門家であるとともに，サーバント・リーダーであり，従業員の擁護者の役割を果たすスタッフの育成が望まれる．このように人事部門ならびに人事スタッフが上記の役割を果たすことで人材マネジメントが革新され，企業の競争力が創成されることになろう．

（幸田浩文）

注
* 本章は，2008年6月7日，東洋大学で開催された東洋大学経営力創成研究センター第12回シンポジウムにおいて，「マネジリアル・ケイパビリティと技術経営人材の育成—人材マネジメントの観点から—」と題して報告した内容をもとにしている．
1) 人的資源管理の英訳は，human resource management だが，人材マネジメントも同様の英訳があることからも，同一の用語を指しているが，そこに込められているニュアンスが異なっているといえる．また人は財産という意味合いから「人財」という用語も実務家を中心に用いられている．その他，労働力の価値が，教育投資によって高まるという労働経済学的観点から，労働力を人的資本とか人

的資産とよんでいる向きもある．
2）人材マネジメントと従来の人事・労務管理との定義上の大きな違いは，多くの研究者の見解をみてみると，人事機能・戦略と経営戦略の関連性の程度にある．つまり，人事機能の戦略的管理への統合化の程度が高いほど人材マネジメントに近く，経営内部との統合化の程度が高いほど人事・労務管理に近いといえる（Storey, 1992, pp. 23-28）．その他，人材マネジメントに関する見解には，高いコミットメント，高い品質，柔軟な仕事の達成といった目的や，特定の基準に基づく人材の選抜の実施といった政策，そして退職率の低下や企業への忠誠心の向上といった成果を期待した内容のものが管見できる（Armstrong, 1995, pp. 48-51）．
3）戦略的人的資源管理論において，人的資源やその能力を発掘，育成・開発，発揮，管理するための組織やシステムに影響を及ぼす要因として，組織（企業）風土や組織（企業）文化があげられている．しかし，両者は類似しているが，その特徴は微妙に異なっている．いずれも，構成員（従業員）の①共通の価値観や認知，②行動規範・指針，③帰属意識やコミットメントに影響を与えるものとしているが，理論的特徴（組織風土：記述的理論／組織文化：規範的理論）・存在の認識（かならずある／あるとは限らない）・分析単位（個人／集団）・分析手法（定量／定性）にその違いがみられる（藤田, 1991, p. 79）．
4）本章では，ケイパビリティを組織的・潜在的能力，コア・コンピタンスを組織的・顕在的能力と位置づけている．しかし，一般的に，両者は企業の統合的・総合的な組織能力という点では共通するといえるが，定義の上では必ずしも明確に整理されている訳ではない．与那原（1998）は，コア・コンピタンスを「製品開発能力を中心に組織能力」，ケイパビリティを「企業の総合力としての組織能力」であるとして，両者をめぐる議論について検討を加えている．
5）ウルリッチの原書において human resource の略語として HR が用いられている．その訳語だが，通常，人的資源と訳されようが，ここでは1）にも述べた理由で人材に統一した．しかし，HRと人材は概ね同義語であるといえるが，HRは企業全体の人的資源全体を指すのに対して，人材は個人から全体まで広義に用いられている．

参考文献

赤岡功・日置弘一郎（2005）『労務管理と人的資源管理の構図』中央経済社．
池田守男・金井壽宏（2007）『サーバント・リーダーシップ入門』かんき出版．
岩内亮一・梶原豊（2004）『現代の人的資源管理』学文社．
岩出博（1989）『アメリカ労務管理論史』三嶺書房．
岩出博（2002）『戦略的人的資源管理論の実相―アメリカSHRM論研究ノート―』泉文堂．
金井寿宏・守島基博・高橋潔（2002）『会社の元気は人事がつくる―企業変革を生

み出す HRM』日本経団連出版.
経済産業省産業技術環境局大学連携推進課編（2006）「効果的な技術経営人材育成に向けた「MOT 教育ガイドライン」について」経済産業省産業技術環境局大学連携推進課.
経済産業省経済産業政策局産業人材参事官室編（2006）「「人材マネジメントに関する研究会」報告書」経済産業省経済産業政策局産業人材参事官室.
幸田浩文（2007）「東日本旅客鉄道株式会社における技術経営（MOT）人材の採用ならびに育成過程の現状と課題」『経営力創成研究』第 3 号，東洋大学経営力創成研究センター，pp. 87-98.
髙木晴夫監修（2004）『人的資源マネジメント戦略』有斐閣.
中小企業金融公庫総合研究所編（2006）『中小企業の技術経営（MOT）と人材教育』中小企業金融公庫総合研究所.
根本孝（1998）『ラーニング・シフト—アメリカ企業の教育革命—』同文舘.
野呂一郎（1999）『HRM とは何か—歴史・理論・実証からのアプローチ—』多賀出版.
花岡正夫（2003）『人的資源管理論』白桃書房.
平野文彦編（2000）『人的資源管理論』税務経理協会.
藤田誠（1991）「組織風土・文化と組織コミットメント：専門職業家の場合」『組織科学』第 25 巻第 1 号，白桃書房，pp. 78-92.
ボストン・コンサルティング・グループ（1994）『ケイパビリティ・マネジメント』プレジデント社.
松山一紀（2005）『経営戦略と人的資源管理』白桃書房.
村上良三（2005）『人事マネジメントの理論と実践—人的資源管理入門—』学文社.
守島基博（2004）『人材マネジメント入門』日本経済新聞社.
与那原建（1998）「組織能力をめぐる議論について—「コア・コンピタンス」論と「ケイパビリティ」論の比較—」『経済研究』第 55 号，琉球大学，pp. 83-98.
Armstrong, M. A. (1992) *Human Resource Management; Strategy & Action*, Kogan Page Limited.
Armstrong, M. A. (1995) *A Handbook of Personnel Management Practice*, 5th (ed.), Kogan Page Limited.
Barney, J. B. (1991) "Firm Resources and Sustained Competitive Advantage," *Journal of Management,* Vol. 17, No. 1, pp. 99-120.
Barney, J. B. (1995) *Gaining and Sustaining Competitive Advantage*, Second Ed., Prentice Hall.（岡田正大訳（2003）『企業戦略論—競争優位の構築と持続—（上）基本編』ダイヤモンド社.）
Bates, S. (2002) "Facing the Future: Human Resource Management is Changing," *HR Magazine.*

Becker, G. S. (1964) *Human Capital*, Columbia University Press.

Becker, B. E., Huselid, M. A., and Ulrich, D (2001) *The HR Scorecard; Linking People, Strategy, and Performance*, Harvard Business School Press.（菊田良治訳（2002）『HR スコアカード』日経 BP 社.）

Collis, D. J. and C. A. Montgomery (2006) *Corporate Strategy; A Resource-Based Approach*, McGraw-Hill.（根来龍之・蛭田啓・久保亮一訳（2004）『資源ベースの経営戦略論』東洋経済新報社.）

Greenleaf, R. K. (1977) *Servant Leadership; Journey into the Nature of Legitimate Power & Greatness*, Paulist Press.

Jacoby, S. (2005) *The Embedded Corporation*, Princeton University Press.（鈴木良治・伊藤健市・堀龍二訳（2005）『日本の人事部門・アメリカの人事部門―日米企業のコーポレート・ガバナンスと雇用関係―』東洋経済新報社.）

Pfeffer, J. (1994) *Competitive advantage through people*, Harvard Business School Press.

Storey, J. (1992) *Development in the Management of Human Resource: An Analytical Review*, Blackwell Business.

Ulrich, D. (1997) *Human Resource Champions: The Next Agenda for Adding Value and Delivering Results*, Harvard Business School Press.（梅津祐良訳（1997）『MBA の人材戦略』日本能率協会マネジメントセンター.）

Ulrich, D. and W. Brockbank (1997) *The HR Value Proposition*, Harvard Business School Press.

第6章

環境経営と組織間関係

1. はじめに

　今日，地球環境問題への企業の対策は，予防的・規制追従的な対策から事業機会・戦略的な対策へと展開している．これまで企業における地球環境問題への配慮は，生産過程にしたがって，グリーン調達，グリーン生産，グリーン・マーケティングなどの部分的な個別活動において，取り上げられることが多かった．しかし，地球環境問題の深刻な現状認識に基づくならば，部分的な個別課題として研究する段階から，全体的・総合的な経営の課題として研究することが必要である．

2. 環境経営と閉じた組織観

　公害問題，それに続く環境規制追従の時代における企業の環境対策は，企業の生産活動から発生する地球環境への負荷を低減するものであった．つまり，企業の生産活動から派生する環境負荷を企業内で処理し，外部へ排出しないという閉鎖的な組織思考に基づく地球環境問題への対策がこれである．このような企業の環境対策は，図表6－1のような1組織単位の内部管理という視点から展開され，企業活動をクローズシステム（閉じたシステム）として理解し，生産（操業）活動から発生する地球環境への負荷を徹底的に低減することをめざすものである[1]（日本規格協会，2005, pp.283-288）．

　生産活動における環境配慮の取り組みについては，図表6－2のように製品のライフサイクルの各段階で行うことが望ましいとされる．また，製品のライ

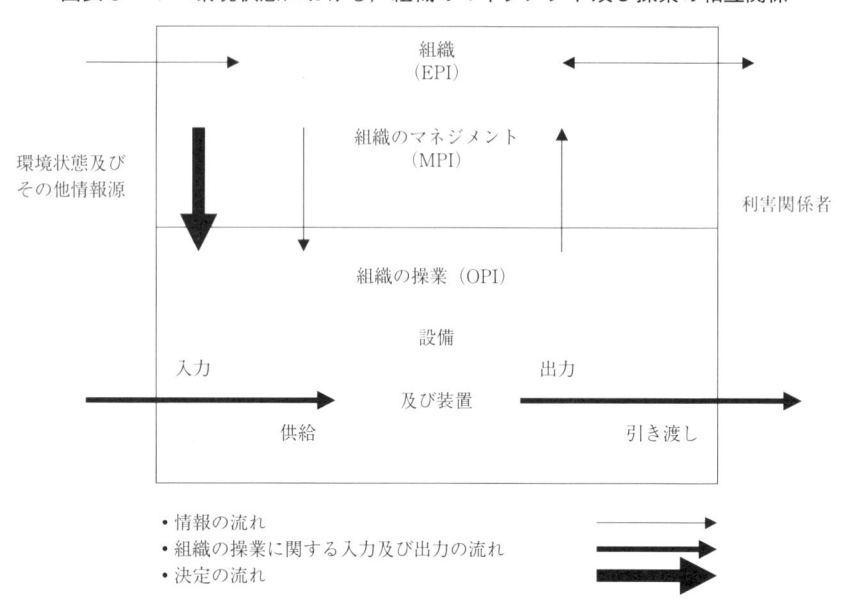

図表6―1　環境状態における，組織のマネジメント及び操業の相互関係

```
                        組織
                       (EPI)

                   組織のマネジメント
                       (MPI)
環境状態及び
その他情報源                                    利害関係者

                    組織の操業（OPI）

                        設備
      入力                             出力
                     及び装置
        供給                       引き渡し
```

・情報の流れ
・組織の操業に関する入力及び出力の流れ
・決定の流れ

出所）日本規格協会（2005）p.287

フサイクルに基づく環境負荷の問題は，組織内部にとどまらず，組織外部との関連を取り上げることにもなる．具体的な取り組みは，原材料の調達段階，生産（製造）段階そして流通・販売段階といった生産過程に基づいて地球環境問題への負荷の低減が取り上げられる．これらの取り組みは，個別企業の内部組織というよりも，生産活動に直接関連する隣接的な活動をグリーン化する領域である．ここでの基本的な認識枠組みは，「定義された一つまたはそれ以上の機能を果たす単位プロセスが，中間製品などの流れによって結ばれた集合体」（日本規格協会，2005，p.340）である製品システムによって提示される．

　他方，製品の利用段階，製品の廃棄段階は，その主体が顧客（消費者）であることから生産過程の管理の領域ではなく，企業の外部領域に属する問題と考えられるであろう．ただし，拡大製造者責任という視点からは，製品の使用段階，製品の廃棄段階も企業の責任領域に組み込まれることになる．もちろん，

図表6－2　ライフサイクルアセスメントのための製品システムの例

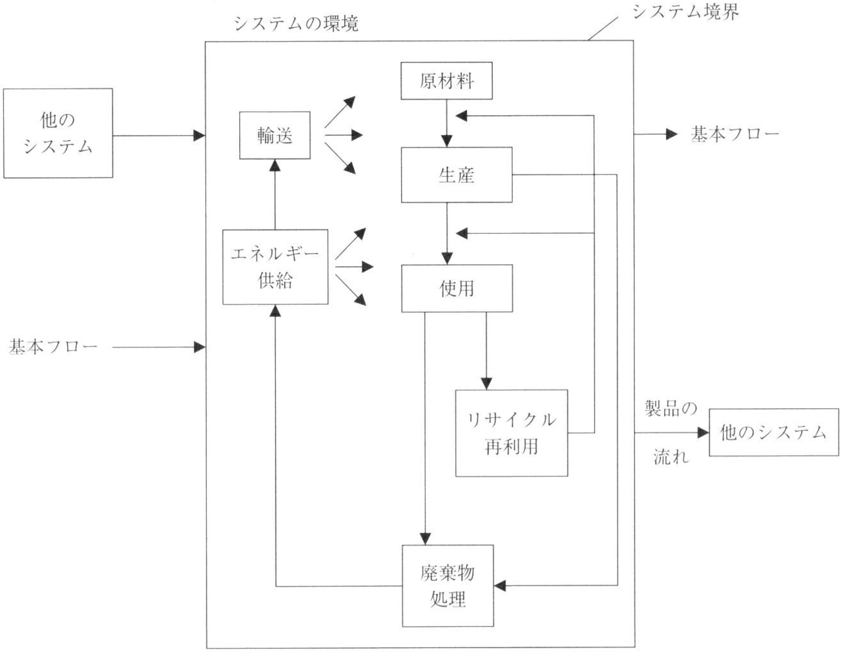

出所) 日本規格協会（2005）p.340

製品の使用段階の取り組みには，長期使用のために，メンテナンス体制の整備等への取り組みが重要である．しかし，一定の製品廃棄物については，その製造業者等が引取り，リサイクルを行うといった取り組みも求められるとともに，さまざまな環境規制の対象として取り上げられている．このように企業の原材料等の調達，生産（製造）そして流通，販売といった製品のライフサイクルという視点から取り上げられる製品の使用，廃棄の問題を介して，閉じた組織思考から組織外部との関連という新たな段階へと進展することになる．

3．環境経営と企業間関係

　今日，企業は単独で地球環境問題に対応することが困難である．事実，企業の多くはさまざまな組織と連携しながら地球環境問題に対応している．ここでは，すでに触れた生産過程ないし製品のライフサイクルに着目した地球環境対策ではなく，環境技術の開発に関する環境対策について取り上げる．

　自動車メーカーは，環境技術，エコ・カーの開発に積極的に対応しようとしている．しかし，現在，自動車産業において開発している環境技術は多様であり，またどの自動車メーカーもそれらすべての環境技術を視野に入れながら開発を進めていると考えられる．

　ただし，環境技術には，地域差があるとともに，国際的な標準になることをめざして開発される環境技術もある．たとえば，日本ではハイブリット車，欧州ではディーゼル車，そしてブラジルではバイオエタノール車（フレックス燃料車，Flex Fuel）が優勢である（次世代自動車・燃料に関する懇談会，2007）．しかし，バイオエタノールは，食物等を原料とするため，食料価格の上昇や将来の供給不安などの問題を引き起こしている．さらに，バイオエタノールは，注目されるエネルギーであり，環境負荷を軽減する優れたものである．このようにエネルギーという側面と，食料供給という側面のトレードオフ関係が内在されている環境技術もあり，結論的には環境技術の将来は不確定であると考えられる．

　このような状況のなかでは，単独での開発よりも，共同開発ないし技術提携を活用した展開が盛んになっている．しかも，従来の販売市場，生産規模や生産拠点の確保という視点からの連携とは異なり，環境技術の連携は蜘蛛の巣状の全方位型提携がみられ，いずれの環境技術にも関連している連携体制が特徴となっている．このような蜘蛛の巣状の連携形態については，すでに，図表6－3のような基本的特徴が指摘されている．つまり，需要が不安定で製品基準も未確立の変幻的な状態にあるが，戦略的な重要性が高い場合には，企業連携

図表6—3 戦略提携

共同出資事業の設立における競争状況と戦略的な重要性の関係(他の条件が一定で,協調する意志のある企業を前提として):一企業の分析

	高い戦略的重要性	低い戦略的重要性
不透明で変化する競争環境と分散した構造	水平的および垂直的な企業間における蜘蛛の巣状の協調的な契約	企業間の協調を行わない
安定した競争環境と寡占的構造	企業買収 ジョイントベンチャー	協調的な契約 外部からの小数資本参加を受け入れる用意がある

出所)Harrigan (1986) p.104.(佐伯訳(1987)p.95)

の多数展開が行われる.

　自動車産業では,図表6—4のように,環境技術の将来が不確定な段階では,蜘蛛の巣状の企業間提携が形成される.そのなかには,競争と協調が共存する状態というよりも,次世代の競争的優位性の確保へ向けた不安定な提携関係が展開しているとも考えられる.

　そして,自動車産業の将来図が環境技術によって大きく変化する可能性を示しているともいえる.また,今日では,環境技術が企業の盛衰を左右する大きな壁となっていると考えられる.この意味で,環境経営は経営の1つの分野というよりも経営そのものとなりつつある.このような状況を反映して,トヨタは世界各地のエネルギー多様化,インフラ規制の状況に対応しながら,「CO_2 排出量の低減」と「大気のクリーン化」を同時に実現できるクルマを「適地,適時,適車」という考え方に基づき開発・生産することで,エネルギー/環境問題の解決に取り組んでいる(トヨタ自動車,2008, p.20).つまり,地球規模で考え,地域で行動するということである.

　さて,自動車はガソリンがなければ動かない.したがって,自動車を生産するとともに,ガソリンの安定した供給が不可欠となる.さらに,道路の整備も

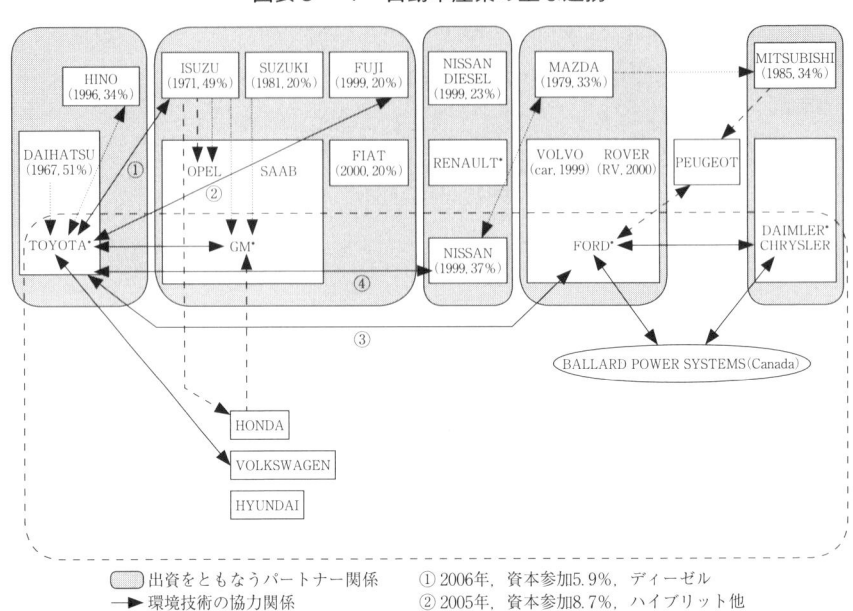

図表6−4　自動車産業の主な連携

■ 出資をともなうパートナー関係　　① 2006年，資本参加5.9%，ディーゼル
→ 環境技術の協力関係　　　　　　② 2005年，資本参加8.7%，ハイブリット他
‒→ 部品供給ないしエンジン共同開発　③ 2004年，ハイブリットと排出ガス処理
→ 補足的な車の供給　　　　　　　　④ 2002年，ハイブリット

出所）OECD（2001）p.85., トヨタ自動車（株）に焦点を当てて，加筆修正したもの

必要である．こうしてみると，自動車という製品は，移動という機能を提供する生産物であるが，それだけでは機能を果たすことができない．そこには，ガソリンスタンド，道路などの社会基盤が整っていなければならないのである．このことが地球環境にやさしい製品開発でも不可欠である．たとえば，エタノール車が開発されても，エタノールが安定的に供給されなければ機能しないのである．このように製品の機能という点からみれば，製品そのものと社会基盤とをシステムとして理解することが必要である．したがって，このように地球環境に配慮した経営は，組織体の内部から，消費者，地域社会，国などの利害関係者との直接的な外郭関係，さらに社会基盤といった間接的な外郭関係へと拡大し，閉じられた組織観を超え，より開かれた組織観へと向かっていると考えられる．

この意味で，これまで以上に，多面的，学際的，広域的な検討が求められるとともに，地球環境問題を考慮した産業連関が重要である．

4．企業間関係から組織間関係へ

自動車メーカーのエコ・カー開発競争にみられるように，企業では，組織体の環境配慮から製品そのものにおける環境配慮が重視されるような段階へと進んでいる．とくに，企業における地球環境問題への配慮の重点が，生産過程から製品開発へと移行していること，いまひとつは，これにより地球環境問題への配慮が市場における企業競争力として理解されていることがみられる．

4.1 環境経営と利害関係者

社会的責任と環境問題との論理的な違いについて，ISO26000では，社会的責任の対象が組織であるのに対して，環境問題は地球であるとしている（日本規格協会，2008）．このような理解に基づくならば，両者は異なる環境問題の理解がなされることになる．社会的責任では，利害関係者である組織が企業という組織の経営に対して，地球環境問題への対応を要求することになる．たとえば，利害関係者の組織は，国，地方自治体，消費者，従業員，株主など多様である．そこで要求される環境問題は，各利害関係者の組織目的に照らして環境問題が理解され，利害主張，利害充足という形で環境問題が取り上げられ，要請される．たとえば，公害問題は特定の地域で発生したために，地域住民による環境問題として理解され，裁判となった．地方自治体は地域環境問題の解決という利害によって，企業に社会的責任，廃棄物処理・ごみ処理問題への企業の対応を求めることになる．国は，それぞれの事情によって，各種の環境政策・環境規制を制定し，実施してきた．わが国では，公害対策基本法からリサイクル法まで多様な規制，さらに環境庁から環境省への展開など地球環境問題への取り組みを拡大・充実させてきている．企業も，競争相手の企業の環境対

策を観察しながら，競争的な優位性という視点から行動している．

また，これらの利害関係者は，企業の環境対策を監視するという役割をもって特徴づけられる．利害関係者は，環境監視官としての役割が期待されるとも理解される．こうした利害関係者は，環境監査という視点では，有益な働きをすると考えられる．そこで，企業の環境経営活動は，このような利害関係者の環境問題への要求を満たすべく努力することになる．まさに，社会的責任としての環境問題は，このような利害関係者における環境問題への取り組み要求へ応えることが課題となる．

しかし，地球環境問題は企業の社会的責任を超えた課題を提示しているとしいう現状も理解されなければならない．それは，地球環境問題の論点は地球であり，企業も国，地方自治体，国民と同様に環境責任主体であるということからも明らかである．それは，企業を中心として各利害者集団が企業経営に対して一方的に利害を主張するという構図ではない．この意味で企業，国家，地方自治体そして国民の全員が責任主体であり，地球に対して責任がある（環境庁編，2001，p.95）．したがって，全環境責任主体が一丸となって対応しなければならないのであり，各責任主体間の「協力関係」が不可欠である．

企業の環境保全への経営的な取り組み姿勢は，このような他の責任主体との適切な連携によって相互に効率的なものとなると考えられる．要するに，社会的責任論，利害関係者論を超える地球環境問題への取り組みが求められる時代になったと指摘できるであろう．

4.2 環境経営と環境責任主体ネットワーク

地球環境問題における環境主体は，企業の経営主体を中心とすれば，他は利害関係者ということになる．しかし，地球環境問題からみると，単なる利害関係にとどまらず，連携関係という緊密な協力関係も含まれる点が特徴である．

今日の環境経営に共通した特徴は，環境経営の活動領域を企業内部だけでなく企業外部へと拡大し，そうした他の環境責任主体との相互協力（interaction）

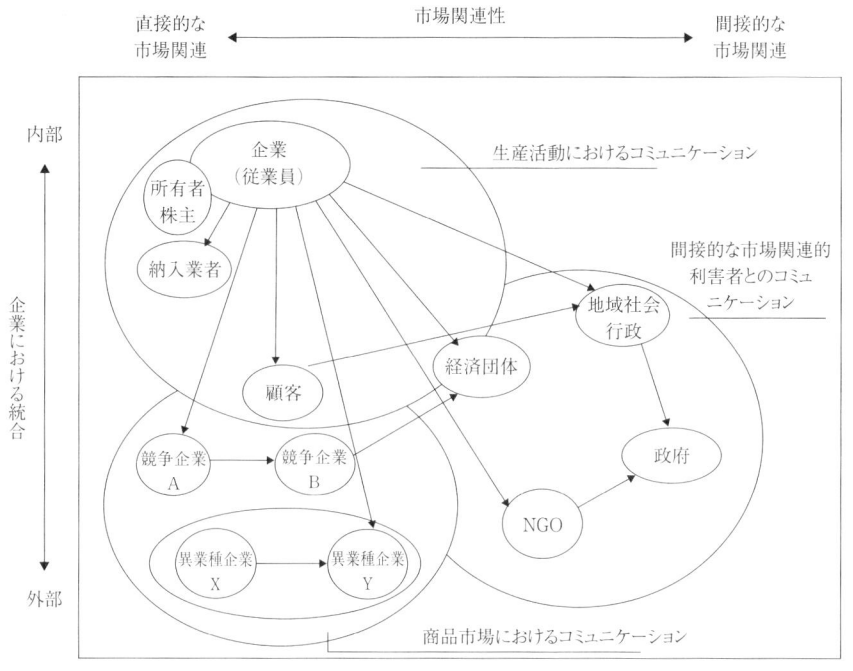

第6章　環境経営と組織間関係　105

図表6—5　環境保全ネットワークのための環境主体間の相互協力関係

出所）Auliger（1997）S.14., Mesterharm（2001）S.498.を加筆，修正した図である．

を重視していることである．具体的には，従業員や環境規制機関（監督機関を含む）だけでなく，投資家，消費者，競争企業，環境保護団体，地域社会などの多様な外部主体との関係を形成することによって環境経営が推進されるのである．こうした相互協力に基づく環境経営の考え方は，循環型社会における企業の環境責任の拡大と環境責任主体の拡大という基本的理念に適合した経営行動を導く拠り所と理解することができるであろう．

　企業の環境経営は，個別企業の単独対応とともに，他企業との環境対応連鎖を見つけ，形成し展開する時代へと展開しているのである．とくに，廃棄物の発生抑制を第1順位とする物質循環確保を基本とする循環型社会では，他企業との協力関係の推進が求められている．たとえば，原材料・部品などのグリー

ン調達,環境技術の共同開発・ライセンス契約,そして NPO との連携による環境保全活動があげられる.さらに,企業と国や地方公共団体が相互協力を形成して推進する「エコタウン事業」,「家電リサイクルプラントの整備」なども環境責任主体間の協力関係といえるであろう(環境庁編,2001,pp.111-130).

循環型社会への展開は,これまでの企業の活動のみに焦点を当てた環境対応から,国家,地方自治体,国民そして企業という環境責任主体すべての責任と役割に基づく社会全体の環境対応が問われるようになってきた.このような循環型社会における環境経営は,環境主体間の連携とコミュニケーションが課題となる.同時に,企業の環境経営は,企業内部にとどまることなく,企業外部の環境責任主体との関係が重視されるのである.

各環境責任主体は,エコ・ネットワーク(環境保全ネットワーク)を形成し,それぞれが独自の立場から,エコ・ネットワークのリーダーとして貢献することになる.企業は,事業活動におけるエコ・イノベーションによって,ネットワーク全体の環境対応力を向上させることが求められる.エコ・イノベーションとは,顧客価値とビジネス価値を提供するが,環境の影響を飛躍的に減少させる新しい製品,あるいはサービスを開発するプロセスであるとされている(James, 1997, pp.52-57).これまでの環境経営論は,地球環境問題の「内部化」を進めてきたが,今後は各責任主体との協力関係のなかで,「環境保全リーダーシップ」(エコ・リーダーシップ)を発揮する」ことが強く求められる.このエコ・リーダーシップの方法には,エコ・コミュニケーションの推進とエコ・イノベーションの創出などがある.

5.おわりに

地球環境問題は,これまでの内部管理的な思考でもなく,対外関係だけでもなく,内と外が一体となった統合的な特性をもっている.この意味でも,環境経営は,内部管理部門の課題でもなく,もっぱら対外活動を担当する広報・渉

外部門の課題でもなく，地球環境問題への対応を総合的，相互作用的な視点から考える最高経営の問題として展開することになった．地球環境問題への企業の取り組みは，社会貢献のひとつであるとの認識から今後の企業業績を左右する最も重要な戦略のひとつとして考える段階へと進みつつある．

　このように環境経営の基本的な構想は，企業活動の環境化としての環境管理，環境監査活動と市場の環境化としてのライフサイクル・アセスメント，エコデザイン（地球環境に配慮した製品設計）などの側面をもつと考えられる．企業活動の環境化は，企業内部の環境化，ないし環境保全の組織的な側面ということができる．そして，市場の環境化は，取引先，消費者などの利害関係者との対外的な活動ということができるであろう．さらに，今後は第3の環境化として，各環境責任主体の間に形成されるエコ・ネットワークにおけるエコ・イノベーションの主体としてのリーダーシップの発揮が期待されるのである．

　環境経営は，図表6—6のように企業の組織的な対応にとどまらず，市場的な対応，さらに各環境責任主体の間のネットワーク的な対応を含むことによって，より内部管理的な視点から，市場，さらに各環境責任主体のネットワークの全体的な視点をも含む最高経営的な性格を強めている．

　①の「組織の環境経営」では，組織体（たとえば企業）それ自体の主体的な環境経営活動ということが取り上げられる．とくに，組織体の事業活動，生産活動から発生する地球環境への負荷を組織体内で対処し，低減する．ついで，②の「利害関係における環境経営」では，当該組織への他の個別組織（利害関係者）からの利害要求への対策が検討されるとともに，当該組織体の経営的な自主性の確立という課題が取り上げられる．そして，③の「環境ネットワークにおける環境経営」では，各環境責任主体によって形成される環境ネットワーク上の各組織体（環境責任主体）の役割を創造することである．このレベルでは，企業間，企業と地域社会，企業と国，NPOなどのさまざまな協力関係が形成されるとともに，各組織体が独自の役割と責任をもつことになる．④の「環境ネットワークの環境経営」では，環境ネットワークそれ自体

図表6－6　環境ネットワーク経営の構図

環境経営の考察の視点と目的			
メタ領域	マクロ領域	ミクロ領域	組織
他のネットワークに対するネットワークの地位（役割）創造	ネットワークにおける焦点組織の地位（役割）創造	ネットワークにおける他の組織に対する焦点組織の経営的自立性	組織の効果と効率
④　環境ネットワークの経営			①　組織の環境経営（環境管理）
		②　利害関係における環境経営	
	③　環境ネットワークにおける環境経営		
環境ネットワーク経営			

出所）Timo Renz（1997）S.27. に加筆，修正を加えたもの

が独自の意義をもち，他の環境ネットワークに対するかかわりを含めて，環境ネットワークそれ自体の経営が検討されるレベルである．このレベルでは，自動車産業の環境ネットワークが鉄道産業の環境ネットワークなどの多様な他の環境ネットワークとのかかわりと，独自な意義が取り上げられる．このように，環境ネットワーク経営を組織体（環境責任主体）の役割と他の環境責任主体や環境ネットワークとのかかわりにおいて適切に認識することが，環境経営力を明らかにするための基本的な枠組みを提供することになる．

(柿崎洋一)

注
1) EPI（environmental performance indicator）は環境パフォーマンス指標であり，MPI（management performance indicator）はマネジメントパフォーマンス指標，OPI（operational performance indicator）は操業パフォーマンス指標である．

参考文献

環境庁編(2001)『平成13版 循環型社会白書』.
次世代自動車・燃料に関する懇談会(2007)『次世代自動車,燃料イニシアティブとりまとめ』経済産業省(www.meti.go.jp/policy/automobile).
トヨタ自動車(2001)『Sustainability Report 2008』.
日本規格協会(2005)『JISハンドブック(58-2)環境マネジメント2005』.
日本規格協会(2008)『ISO/WD4.2 26000 仮訳版』.
Auliger, A. (1997) Die Vielfalt der Moglichenkeiten, Kooperation als Strategie ökologischer Unternehmenspolitik, In, *Ökologisches Wirtschaften*.
Harrigan, K. R. (1986) *Managing for Joint Venture Success*, Lexington Books. (佐伯彌監訳(1987)『ジョイントベンチャー成功の戦略』有斐閣.)
James, P. (1997) The Sustainability Circle: a new tool for product development and design・in *Journal of Sustainable Product Design*, Issue No. 2.
OECD (2001) *New Patterns of Industrial Globalisation*.
Mesterharm, Micheal (2001) *Integriete Umweltkommunikation von Unternehmen*, Metropolis Verlag.
Renz, Timo (1997) *Management in internationalen Unternehmensnetzwerken*, GABLER.

第7章

経営力の創成とビジネスモデル

1. はじめに

「事業の構想力」は，経営力の創成には欠くことのできない要素である．ここでいう構想とは，単に事業や製品の「アイデアの創出」ではなく，現実に顧客に価値を届け，顧客の段階で価値が実現できるビジネスシステムの青写真（blueprint）であり，この事業構想を現実にする力が経営力の構成要素のひとつである．

イノベーティブなビジネスモデルは，ICT（Information and Communication Technology）などの技術の発達，インフラストラクチャーの変化，サービス経済化，人口構造変化などの市場環境の変化をイノベーションの機会とする企業家によって生み出される．

ビジネスモデルは，特定の時期，特定の社会における歴史的，社会的，経済的諸条件において生産構造，消費構造，都市構造，交通手段，情報伝達に関する条件，規制などの公共政策などの影響を受けてはじめてそれが社会に出現するものであり（鈴木, 1997, pp.164-165），企業家はそれらの諸条件の変化を活用し，顧客が価値を見出す仕組み（ビジネスシステム）を継続的に作り続けている．

本章は，経営力の創成にビジネスモデルが果たす役割について考察するために，ビジネスモデルのひとつであるフランチャイズ・システム（フランチャイジング）の生成・発展過程の考察などを通してビジネスモデルの3つの概念を整理する．その上で「ビジネスモデルの評価フレームワーク」によるフランチャイズ・システムの検証を通して，一般化と模倣困難性という，相反するビジ

ネスモデルの特徴について考察することを目的とする.

2. ビジネスモデルの概念

　ビジネスモデルという用語は，事業戦略，事業の設計図，事業の縮図，事業の仕組み，ビジネスシステム，新事業創造，事業の特質，コアコンピタンス，ビジネスプラン，ビジネスメソッドそしてビジネスモデル特許まで，さまざまな意味に使用されている．これはビジネスモデルの概念が一般化したビジネスシステム，競争優位性をもたらすビジネスシステムもしくはビジネスメソッド，そしてビジネスモデル特許まで幅広く使用されていることによる[1]．さらにビジネスモデルの概念をわかりにくくしているものとしては，経営戦略や事業戦略においても使用されている設計図，事業の縮図，事業の仕組みという用語がビジネスモデルの定義に含まれていることであり，これらのことから聞き手は，文脈から使われている意味を確認した上で理解しなくてはならない．ここではまずビジネスモデルの3つの概念について考察することから始める．

2.1 戦略的な概念としてのビジネスモデル
　ビジネスモデルはひとつのビジネスメソッドとして生まれ，その成功はシュンペーター（Joseph A. Schumpeter）のいうイノベーションの「群生的な出現」（schwarmweise Auftreten）によって（清成，1998, p.158），ひとつの一般化したビジネスモデルとなる．
　一般化したビジネスモデルが，事業段階で有用なメソッドに展開されるためには，そのモデルの還元された構成要素は独自に組み立てられなくてはならない．ここで必要となるものがビジネスモデルの設計図，ビジネスシステムである．
　まず，ビジネスモデルの概念を明確にするために，戦略，事業戦略，そしてビジネスモデルの概念上の位置づけをみる．伊丹（2007, pp.159-161）は，戦略

とは「市場の中の組織の活動の長期的な基本設計図」であるとし，基本設計図の「基本」の意味について「大きな構想を語るのが戦略であって，ディテールを設計することではない」としている．また事業戦略においても「事業戦略とは，ある事業での企業の市場対応行動の基本設計図」であるとし，さらにビジネスシステムとは「顧客を終着点としてそこに製品を届けるまでに企業が行う仕事の仕組みであり，顧客に製品が届いた時点で，経営者の意図を実現するための仕事の仕組みの基本設計図」（伊丹，2007，p.183）と，戦略，事業戦略，ビジネスシステムの3つに対して「基本設計図」という用語を使用している．また「事業戦略における差別化を実際に顧客に届けるその接点で実現しなければ，顧客は満足しない．意図した差別化を現実のものとするためには，武器が実際に機能するように仕事の仕組みを工夫する必要がある．その仕組みがビジネスシステムである」（伊丹，2007，p.184）とし，事業戦略は戦略を実現する仕組みであり，ビジネスシステムは事業戦略の実現の仕組みとして階層的に位置づけている．

　また国領（1998，p.48）は，ビジネスモデルを「①誰に（市場の定義），何を届け（価値を定義），②そのために経営資源をどのように組合せ，経営資源をどのように調達し，③パートナーや顧客とのコミュニケーションをどのように行い，④いかなる流通経路と価格体系のもとで届けるかについてのビジネスデザイン設計思想」であるとし，根来（2001，p.80）も，ビジネスモデルとは「利益を上げるための事業の仕組みであり，誰をターゲットにするのか，どのような価値を実現するのか，どのように価値を生み出すのかという3つの基本要素を兼ね備えた」事業の仕組みとしている．

　しかし，これらの考え方は1980年代から既に戦略の位置づけとしてなじみあるものである．マルキデス（Markides, 2001）がダイナミック戦略（"A Dynamic View of Strategy"）において，そしてローゼンブルムら（Rosenblum, Tomlinson & Scott, 2003, p.58）がビジネスモデル・イノベーションに関する調査で使用した「①だれを顧客とするのか，②どのような製品・サービスを扱う

か,③どのようにして提供するのか」という「Who-What-How」のフレームワークは,エーベル（Abell, 1980）が事業の定義で使用したものであり,マルキデスは戦略の要諦としての戦略的ポジショニングにこれを使用し,ローゼンブルムらはビジネス戦略の検討手段としてこれを位置づけた.すなわち経営戦略の具現化の手段としてビジネスモデルをとらえることで（寺本・岩崎・近藤,2007. p.29),ビジネスシステムは戦略の範疇のなかでとらえられている.

3. ビジネスモデルの一般化過程

イノベーティブなビジネスモデルの原型（prototype）が生み出されてから,その概念が一般化する過程について,ビジネスモデルとしてのフランチャイジングの発生から一般化までの過程からみる.

加護野・井上（2004）は,ビジネスシステムとビジネスモデルの相違として,① 定義,② 視点（学問視角）,③ 競争優位,④ カギ概念の4点から説明している.

まず定義においては,設計思想と結果として生み出されるもの,視点として「理念―現実」,「社会的効率―個別企業の収益性」とそれぞれの特徴をあげている.また根来（2007. p.9）も同様に,「ビジネスモデルとは『計画』の前提となる『意図』であり,現実そのものではない.結果としてできあがった事業体を『ビジネスシステム』と呼び,ビジネスモデルと区別する」と述べており,ビジネスモデルは理念・意図,ビジネスシステムは現実としている.そして競争優位としては,「模倣可能―模倣困難」,「標準型―独自性」などと整理している.

これらの相違点は,フランチャイズ・システムの具体例で示すように,「一般化したビジネスモデル」と「ビジネスシステムとしてのビジネスモデル」の相違を示したものである.この関係についてフランチャイジング（フランチャイズ・システム）を例にみていく.

図表7－1　システムとモデルの相違点

	システム	モデル
定義の違い	結果として生み出されるシステム（意図せざる結果を含む）	設計思想
学問視角	現実のもの，経営学的視点を重視，個別企業の収益性	理念型，経済学的視点を含む，社会的効率
競争優位	模倣困難・独自性・持続的優位を重視	模倣可能，標準性，一時的優位にも注目
カギ概念	システム，要素還元を越えて全体の設計と分析，経路依存	モデル，要素還元のアプローチ，部分の設計と分析，文脈を切り離す

出所）加護野・井上（2004）p.48，図表1－1

3.1　ビジネスメソッド（business method）としてのフランチャイジング（franchising）[2]

　フランチャイジングが始まったのは，工場生産や蒸気機関などの動力源の革新によって生産量と流通範囲が飛躍的に拡大した産業革命後の18世紀である．製造業者は生産技術が急速に進化する中，限られた経営資金を生産技術開発と設備に特化して投資せざるを得ず，販売は卸売業を中心とする商業資本に全面的に依存していた．しかし，これらの技術革新は既存の製品の大量生産技術だけでなく，同時に社会的に新しい製品群（新製品）も生み出した．

　この新製品とは，マコーミック社（McCormick Harvesting Machine Company）の農機具やシンガー社（Singer Sewing Machine Company）のミシンなどのように社会的に新しく，高価で，しかも修理などのメンテナンスにおいて製造業者との関係が必要な製品であった．しかし既存の商業者は，これらの新製品を取り扱うこともできなければ，取り扱う意志もなく，新製品の製造業者は結果的に自ら販売網を構築せざるを得なかった．これらの製造業者は，資金をはじめとして経営資源が不足していたことから直営組織によって販売網を構築することができず，契約によって商業者を代理店（exclusive local agent）として起用し，配置すること（契約型システム）によって販売網を構築した．この契約によって製造業者が与えた独占的販売地域分与等がフランチャイズ（特権）であった．

この商業者が卸売業者であるのか，小売業者であるのかは，商品特性や需要量，需要の分散などの市場特性によるが，通常，その製造業者の製品のみで店舗の品揃えが完結できる場合には小売業者が，小売店にとって取扱商品のひとつにとどまる場合には，卸売業者が代理店となった．代理店も1950年から60年代のマコーミック社のようにきわめて限られた生産設備と輸送上の制約をもっていた場合には，製品の製造権を含めた特定地域の販売許可がフランチャイズ（product and manufacturing franchise）として与えられた．この時点におけるフランチャイジングは，経営資源の欠乏を補いながら広範囲に販売する唯一の方法であった．

その後，自動車販売においてもフランチャイジングが採用されたが，自動車もまた社会的に新しい商品，高価な商品，メーカーとの関係の必要な商品であり，既存の流通機構はこの製品に対応することができず，自動車メーカーも最も有効な流通の方法としてフランチャイジングを選択した．結果的に自動車フランチャイジングは専属的販売地域方式を確立して大きな成功を収めた．

このように，流通のビジネスメソッドとしてフランチャイジングというひとつのビジネスシステムを開発した人びとは，環境変化や技術変化をうまく利用してビジネスモデルを開発したというよりは，「社会に利用すべきものがない，それならば自分達で作らなくてはならない」というように，必要から生み出されたものであった．たしかに流通インフラは急速に整備されつつあり，そのためには蒸気機関の発明のように新技術に基づいた製品が決定的に重要な役割を果たしたが，その流通インフラの存在がフランチャイジングの必要条件ではなかった．

3.2　システム・フランチャイジング（system franchising）

フランチャイジングのビジネスシステムとしての発展は，石油精製会社によってもたらされた．米国においては，早くも1920年代にモータリゼーションが始まっていた．T型フォードの発売によってはじまった自動車の爆発的な普

及は，石油会社に対し，自動車の普及にあわせた給油設備（ガソリンスタンド）の拡充を迫った．モータリゼーションが始まった時点までには，石油産業は既に均一の品質をもった製品の生産が可能な規模の生産設備をもつ巨大な企業によって構成され，灯油を中心とする石油製品の販売経路も確立されていた．結果として消費者は，石油製品（ガソリン）の購買においては，自動車のように製造業者によって品質等の格差のある製品と異なり，その品質の違いを購買基準に加える必要がなかった．それゆえ，精製会社と販売会社間の取引における主な競争手段は価格のみであり，販売会社は価格によって容易に購買先を変更することができた．

　石油精製は装置産業であり，装置の稼働率がコストに直結することから，価格に左右されない安定した販売経路を確保する必要に迫られた．しかも，燈火燃料としての石油製品に比べて自動車用の燃料の消費量は比べものにならないほど多かったことから，ガソリン販売には地下タンク，給油ポンプ，そしてタンクワゴン（tank wagon）などの設備機器への投資が必要となった．このことから石油会社は，既存の流通経路をそのままでは使用できず，さらに未知の事業であったガソリン販売業に積極的に投資する販売業者もほとんどなく，結果的に石油会社は自ら給油所を建設せざるを得なかった．ここでもシンガーのミシンや自動車会社と同様に「社会に存在しない，ならば自分達でつくる」ことから新しい革新的なビジネスシステム（業態）が生み出された．

　しかし，ひとたびガソリンスタンドという革新的業態が投資に足るビジネスであることを，石油会社のガソリンスタンドが証明すると，多くの業者が一斉にガソリン販売業に参入した．短期間に石油会社の直営施設の構成比は小さくなり，石油会社はそれらの独立系販売業者との関係を構築する必要が生じた．単独ポンプのみの「スタンド」（isolated）が主流の時期には，石油会社はポンプ段階で商標を掲示していたが，自動車市場の拡大に対応して，ガソリンの複数グレート化が進行すると，従来，複数ブランドを扱っていたガソリンスタンドは施設の制約から，単一のブランドを選択する必要に迫られた．ガソリン販

売が究極的に価格に依存する競争である以上，低価格販売を実現できるコスト優位は最も重要な競争要因であり，輸送コストを削減する複数油種の一括配送，取引コストを下げる継続的な関係はそのままコスト優位の源泉となった．結果的に石油会社・特約店の両者にとってこれらの条件を充たすフランチャイジング（系列販売方式）は有効な販売・仕入れ方式として選択されていった．

しかも，ガソリンは製品間の差別化が困難であるために，石油会社は水平的競争に対する手段として専属化した店舗の高度化（差別化）を進めた．それが店舗全体を対象としたブランド・ロイヤルティ（brand loyalty）の確立のためのさまざまな手段の確立であり，店舗の概観からユニフォーム，店頭サービスまでの標準化の推進であった．結果的に「店舗を選択することによって石油会社を選択する」というビジネスシステムを確立し，ガソリンという石油製品は，標準化された店舗において，標準化されたサービスとともに販売される製品となった．

石油会社は給油所の施設の改善，サービスの標準化，ガソリン以外の油外商品の品揃え拡大を競って行い，専属化した特約店（dealer）は石油会社の競争単位として組み込まれていった．この段階では，扱われる製品はもはや単なる製品（ガソリンというジェネリック商品（generic products））ではなく，拡張された製品（augmented products）であり，プロダクト・フランチャイジングは商品を越えてシステム・フランチャイジングとなった．

石油会社のフランチャイジングへの取り組みは，ジェネリック商品の差別化が店舗の差別化によって達成可能であることを証明し，サービス業のフランチャイジングへ道を開いた．

1925年に特製アイスクリームによって成功したハワード・ジョンソン（Howard Johnson）は，自社店舗網による拡張をめざしたが，資金調達が困難であったことから，自社のフォーマット（レストランシステム）を複製したレストランの建設と運営を，すべての食材・運営用物品（サプライ品）をハワード・ジョンソンから購買することを条件に提供するフランチャイジングを開始

した．ハワード・ジョンソンのフランチャイジングは，既に店舗の建設から会計処理，店頭サービスから非食品のサプライまで，運営のすべての面を包括していた（Dicke, 1992, pp. 212-214）．

　これらの石油会社，ハワード・ジョンソンのフランチャイジングは，現在のビジネスフォーマット・フランチャイジング（business format franchising）のフランチャイズ・パッケージ（franchise package）のほぼすべての構成要素を既に含んでいたが，重要なことは，石油会社は提供した広範なサービスから収益をあげていたのではなく，あくまで石油製品の販売から収益を得，同様にハワード・ジョンソンもまたサプライの販売から収益をあげており，広範に提供したサービスからでなかった．すなわちこの両者の目的は（自社）製品の販売およびフランチャイジーから得た収益で自社販売網の拡大を行うことにあり，サービスはあくまで製品を販売する手段にすぎなかった．それゆえこのシステム・フランチャイジングは，目的において，基本的には農機具会社や自動車会社と同じであり，広義にはプロダクト・フランチャイジングのひとつに分類されるのである．

3.3　ビジネスフォーマット・フランチャイジング

　米国においては，システム・フランチャイジングからビジネス・フォーマット・フランチャイジングへのビジネスシステムの転換は，フランチャイジーが専属的・安定的な製品の販売先でなくなった時に起こった．システム・フランチャイジングの基礎は，継続的長期取引契約（フランチャイズ契約）の中の商品の仕入先指定などの拘束条項にあった．この拘束条項の根拠としては品質管理基準が当初認められていたが，最終的には業務遂行基準に移行することによって，フランチャイジーの供給独占は崩れ，市場との競争にさらされることになった．ここからフランチャイジングは製品やサプライの供給による利益を根拠にした流通メソッドとしてのシステム・フランチャイジングから，証明済みのビジネス・システム（フランチャイズ・パッケージ）をそのまま利用する権

利（フランチャイズ）を販売する契約システムとしてのビジネス・フォーマット・フランチャイジングに移行した．

3.4　フランチャイジングのわが国への移植とビジネスモデル化

　フランチャイジングがわが国で登場したのは，1963年の小売業の不二家，サービス業のサニクリーン（現ダスキン），そして外食産業では，ルートビアとハンバーガーのA&Wからである[3]．不二家は市場の拡張と人口の移動に対応する販売網の拡張と構築のため，ダスキンは社会的に新しい製品の販売のため，そしてA&W沖縄は新規事業として新しいビジネスシステムであるフランチャイジングを利用した．

　不二家は，ハワード・ジョンソンのチェーン・オペレーションやフランチャイズ・システムに関心をもち，書籍・雑誌，訪米調査を通じて研究した上で，チェーン・オペレーションを経営の核のひとつとする「グレートチェーン構想」を打ち出したことから，不二家のフランチャイジングは米国のフランチャイジングをモデルとして適用したものであった．また，A&Wはまさしく米国のフランチャイジングの輸入であった．

　すなわちフランチャイジングは，不二家においてはビジネスの設計思想であり，新ビジネスの理念としての役割をもち，一方A&Wにとっては，他社に模倣が困難なビジネスシステムとして輸入されたものであり，現実のビジネスそのものであった．

　米国のフランチャイジングをわが国に最初に導入した不二家の大きな成功は，その後のフランチャイジング普及の推進力になった．不二家の洋菓子フランチャイジングの成功は，不二家自身にとっても，和菓子を含めた菓子業界にとどまらず，喫茶，パン製造小売，そしてレストランへ適応範囲を広げながらビジネスモデルとしてのフランチャイジングの活用範囲を拡大していった．

　新しいビジネスモデルであるフランチャイジングが生成し，普及する過程は，ビジネスモデルの開発者であるイノベーターが成功裏に離陸して市場を創

造し，そしてさまざまな視点や切り口をもった，多様で多数の挑戦者たちを市場に招き入れ，市場の裾野を広げていく過程，すなわちシュンペーターの「群生的出現」であり，ひとつのビジネスメソッドの成功が多くの模倣的，派生的なビジネスシステムを生み出し，一般化したビジネスモデルとなる過程であった．

このように，群生的出現は成功したビジネスメソッドをひとつの設計思想にまとめあげ，模倣可能な一般化したビジネスシステムとして，ビジネスモデルは定義をもつ一般的な用語として設計思想になった[4]．そして競争の現場では，独自性をもった模倣が困難な新たなビジネスメソッドが生み出されていった．

4．ビジネスモデルとしてのフランチャイジングの有効性

ビジネスシステムとしてのフランチャイジングの有効性を評価する基準としては，加護野・井上（2004, pp.39-44）が示した① 有効性，② 効率性，③ 模倣の困難性，④ 持続可能性，⑤ 発展可能性の5つの基準と，安室（2007, pp.8-17）のビジネスモデル研究の枠組みであるアファーのVRISAの分析がある．VRISAとは，① 顧客価値（Value），② 希少性（Rareness），③ 模倣可能性（Imitability），④ 代替可能性（Substitutability），⑤ 専有可能性（Appropriability）である（Afuah, 2004）．またビジネスモデルの有効性を分析するものとして，競争優位分析で使用されるバーニーのVRIO分析，① 資源の価値（Value），② 希少性（Rarity），③ 模倣可能性（Imitability），④ 組織（Organization）も使用できる（Barney, 2002）．

ここでは，加護野・井上の5つの基準をもとに，フランチャイジングがもつビジネスモデルとしての優位性と有効性について，一般化と模倣困難性の視点から考察する．

第1の有効性基準は，「どのような顧客に」「どのように価値を提供できるか」という事業の設計思想に基づくものであり（加護野・井上, 2004, p.40），

VRISA 分析の顧客価値基準とほぼ同じものである．

　通常のビジネスモデルの場合には顧客は最終顧客を基準に考えるが，フランチャイジングにおいては，フランチャイズの販売先であるフランチャイジーが顧客となるが，プロダクト・フランチャイジングにおいては最終顧客である消費者も含める．最終顧客を問題とする場合には，フランチャイザーはフランチャイジーを通して顧客に販売することとなり，フランチャイジーは厳密には顧客とは位置づけられない．

　顧客であるフランチャイジーが購入する価値は，購入目的によって異なる．個人の創業者の場合は，創業機会の購入であり，会社の場合には事業転換先の事業，多角化事業，そして中にはリスクの高いアーリーステージのフランチャイジングを購入することで将来の事業の核となる事業機会を購入する．すべてのフランチャイジーに共通している点は「成功の確率の高いビジネス機会」として「実証済みの成功した製品やシステム」というフランチャイズ・パッケージ（ビジネスシステム）を購入することから，そのビジネスシステムが何であるかは問わない．

　有効性からこのビジネスシステムをみると，ターゲット顧客の設定には，顧客と顧客の購買状況の双方がメソッドの鍵となる（加護野・井上，2004, p.41）．価値を示す要素としては，消費者のリスクリダクション行動の基準である品質リスク，価格リスク，時間リスク，社会心理的リスクなどをもって分類することができ，これと顧客のコアベネフィット（core benefits）と結びつけて，イノベーターはビジネスシステムを構築する．価値は本質的に一般化に適した概念であり，ビジネスシステムの一般化に繋がるものである．

　第2に，フランチャイジングの優位性は，チェーン・オペレーションによってもたらされる経済的優位性（効率性）を基盤とする．ここでいうチェーン・オペレーションとは，「小売商業に固有の小規模分散的な特質を克服して経営規模を拡大し，集中的大規模化を実現する（横森，2002, p.190）」ものである．チェーン・オペレーションが経済的優位性の基盤になっていることはレギュラ

一，コオペラティブチェーンそしてボランタリーの各チェーンと異なることはない．

　チェーン・オペレーションがもたらす経済的優位性は，規模の経済性と分業の利益から構成されている．規模の経済性とは，原材料の仕入れ，商品の仕入れから店舗の備品・設備の購買にいたる「大量仕入れからもたらされる優位性」と単独店では不可能な広告・宣伝活動がチェーン化によって可能になるという「マス・マーケティング力」からもたらされる．そして2番目の分業の利益とは，本部（フランチャイジー）が仕入機能を実施し，分散立地した店舗（フランチャイジー）が販売機能を遂行することで効率的な機能遂行が可能であること，そして単独店では不可能であった商品開発，仕入，広告というマーケティング機能から店舗開発，店舗設計，税務・会計，金融，労務など遂行すべき機能ごとに専門職を配置すること（分業）が可能になることである．すなわちフランチャイジングは，大企業の効率的・専門的な事業運営（チェーン・オペレーション）を小企業経営にもち込むことによって機能するシステムであり，この効率性がシステム基盤となる．

　そして3番目は，「模倣の困難性」である．

　既に述べたように，ビジネスモデルが模倣可能な一種のプロトタイプとして汎用的に存在するのに対し，ビジネスシステムは模倣困難がゆえに持続的競争優位を獲得する独自性を発揮しうる源泉でなくてはならない（加護野・井上, 2004, p.49）．しかし，あるビジネスシステムが成功し，その結果，その分野にさまざまな企業が群生的に参入することによって，ひとつのビジネスメソッドがビジネスモデルとして認知されることは，ビジネスモデルの模倣可能性を前提にしているにもかかわらず，新しいビジネスメソッド（フランチャイジング）が販売されるためには模倣が困難でなくてはならない[5]．

　ビジネスシステムの模倣困難性の基礎に存在するのが，経営者と組織の個別性とビジネスモデルの優位性をもたらす差別化の過程である．ビジネスシステムは組織のなかで生成され，発展していく存在である．すなわちビジネスシス

テムは組織の一部であり，そこには組織特有の情報が凝縮されている．その情報群を他の組織に移植すれば，移植先の組織内ではその組織がもっていた「固有の情報系と衝突，緩衝，混乱が生じる」（福岡，2008）．これを回避するため，組織は独自に「消化酵素」をもって，情報を解体し，拒絶反応を防ぐ．人の食物の消化では「意味のないレベルまで還元し，その栄養素を吸収して，私たちは自分固有の物語を構築する」（福岡，2008）と同じように，組織はビジネスシステムが有効に機能するためにそれを消化する．この消化過程こそが，ビジネスモデルの模倣を困難にする第1の要因である．セブンイレブンジャパンが米国のコンビニエンスストアを日本に導入した際に，システムのほとんどを修正せざるを得なかった経緯などはまさしくこの例である．そしてシステムであるフランチャイジングが成立している前提には，この模倣の困難性がシステムの鍵として存在している．シュランスキーらは，「知識活用の道を選ぶ場合には正確にコピーするのが王道であり，修正の余地は厳しく制限されなくてはならない．知識創造の道を選ぶならば，修正し，適応させ，場合によってはプロセス全体を発明する必要がある」とし，その理由のひとつが「暗黙知」と「無自覚の学習」であるとしている．すなわちフランチャイジングの模倣困難性にはマニュアルに記述不可能な「暗黙知」と，フランチャイザー自身が気づいていない「無自覚の学習」という知識がある（Szulanski and Winter, 2002）．

　そして，評価基準の4番目は「適応性と持続可能性」である．

　事業成功の仕組みを販売するフランチャイジングは，それが成功の仕組みであるためには，まずそのフランチャイザー自身の存続が前提となり，さらにそれを購入するフランチャイジーの存続が評価基準となる．

　フランチャイジングが産業として成熟化した後は，フランチャイザーの存続率は，フランチャイジングの初期（アーリーステージ）には通常の企業と同等か，低くなっている．このことからフランチャイジーは，リスクを覚悟して将来性（アーリーステージのフランチャイジング）を買うか，それともフランチャイジングの安定期を待つかという選択が必要となる．ラフォテインとショー

(Lafontaine & Shaw, 1998) は，フランチャイジングとして事業を開始した多くの企業が失敗するか，フランチャイジングを中止していることを示し，スタンワースら（Stanworth, Purdy, Price and Zafiris, 1998）は，フランチャイザーのハザード・レート（hazard rate：退出率）は通常の中小企業と変わることはなく，フランチャイジングを立ち上げた初期（4年から5年間）は，通常の中小企業よりも高いと指摘し，さらにシェーン（Shane, 1996, pp. 226-227, 232）は，新規のフランチャイジングの4分の3は10年以内に失敗しているとし，フランチャイジングというシステムはフランチャイザーの存続を高めるものでないとしている．

わが国でも小本（2005, p.65）は，1990年から13年間の平均廃業率は8.6％であり，総務省の『事業所・企業統計調査』の廃業率（3～4％）を大きく上回り[6]，とくにフランチャイジングの採用から3年以内の廃業率はきわめて高い（年平均15％を超える）としている[7]．しかしながらこれは，フランチャイジングというシステムも通常の開業と同様に，開業直後の廃業率が高いことを示しているのであって，フランチャイジングというシステムがより高いことを示しているのではない．これはフランチャイジングが通常のシステム的特徴をもち，システムを運営してはじめて自己の能力を知る受動的学習説（Jovanovic, 1982）を間逃れることができないこと，規模の経済性が働くビジネスモデルであるがゆえに，最小適正規模への到達までの期間に経営上の困難があること，そしてメガフランチャイジーのように，複数のフランチャイジングを同時に展開するフランチャイジーが多数参入することによって，フランチャイジングの退出障壁が急速に低下したこと（Reynolds, 1988）がその要因としてあげられる[8]．

また，国民金融公庫総合調査研究所の「新規開業企業を対象とするパネル調査」（平成16年11月1日）から廃業率をみると，フランチャイジングへの非加盟企業の廃業率が7.8％であるのに対し，加盟企業（フランチャイジー）では14.4％と加盟企業の方がおよそ85％も高くなっている．これを業種別にみる

と，個人向けサービス業（加盟店）の廃業率は 20.6% とフランチャイジーを含めた業種平均の 5.7% の 3.61 倍になっているのに対し，加盟小売業では廃業割合は 8.3% と業種平均の 10.8% を下回っている．このように業種によって差があるものの，「フランチャイジング加盟企業の廃業率は総じて高い」（国民生活金融公庫総合研究所, 2004, p.5）となっており，フランチャイジングのシステム優位性である創業時のリスクを低減させる機能は大きく揺らいでいる．

同様に，加盟店の契約解除加盟店舗数割合（契約解除率）[9]調査によると，解除率は全体で 3.0% 未満が 36.6% で最も多く，次いで 5.0% 以上 10.0% 未満の 26.8% となっている．5.0% 以上の解除率のチェーン店は 48.8% とおよそ半数となっている[10]．また契約非更新率[11]をみると，0.5% 未満が 43.6% と最も多く，次いで 3.0% 以上の 20.5% となっている．また，契約解除率・契約非更新率の合計をみると，契約解除率は 6.7%，契約非更新率は 1.5%，合計で 8.2% が何らかの理由により，姿を消していることになる．

この背景には，既に述べたフランチャイジングのもつ創業に対する機能が，メガフランチャイジーを中心に，創業リスクの軽減から技術やノウハウの蓄積する時間を購入することへシフトしつつあることがあるにしても，個人の創業フランチャイジーは，フランチャイザーの事業の継続可能性と自身の存続可能性をいっそう厳しく見極める必要がある．しかし持続可能性の低下は一般化したビジネスモデルであるフランチャイジングへの見方を短期的には成功を保証するビジネスモデルから契約モデルに変えることになり，長期的には一般化したビジネスモデルの変質に繋がる．

そして「発展性」では，ビジネスシステムの洗練過程があげられる．フランチャイジングの発展の前提は，継続的な製品・サービス開発力とそれを機能させるシステム開発力に依存するが，発展はシステム開発力の向上をともなわなくてはならず，システム開発力を越えた成長は過大拡張の罠に落ちる危険をもつ．また同時に開発力に支えられた組織力も重要な要素である．フランチャイザーとフランチャイジーの発展は基本的に相互依存的である．基本的にはザー

はジーの数を増やすことで発展が可能であり，その数の拡大は拡大すればするほど個別のジーへの依存を減少させ，ジーの契約解除率や廃業率は統計的な数字として扱われる．一方，ジーにとっても，購入フランチャイジングが複数になれば，所属チェーン数の増加はそのままザーへの依存率を下げるが，システムがもつ生来のパワーバランスを克服することはできない．

しかし，ビジネスモデルとしてのフランチャイジングが発展を維持するためには，ジーによる現場の情報が重要であり，フランチャイジングの発展はフランチャイジーに支えられる．仮にフランチャイザーが新フランチャイジングを追加・販売する場合において，フランチャイジングの成熟化によって既存ジーの新規出店の余地がなくなることが開発動機になる場合には，協働で開発してきた知識の蓄積を背景に，組織間関係を強化の方向に働くが，既存のフランチャイジングをキャッシュカウ（cash cow）として，別システムとして新規フランチャイジングを立ち上げる場合には，ザーの成長がジーの成長に直接つながらないことから，ビジネスシステムの発展サイクルを困難にする可能性が高くなる．

5．まとめ

本章ではビジネスモデルの本質を，一般化したビジネスモデル，ビジネスメソッド，ビジネスモデル特許の3つの側面から理解した上で，ビジネスモデルのひとつであるフランチャイズ・システムの発展過程を通して，ビジネスモデルの発展過程を検証した．

その結果，明らかになったことは，第1にイノベーティブなビジネスメソッドがひとたび成功すると，さまざまなイノベーションが群生的に出現し，ビジネスメソッドの一般化が誘導され，その結果，定義をもった一般化したビジネスモデルが創出される．そして企業家は，そのビジネスモデルの定義・理念を活用して新たなビジネスメソッドを開発するというサイクルが作られる．

図表7−2　イノベーティブなビジネスモデルの継続的生成

	既ビジネスメソッド	新ビジネスメソッド	
既存市場	①	②	
新市場	③	④イノベーティブなビジネスモデル	
		④イノベーティブなビジネスモデル	
			④イノベーティブなビジネスモデル

出所）筆者作成

　そして第2には，イノベーティブなビジネスモデルは，社会構造変化によって形成される新市場環境に対応する企業家によって生み出される．しかし生み出される新市場は，マックネアー（McNair, M. P.）の小売の輪，ニールセン（Nielsen, O.）の真空地帯仮説における価格と消費者選好のような限定した枠組みでもなければ，リーガン（Reagan, W. J.）の格上げ・格下げの仮説のように商品とサービスの組み合わせによって，単純な段階から複雑な段階へ展開するというもの，すなわち市場環境と既存のビジネスモデルとの間に乖離が発生し，それを新しいビジネスモデルが埋めるという構図にとどまることはなく，新しい市場と新しいメソッドの組み合わせが連続的に発生するものと考えられる．ビジネスモデルは，はじめに述べたように社会経済的に出現するものであり，企業家はそれらの諸条件の変化を活用し，顧客が価値を見出す仕組み（ビジネスシステム）を継続的に作り続けていると考えられる．図表7−2は，市場とビジネスメソッドをマトリックスにし，新市場・新ビジネスモデルのセルにイノベーティブなビジネスモデルの領域をイメージしたものである．まずひとつのビジネスメソッドが生み出され成功すると，群生的に出現するイノベー

ターたちによって①は②と③の領域に拡がり，やがて①+②+③は一般化したビジネスモデルを形成する．同時にその3つのセルのなかではビジネスメソッドの洗練化競争が継続的に行われている．そして新たな社会的・経済的諸条件のもとで新たな市場機会が出現することで，またイノベーティブなビジネスモデルが生み出されていく．

　経営力の創成のひとつとしての事業構想力は，①から②，③に向かう構想を生み出す力であり，市場機会の出現をとらえてあらたに④イノベーティブなビジネスモデルを開発する力である．

（小嶋正稔）

注
1) 1998年7月に米国において，複数の投資信託の資産を単一のポートフォリオとして運用するハブ・アンド・スポーク（Hub & Spoke）という資産管理システム（ビジネスの方法：ビジネスメソッド）がビジネス特許として認められたことから，ビジネスモデル特許（ビジネス方法の特許）が一挙に世界中で注目を集め，これを機に米国においてはビジネスモデル特許を巡る訴訟が相次いで起こった．わが国でも，これらに対処するために，2000年10月に特許庁が「ビジネス方法の特許」に関する対応方針を出して審査基準の明確化を図り，新たなビジネス形態である「電子商取引技術」や「支払い，決済技術」などの分類を示した．しかし，すべてのビジネスのアイデアやビジネスを行う上での取り決め（人為的取決め）が特許制度の保護対象となっているのではなく，あくまで特許成立の要件（新規性と進歩性をもった発明）を満たしたビジネスモデルのみが対象となる．
2) フランチャイジングの発展過程については，Dicke（1992）を参照のこと．
3) わが国でフランチャイジングが開始されたのは1963（昭和38）年であった．不二家が第1号店を開設したのが1963年10月5日，（株）サニクリーン（現ダスキン）が1963年6月6日，A&Wが屋宜原店を開設したのが10月28日であった．まさしく1963年はわが国のフランチャイジング元年となった．
4)「フランチャイズとは，事業者（「フランチャイザー」とよぶ）が他の事業者（「フランチャイジー」とよぶ）との間に契約を結び，自己の商標，サービスマーク，トレード・ネームその他の営業の象徴となる標識，および経営のノウハウを用いて，同一のイメージのもとに商品の販売その他の事業を行う権利を与え，一方，フランチャイジーはその見返りとして一定の対価を支払い，事業に必要な資

金を投下してフランチャイザーの指導および援助のもとに事業を行う両者の継続的関係をいう」(日本フランチャイズチェーン協会の定義，㈳日本フランチャイズチェーン協会『フランチャイズ・ハンドブック』2003, p. 19, 商業界）と定義されている．
5) この両者の間には MOT（Management of Technology）におけるダーウィンの海が存在する．
6) 総務省の「事業所・企業統計調査」は5年毎に行われることから，期中の開業，廃業を反映しない数字となっており，本来ならばそのまま比較するのは妥当でない．また1987年から1999年の間の開業直後の廃業はおよそ19〜36％の幅となっており，年平均も20％を越えており，フランチャイジングにおいてはシステムの採用停止から廃業までが含まれていることを考慮すると，平均15％を越える数字もけっして大きな数字とはいえない．
7) この調査は『日本のフランチャイズチェーン』（商業界）にチェーンが掲載されているかどうかにより存廃の判断を行っており，企業そのものの存廃を示すものではないが，フランチャイジングを中断もしくは，積極的に行っていないと判断されることから，フランチャイジングの存廃を示すものと判断できる．
8) Reynolds (1988) は，工場の退出についての考察のなかで，最初に退出するのは工場を複数所有している業者の工場であることを示している．複数のフランチャイジングを展開するフランチャイザーが増えるなかで，これらのフランチャイジングの展開の中止等はそのままその業者の退出を意味しないことから，フランチャイジングの退出率はこれによって高くなると考えられる．
9) 解除率とは，契約解除加盟店数を同年の加盟店舗数で割ったもの（『Franja』, 2007, May, Vol. 39, p. 34)．この契約解除加盟店数は，中小小売商業振興法における法定開示事項になっている．この調査は，日本フランチャイズチェーン協会が運営している本部企業のデータベース「サ・フランチャイズ」を集計したもの．
10) 10.0％以上の解除率を業種別にみてみると，菓子・パンが50.0％，住宅建築33.3％，ラーメン・餃子28.6％などとなっているが，標本数が少ないため業種別の数字は参考程度にしかならない．
11) 契約更新時期時にもかかわらず契約を更新しなかった加盟店数の割合．非契約更新店舗数を契約更新対象店舗数で割ったもの．

参考文献
安室憲一 (2007)『ケースブック　ビジネスモデル・シンキング』文眞堂．
伊丹敬之 (2007)『経営を見る眼』東洋経済社．
小本恵照 (2005)「フランチャイズ・ビジネスの存続状況とその決定要因」『ニッセイ基礎研究所所報』35号，2005年1月，pp. 47-75.

加護野忠男・井上達彦（2004）『事業システム戦略』有斐閣．
河野昭三・村山貴俊（1997）『神話のマネジメント』まほろば書房．
清成忠男編訳（1998）『J. A. シュンペーター 企業家とは何か』東洋経済新報社．
国領二郎（1998）「ネットワークとビジネスモデルの進化」現代経営学研究学会『ビジネスレビュー』Vol. 46, No. 2, pp. 36-49.
国民金融公庫総合調査研究所（2004）「新規開業企業を対象とするパネル調査」（平成16年11月1日）国民金融公庫総合調査研究所．
鈴木安昭（1997）『新・流通と商業』［改訂版］有斐閣．
根来龍之（2007）「ビジネスモデル研究」『MBA，会計，MOT パーフェクトブック（2008年版）』日経HR, pp. 8-13.
根来龍之（2001）「3．戦略志向と経営革新」『経営戦略と企業革新』朝倉書房．
根来龍之（監修）（2005）『デジタル時代の経営戦略』メディアセレクト．
寺本義也・岩崎尚人・近藤正浩（2007）『ビジネスモデル革命』［第2版］生産性出版．
東京経済（1986）『フランチャイズ21年史』東京経済出版．
福岡伸一（2008）「消化の意味」『日本経済新聞』2008年10月23日「あすへの話題」．
横森豊雄（2002）『流通の構造変動と課題―ヨーロッパと日本の流通』長崎県立大学研究叢書12, 長崎県立大学学術研究会．

Abell, D. (1980) *Defining the Business: The Starting Point of Strategic Planning*, Prentice Hall, 1980.

Afuah, A. (2004) *Business models, A Strategic Management Approach*, McGraw-Hill Irwin.

Barney, J. B. (2002) *Gaining and Sustaining Competitive Advantage*, Prentice Hall.（岡田正大訳（2003）『企業戦略論』（上，中，下）ダイヤモンド社．）

Dicke, T. S. (1992) *Franchising in America: The Development of A Business Method, 1840-1980 the University of North Carolina Press*,（河野昭三・小嶌正稔訳（2002）『フランチャイジング―米国における発展過程』まほろば書房．）

Drucker, P. F. (1985) *Innovation and Entrepreneuship*, Harper & Row Publishers, Inc.（上田惇生訳（1997）『イノベーションと企業家精神』（上）ダイヤモンド社．）

Jovanovic Boyan (1982) "Selection and Evolution of Industry," *Econometrica* 50, May, pp. 649-70.

Lafontaine, F. and K. L. Shaw (1998) "Franchising Growth and Franchisor Entry and Exit in the US Market: Myth and Reality," *Journal of Business Venturing*, 13 (2), pp. 95-112.

Markides, C. (2001) "A Dynamic View of Strategy," *Strategic Thinking for the*

Next Economy, John Wiley & Sons, Inc.（グロービス・マネジメント・インスティテユート訳（2003）「ダイナミックに戦略を見る」『MIT スローン　戦略論』東洋経済新報社.）

Reynolds, S. S.（1988）"Plant Closing and Exit Behavior in Declining Industries," *Economica*, Vol. 55, Nov., pp. 493-504.

Rosenblum, D., Tomlinson, D. and L. Scott（2003）"Bottom-Feeding for Blockbuster Business," *Harvard Business Review May*, 2003 Mar., 81（3）, pp. 52-9, 139（DIAMOND ハーバード・ビジネス・レビュー編集部「不採算顧客で儲けるビジネスモデル」『ビジネスモデル戦略論』ダイヤモンド社, pp. 117-143.）

Shane, S. A.（1996）"Hybrid Organizational Arrangements and their Implications for Firm Growth and Survival: A Study of New Franchisors," *Academy of Management Journal*, 39（1）, pp. 216-234.

Stanworth, J., Purdy, D., Price, S., and Zafiris, N.（1998）"Franchise Versus Conventional Small Business Failure Rates in the US and UK: More Similarities than differences." *International Small Business Journal*, 16（3）, pp. 56-69.

Szulanski and Winter（2002）"Getting It Right the Second Time," *Harvard Business Review*, Jan., 2002（DIAMOND ハーバード・ビジネス・レビュー（2006）「成功は再現できる」『ビジネスモデル戦略論』pp. 173-196.）

第8章 化学産業の技術開発動向とトップ・マネジメント構成

1. はじめに

　近年,環境の不確実性が増大するなかで,技術開発の方向性と技術蓄積の方法をマネジメントすることによって付加価値の最大化を図ること(延岡,2006)の重要性が問われるようになってきた.いわゆる技術経営(management of technology)の発達である.一般に,技術開発は不確実性が高いためマネジメントが最も困難な領域であるといわれる.技術開発は成果をあげるまでに長時間を要するだけでなく,せっかく苦労して蓄積した技術が将来の顧客ニーズに応えうるとも限らないからである.したがって,ともすれば技術開発の方向性については技術者の開発成果任せになりがちであるが,技術蓄積の方向性は将来の企業のあり方を決定する上できわめて重要となる戦略的意思決定事項である.このような意思決定は本来,全社戦略事項であるためトップ・マネジメントの責ということになる.トップの戦略的意思決定能力が業績を左右する重要な要素になるといわれるのは,とくに環境の不確実性が大きい場合である(延岡,2002).よって,急速に環境の不確実性が高まった80年代後半以降,技術開発を長期的にマネジメントする技術経営が日本の製造業のトップ・マネジメントに求められてきたと考えられるのである.

　しかし,実際にトップ・マネジメントが自社の技術開発の方向性に関してどの程度関与しているのかについては,これまでほとんど明らかにされてこなかった.もちろん,断片的な事例においてトップ・マネジメントの技術開発への関わりを示唆するものは散見される.その一方で,実証分析によってトップ・マネジメントと技術開発動向について検証した研究は極少数にとどまる.そこ

第8章　化学産業の技術開発動向とトップ・マネジメント構成　133

で本章では，日本の化学産業に焦点を当て，トップ・マネジメントが技術開発にどのような影響力をもつのかについて実証分析を行うことにする．

　日本の化学産業を取り上げる理由は，以下の2点による．第1に，化学産業はトップが技術開発動向を注視する必要性の高い研究開発型の産業である．この産業は基礎技術の蓄積に時間がかかるうえに，技術や製品が拡散していくという特性をもつ（伊丹，1991）．多様な技術から多種多様な製品が生まれる技術の不確実性が高い産業なのである．しかも近年では研究よりも製品開発への比重が増し，開発リードタイムは2年程度にまで短くなっている（機能性化学産業研究会，2002）．したがって，いずれの分野へ戦略的に資源を投じて技術蓄積を図るのかは，きわめて重要なトップ・マネジメントの意思決定事項となっているのである．

　第2に，比較可能な特許データの入手可能性である．研究開発に関する最も客観的な指標は特許であろう．しかし，技術分野を判断する上では，特許を専門分野ごとにまとめる必要がある．これについては，化学技術特許調査会がまとめた『化学企業の動向と戦略』が利用可能である．本書は，東証1部上場の大手化学企業35社を収録しており，各社の特許を16の技術分野に区分して集計している．しかも86年から2000年度まで一貫して同じ区分に基づいており，時系列での変化をとらえることもできる．さらに，日本の化学産業が国際競争力をもち始める契機となる80年代後半からデータが収集されていることからトップ・マネジメントと技術動向との関係性について有用なデータを提供してくれるものと思われる．

　以上の理由から，化学産業を分析対象とし，トップ・マネジメントが全社レベルでの研究開発戦略にどのように関与しているのかについて探っていくことにする．

　次節では，日本の化学産業の特徴をみていく．3節では，トップ・マネジメントの技術開発戦略に関する意思決定を分析した主に欧米の先行研究をレビューし，仮説を導出する．つづく4節では，サンプルと変数，分析モデルを提示

し，5節では結果の考察を行う．最終節では，今回の分析から得られた知見をまとめ，今後の研究の方向性を示したい．

2．化学産業の特徴と技術開発動向

　化学産業は，鉄鋼に並ぶ日本の基幹産業であるとともに，高付加価値な産業として特徴付けられる（西川，1998；機能性化学産業研究会，2002）．経済産業省が2001年に設置した機能性化学産業研究会（2002）の報告によると，化学産業の平成11年の国内出荷額は約36兆円，付加価値生産額約17兆円であり，製造業全体に占める割合はそれぞれ約13％，16％と日本経済においてきわめて重要な地位にあることがわかる．さらに同年の国内化学品市場の規模は，1,780億ドルで世界第2位（1位の米国は3,910億ドル）である．また，化学産業は1人当たりの付加価値生産性が高いことでも知られている．西川（1998）によると，1995年時点で，すでに1人当たり付加価値額は3,060万円に達しており（99年は3,900万円），電気機器1,120万円の実に2.7倍である．

　その一方で，化学産業の国際競争力に関しては，自動車産業や電機産業に比して弱く，出遅れた産業（伊丹，1991）と認識されてきた．オイルショックの混乱を引きずったまま80年代後半まで低迷し，90年代に入ってからようやく貿易収支が黒字になるなど，必ずしも強いとはいえない状況が続いてきたためである．しかし，80年代後半以降，世界の化学産業はファイン化の波に乗り，再び成長軌道に乗る．特定の機能をもたせたファインケミカルやスペシャルティ製品が業界で存在感を増すにつれ，日本の化学産業も力を強めていくのである．とくに近年では，ユーザー産業にソリューションを提案する「機能性化学」（機能性化学産業研究会，2002）とよばれる分野において日本企業は国際競争力を有しており，それは90年代の一貫した貿易黒字の増進と軌を一にする．図表8－1は，1980年を起点とした日米独における化学産業の付加価値生産

第8章 化学産業の技術開発動向とトップ・マネジメント構成　135

図表8―1　1980年を起点とした日米独の付加価値生産額の伸び率

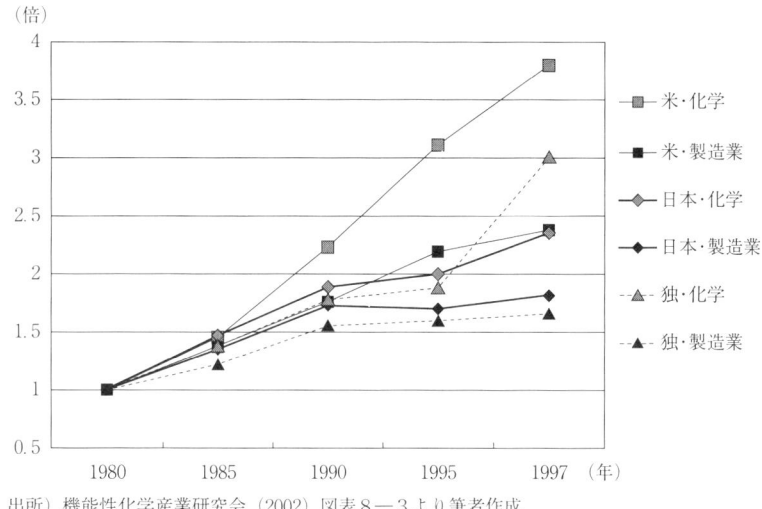

出所）機能性化学産業研究会（2002）図表8―3より筆者作成

額の伸び率を表したものである．各国ともに，製造業よりも化学企業の方が伸び率において上回っているのが見て取れる．こうした化学産業躍進の背景には80年代からの技術蓄積が関係している．

化学産業は研究開発型の産業である．とくに80年代以降の企業の研究開発費は急増しており，本論文のサンプルである大手化学企業35社中，研究開発費を公表している32社の平均では98年の対売上高比率は5.2％に達している（97年4.9％，98年5.2％，99年5.0％，2000年4.9％）．また，80年代後半以降，化学企業の技術開発では量的変化と質的変化がみられる．図表8―2は，大手化学企業35社の公開特許について16分野別，15年間の時系列変化を表したものである．86年には公開特許件数は1万5千件弱だが，94年には2万件を突破する．こうした量的拡大の背景には，ファイン化だけでなく企業の特許に対する意識の変化がある．本来，化学産業は技術・ノウハウのブラックボックス化が容易な産業であるため，戦略的に特許を取得する意味はそれほど大きくなかった．しかし，製品ライフサイクルが短期化して競争が激化する中

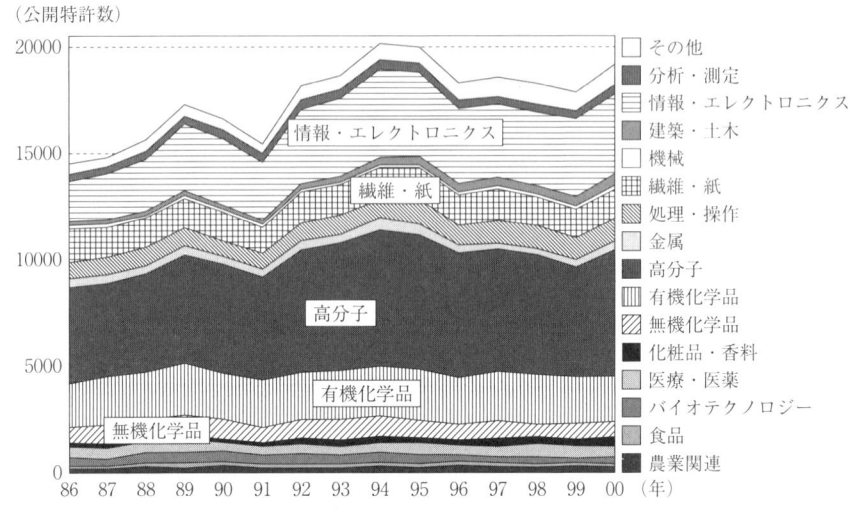

図表8－2　大手化学企業の公開特許の取得動向

（凡例）その他／分析・測定／情報・エレクトロニクス／建築・土木／機械／繊維・紙／処理・操作／金属／高分子／有機化学品／無機化学品／化粧品・香料／医療・医薬／バイオテクノロジー／食品／農業関連

出所）化学技術特許調査会（1987-2001）より筆者作成

で，ライセンシングや特許防衛など知的財産価値の拡大を企図し（富田，2005），企業収益の最大化を図る必要が出てきたのである（機能性化学研究会，2002）．こうした80年代後半以降の特許出願の量的拡大に加え，質的な変化もみられる．

図表8－3は，公開特許に関する各技術分野の構成比を示したものである．無機・有機化学品，繊維・紙の比率が落ちる一方で，情報・エレクトロニクスが増えていることがわかる．1986年度と2000年度を比較した図表8－4でより詳細に見てみると，特許数では，高分子が1,488件，情報・エレクトロニクスが1,875件も増えている．

図表8－4より，86年から2000年までの増減率（伸び率）を見てみると，建築・土木3.4倍，化粧品・香料2.3倍，情報・エレクトロニクス1.9倍，処理・操作1.6倍であることがわかる．他方で86年よりも減少しているのは，バイオテクノロジーと無機化学品，金属，繊維・紙の分野である．このように量的拡大とともに技術の質的変化が特許出願動向からみて取れる．80年代後

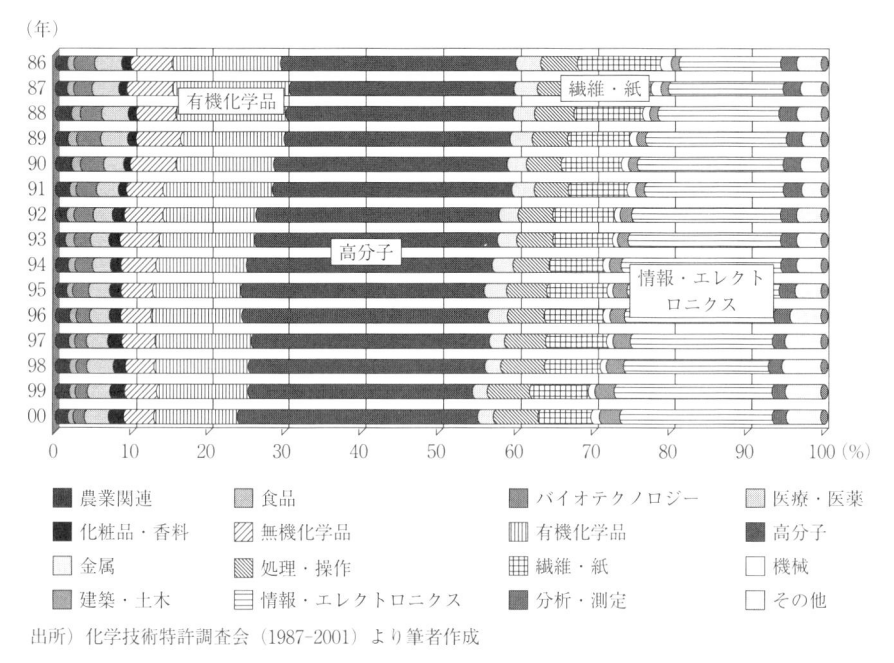

第8章 化学産業の技術開発動向とトップ・マネジメント構成　137

図表8－3　大手化学企業の公開特許の構成比率

半以降のこうした変化は多様化・高付加価値化を模索する企業活動の結果と考えられるのである（機能性化学産業研究会，2002）．

次に，化学産業の研究開発特性とトップ・マネジメントとの関わりについてみていく．研究開発特性としては，技術蓄積に時間がかかるうえに，技術や製品が非常に拡散的であるということがあげられる（伊丹，1991）．たとえば自動車などの最終製品を目標にするのとは異なり，化学産業では製品が多種多様であり，多くの技術の焦点になるようなひとつの最終製品がない（伊丹，1991）．こうした産業では，トップの戦略的意思決定が企業の方向性と業績を大きく左右することになる．したがって，他の産業よりもトップ・マネジメントの技術に対する関心が高く，またトップ・マネジメントが注力する技術分野を選択し，戦略的な資源配分を行う必要性の高い産業であるといえるのである．なお，近年では機能性化学などのようにマーケットや知識に深く関わる製品の登

図表8―4 大手化学企業の公開特許取得件数とその変化

公開年度	1986年度 特許数	構成比(%)	2000年度 特許数	構成比(%)	1986～2000年の変化 増減数	増減比(%)
農業関連	242	1.7	297	1.6	55	122.7
食品	122	0.8	135	0.7	13	110.7
バイオテクノロジー	393	2.7	290	1.5	-103	73.8
医療・医薬	519	3.6	594	3.1	75	114.5
化粧品・香料	147	1.0	347	1.8	200	236.1
無機化学品	812	5.6	751	3.9	-61	92.5
有機化学品	2,066	14.2	2,109	11.0	43	102.1
高分子	4,474	30.7	5,962	31.2	1,488	133.3
金属	453	3.1	378	2.0	-75	83.4
処理・操作	705	4.8	1,132	5.9	427	160.6
繊維・紙	1,579	10.8	1,319	6.9	-260	83.5
機械	203	1.4	226	1.2	23	111.3
建築・土木	143	1.0	490	2.6	347	342.7
情報・エレクトロニクス	1,925	13.2	3,800	19.9	1,875	197.4
分析・測定	290	2.0	333	1.7	43	114.8
その他	520	3.6	969	5.1	449	186.3
合計	14,593	100.0	19,132	100.0	4,539	131.1

出所) 化学技術特許調査会 (1987-2001) より筆者作成

図表8―5 開発リードタイムの短縮化

	開発リードタイム 88年	93年	98年	88-98年 短縮年数
鋼鉄	4.3	3.0	2.6	1.7
非鉄	3.5	2.3	1.6	1.9
化学	4.7	3.3	2.1	2.6
繊維	4.2	3.5	2.4	1.8
窯業・土石製品	4.5	3.2	2.4	2.1
材料産業平均	4.2	3.1	2.2	2.0
製造業平均	4.3	3.6	3.0	1.3

出所) 機能性化学産業研究会 (2002) 表5―1より引用, 一部筆者作成

第8章　化学産業の技術開発動向とトップ・マネジメント構成　139

図表8－6　大手化学企業の売上推移とROSの変化

(兆円)　　　　　　　　　　　　　　　　　　　　　　　　　(％／標準偏差)

■売上高　－□－平均売上高営業利益率(%)　－▲－売上高営業利益率の標準偏差

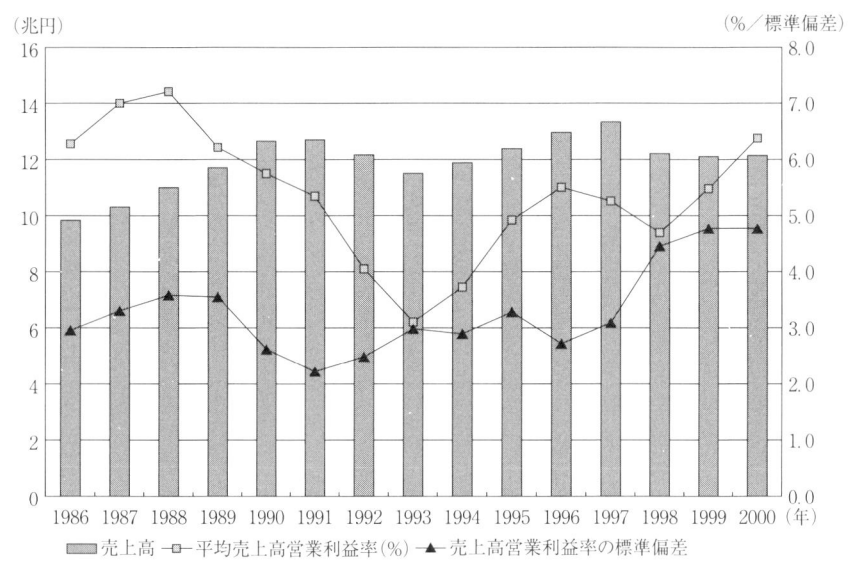

出所)　各社の有価証券報告書より筆者作成

場により，製品開発のリードタイムが短くなる傾向にある (図表8－5参照)．88年には化学4.7年，製造業平均4.3年であったが，10年後の98年には化学2.1年，製造業平均3.0年と逆転している．このような開発リードタイムの短縮化も，技術の不確実性を高めるとともにマネジメントのむずかしさを高めている原因となっていると考えられる．

同時期の，大手化学企業35社の業績推移を示したものが図表8－6である．86年には35社の売上合計が10兆円弱だったが，輸出超過になった90年度には12兆円を突破するまで拡大している．その一方で売上高営業利益率 (ROS；35社平均値) はバブル崩壊を受け，88年をピークに93年まで低迷したが，93年を底にV字回復基調にあることが窺える．また，ROSの標準偏差は91年以降，増加に向かっており，とくに98年以降は各社の業績格差が一段と広がっていることがわかる．多様化・高付加価値化を模索するなかで，技術と環境の不確実性が高まり，その結果，業績格差が大きくなったものと推察さ

れるのである．

3．トップ・マネジメント構成と技術開発動向に関する先行研究

　トップ・マネジメント構成と技術開発に関する先行研究はきわめて少ない．しかもそのほとんどは，研究開発費支出に関する意思決定を扱った研究である．たとえば，Datta and Guthrie（1994）は，研究開発費支出が多い企業は総じて高い教育経験と技術系の職歴のある CEO（Chief Executive Officer）を選出する傾向のあることを見出している．また，Daellembach, McCarthy, and Schoenecker（1999）は，技術系の職歴を有するトップ・マネジメント・チーム（以下，TMT）および CEO は研究開発費支出を増大させるという結果を得ている．Baker and Mueller（2002）もまた CEO の職能背景と関連性があることを見出している．また，日本企業を分析した中内（2005）が，社長の職能背景とその他の TMT メンバーの異質性との関係性が研究開発費支出に影響を与えることを明らかにしている．

　上記一連の研究は，CEO（社長）や TMT が研究開発費支出と関連性があることを見出した点に貢献があるといえる．しかし，単に研究開発費総額の多寡を問題にしているだけで，自社が保有すべき技術領域や戦略的に投資を行っていく技術分野などの技術ポートフォリオとの関連性は扱っておらず関係性は不明である．したがって，本章では実証分析を通して，技術開発分野の選択にトップ・マネジメントのいかなる特性が関与しているのかについて明らかにしていきたい．

　既存の事業部の範疇を超える先端技術分野や複数事業部にまたがる技術分野に将来有望な製品分野がある場合，他社に先行して先端分野に着手した企業が技術的優位を獲得する機会に恵まれるであろう．しかし，これまで手がけていない新しい技術分野への投資は事業部長の意思決定権限の範疇を越えることが多い．したがって，こうした技術分野への研究開発費の投資意思決定はトッ

プ・マネジメントのタスクとなろう．また，特定製品分野や技術分野からの撤退は事業部レベルで決定することがむずかしいため，やはりトップ・マネジメントが行うことが望ましいと考えられる．つまり，いずれの技術分野を重視するのか（すなわち，いずれの技術分野に研究開発費を投じるのか）というトップ・マネジメントの意思決定により，技術の多角化の程度が決まると考えられるのである．

それではトップ・マネジメントのいかなる特性が，技術の多角化と関連するのであろうか．さまざまなアプローチが考えられるが，本章ではトップ・マネジメントの戦略的意思決定の文脈において頻繁に用いられる次の2つの方法を採ることにする．ひとつは，職能のタイプによって技術の多角化についての選好度を予測するモデルである．もうひとつは，トップ・マネジメント・チーム（TMT）が保有する認知資源の多様性の程度によって技術の多角化の程度を予測する方法である．

前者については，職能のタイプによって戦略的意思決定が変わる可能性が複数の研究によって示されている．代表的研究である Hambrick and Mason (1984) はアウトプット関連の職歴（例：研究開発／技術系，マーケティング／営業）とスループット関連の職歴（例：会計／ファイナンス，生産，管理，法務など）に二分して考えている．主たる経験がアウトプット関連の職能にあるマネジャーは，新しい製品や市場の発見を通して成長性を追及する職能分野であるためイノベーション戦略を好む傾向にあるという（Finkelstein and Hambrick, 1996）．したがって，アウトプット関連の職歴をもつマネジャーは，既存の技術分野の枠組みを超えた先端的な技術分野へ積極的に投資を行おうとするであろう．他方でスループット関連の職能背景を有するマネジャーは，組織の効率性の改善に取り組んでいるため，リスクの高い先端的な技術分野への投資には消極的であり，また収益を生み出していない製品分野や見通しの立たない技術分野への投資は抑制すると考えられる．したがって，アウトプット職能の TMT 構成員が多いほど，技術的多角化が促進され，スループット職能が

多いほど，技術的多角化は抑制されると予測するのである．なお，この分類を用いて，Barker and Mueller（2002）や中内（2005）は，アウトプット職能のマネジャーの割合が多いほど，研究開発費支出が増える傾向にあることを明らかにしている．

 仮説1―1：TMTに占めるアウトプット職能のマネジャーの割合が多いほ
    ど，技術的多角化は促進される

 仮説1―2：TMTに占めるスループット職能のマネジャーの割合が多いほ
    ど，技術的多角化は抑制される

次に，後者のTMTの認知資源の多様性については，チームの異質性という概念で分析されることが多い．異質なバックグラウンドをもつ人が集まったチームは，チームとしての認知ベースの多様性が増し，さまざまな情報源や視点をもつことができるため，分析能力に優れており，創造的で革新的な意思決定を行うことが可能である（Hoffman and Maier, 1961, Hambrick and Mason, 1984, Wiersema and Bantel, 1992）と考えられてきた．つまり，異質性の高いチームは，環境の不確実性への対処能力に優れるため（Finkelstein, 1992），問題解決能力が増進すると考えられているのである．これは，チームの認知ベースの多様性が扱う事業の多様性（いわゆる事業の多角化）の制約条件になるということを意味する．認知ベースが広範な異質なチームは同質的なチームに比して，多様な事業を営むことが可能になると考えられるためである．したがって，Hambrick, Cho, and Chen（1996）が明らかにしたように，異質なチームはこれまでの経路に依存しない戦略や組織を考察し，実行する可能性があるのである．これを技術分野の多角化の文脈に援用すると，異質性の高いTMTは，多様な視点から把握した新しい技術分野のリスクに対処することによって技術的多角化を推進することが可能になると考えられるのである．

 仮説2：TMT異質性は技術的多角化と正の関係性にある

4．サンプルと分析方法，および変数

4.1　サンプルの選択とその理由

　サンプルは，『化学企業の動向と戦略』（化学技術特許調査会編）に掲載されている東証1部上場の大手化学企業35社であり，分析期間は1986年から1995年（3月末決算企業は1987年3月期から1996年3月期）の10年間とする．この期間を選択した理由は次の2点による．第1に，2節でみてきたように，化学産業は90年前後からファイン化に一層シフトし次第に国際競争力をつけてきたが，これは80年代後半から90年代半ばにかけてのトップ・マネジメントの意思決定によるところが大きいと予想されるからである．

　第2に，技術分野ごとに公開特許データを集計している『化学企業の動向と戦略』が2000年で廃刊となっていることがあげられる．2000年度以降のトップ・マネジメントの意思決定の結果を測定することができないのである．これらのデータは公開特許であるため，実際には公開時点から1年半前に出願がなされている．したがって，最終巻である2000年度（1999年7月～2000年6月公開）の公開特許が出願されたのは1998年度（1998年1月～1998年12月）ということになる．またTMTが意思決定した時点（すなわち開発に着手した時点）から開発成果としての特許が出願される期間を1年半後から2年半後としたことから，TMTの測定期間は1986年度から1995年度となった[2]．

　なお，トップ・マネジメントおよびTMTについては，常務会に属する常務以上の職位にある取締役を対象としている．その結果，化学産業は，6104名の取締役が分析対象となった．

4.2　開発期間の選定理由

　ここで，開発期間を1年半後から2年半後とした理由についてだが，2節の図表8—5が示すように，開発リードタイムは，88年から98年の間に4.7年から2.1年と急激に短縮している．開発している間に順次，特許出願が行われ

たと想定すると，開発に着手してから1年半から2年半の間に多くの特許が出されたものと考えられる．

また，開発期間については，一般的な化学品の開発過程について論じている西川（1998）が参考になる．それによると，研究開発費が支出されるのは企画してから6年間である．第1段階は企画調査・探索研究段階として2年間費やされる．第2段階は，正規の研究テーマとして採択され，新製品が誕生する段階であり，最も研究開発費が支出される．この段階では実験室での小実験（1年間；それ以後も継続），中実験（1年間）を経て試験生産が行われる．第3段階は工場が建設される段階であるが，小実験が引き続き行われる（1年間）．第4段階は，工場操業段階であり，実験的なフォローや市場開拓用の実験，無償サンプルの提供など委託試験等の開発費の支出は続くが（1年間），操業が安定し，市場開拓が進むにつれて開発費は漸減していく．この4つの段階において順次，特許が出願されるであろうが，各段階で開発の内容が異なっていることを考えれば，特許が開発に着手後，2年間で出願されていると予測できる．とくに特許が多く出される第1，第2段階のそれぞれにおいてトップ・マネジメントの開発を続行するか否かの意思決定があると想定すると，意思決定から2年前後で主な特許が出願されていることになる．

こうしたトップ・マネジメントの技術開発動向への関わりについては，本章のサンプルにも入っている日立化成工業のケースが参考になろう．機能性化学産業研究会（2002）の第2部に掲載されている内ヶ崎（2002）によると，日立化成工業では，新製品の研究開発期間の短縮と事業化を促進するため，探索研究から事業家までの段階を「インキュベーション」「パイロット」「プロダクトアウト」の3つのステージに区分して管理している．とくに「パイロット」のステージでは事業化特別推進制度を設けて，2年を区切りとして，経営資源を集中投入し，有望テーマの事業化に取り組んでいる．本制度は，新事業創造のための重要制度と位置づけられており，テーマ採択，中間進捗状況報告（継続の可否判断），成果の判定を経営会議で討議しているという[3]．ここで注目すべ

きは，トップがステージごとに開発継続の可否判断を行っているという事実である．トップの経営判断によって，技術開発の方向性が左右される可能性をこの事例は示しているものと考えられるのである．

4.3 分析方法

分析するにあたり，クロスセクショナル・データをプールし，重回帰を行う．35社10年のパネルデータであるため，単なる通常最小二乗法（OLS）を用いたのではバイアスがかかる．よって一般化最小二乗法（GLS）を用いることにする[4]．ここでは，系列相関と分散不均一性を修正するモデルであるKmenta（1986）の自己回帰不等分散モデル[5]を用いた．以下，従属変数と独立変数について記述する．

4.4 従属変数

技術的多角化は，15分野（その他を除く）それぞれの特許数がわかっているため，Herfindal-Hirschman indexによって測定する．nは技術分野のカテゴリー数を表す．pはn分野それぞれにおける特許数の割合である．

$$H=1-\sum_{i=1}^{n}p_i^2$$

研究開発への注力度の指標として研究開発集約度（R&D集約度）を用いる．R&D集約度は通常，研究開発費を売上高で除した値を用いる[6]．一方で，R&D集約度は能力の創造に対するインプットを測定するものであるから，技術資源の測定には研究開発費よりもむしろ特許データが有用とする論者もいる（Silverman, 1996, Mowery, Oxley and Silverman, 1997）．本章のサンプル企業の多くは研究開発費を公表していないため，ここでは代理指標として公開特許件数を売上高で除した値を用いることにする．

財務パフォーマンスは，TMT結成年度をtとするとt+2年度，t+3年度，t+4年度の売上高営業利益率（ROS）の平均値とした．これは，研究開発後に

製品化されて上市される期間を考えて選択した．なお，t+3年度のROSで分析してもほぼ同じ結果が得られた．

4.5 独立変数とコントロール変数

TMT異質性の指標として，先行研究で頻繁に用いられる職能背景（これまでの職歴），教育経験，当該企業における在職期間の異質性を用いることにする．職能背景異質性は技術的多角化と同じく，Herfindal-Hirschman indexによって測定する．ここではpはn分野それぞれにおけるTMT構成員の割合である．職能背景は当該企業における主たる職能経験を積んだ5分野（研究開発，生産，販売，事務管理，財務）とした．教育経験の異質性もまた技術的多角化と同じ指標を用いた．教育経験については，最終学歴の学問分野（工学・理学・法学・商学／経営・経済・教養・その他・高卒）で区分している．また，当該企業における在職期間の異質性は，TMT構成員の在職年数の標準偏差によって求めた．

なおコントロール変数として，TMT人数の自然対数値，負債／資産，金融機関所有比率を用いている．また，規模をコントロールする上で従業員数や資産を用いると，TMT人数と相関が高くなりすぎるため，前年度の公開特許件数の自然対数値を規模変数として用いている．最後にTMTにとって大きなイベントである社長の交代が契機となってTMT構成員が変わり，技術ポートフォリオが見直されることも考えられる．よって社長の交代の代理変数として，交代した年度を1，それ以外を0とするダミー変数を用いた．

5．分析結果と考察

図表8－7は，化学産業35社10年（観測数350）のGLSの分析結果である．最初に，モデル1から3は，技術的多角化の程度がチームの異質性をどれほど志向するのかを確認したものである．分析結果から，過去の技術的多角化

第8章 化学産業の技術開発動向とトップ・マネジメント構成

図表8-7 化学産業におけるTMT構成と技術開発動向の関係性

	model 1 職能背景 異質性	model 2 教育経験 異質性	model 3 在職期間 異質性	model 4 技術的 多角化	model 5 技術的 多角化	model 6 R&D集約度 (特許数/売上)	model 7 平均ROS (t+2, t+3, t+4)
ln特許数	0.343 ***	0.169 ***	-0.208 *	0.378 ***	0.367 ***		0.101
	(0.01)	(0.007)	(1.951)	(0.005)	(0.004)		(0.002)
負債/資産	0.168 ***	-0.071 †	0.915 ***	0.258 ***	0.118 ***	0.219 *	0.043
	(0.04)	(0.036)	(13.041)	(0.030)	(0.026)	(0.000)	(0.013)
lnTMT	0.394 ***	0.331 ***	0.021	0.118 ***	0.030	0.065	-0.268 *
	(0.012)	(0.014)	(3.877)	(0.012)	(0.011)	(0.000)	(0.004)
社長交代	0.001	-0.047 ***	0.018		0.001	0.068 *	
	(0.004)	(0.005)	(1.168)		(0.004)	(0.000)	
技術的多角化(t-1)	0.085 *	0.554 ***	0.110			0.047)	
	(0.040)	(0.043)	(11.979)				
金融機関所有比率				0.203 ***	0.179 ***	-0.114	0.199 *
				(0.040)	(0.027)	(0.000)	(0.013)
ROS (t-1)							-0.030
							(0.038)
技術的多角化(t+1)							0.243 *
							(0.012)
財務・会計				-0.011			
				(0.036)			
事務管理・経営企画				0.029			
				(0.020)			
生産関連				-0.043 *			
				(0.011)			
営業・販売				0.069 ***			
				(0.015)			
研究開発				0.032 *			
				(0.026)			
職能背景異質性					0.066 *	0.574 ***	0.389 ***
					(0.031)	(0.000)	(0.010)
在職期間異質性					-0.002	-0.073 *	-0.047
					(0.000)	(0.000)	(0.000)
教育経験異質性					0.260 ***	0.106	0.080
					(0.032)	(0.000)	(0.011)
観測数	350	350	350	350	350	350	350
F値	1001.7	1033.3	167.5	1248.2	2950.3	115.9	39.4

括弧内は標準誤差　　† = P<0.1, * = P<0.05, ** = P<0.01, *** = P<0.001
※今回のGLSでは決定係数は意味をもたないため、記載していない

の程度が高い企業は、職能背景と教育経験が異質なTMTを組成する傾向にあることがわかる。

モデル4は、各職能と技術的多角化との関係性を検証したものである。各職能についての指標はBarker and Mueller (2002) にならい、取締役が入社以

来，経験したすべての職能を職能ごとに集計し，TMT 人数で除したものを用いている．分析の結果，アウトプット職能は営業／販売と研究開発の両方が正の関係性でそれぞれ 5 ％, 0.1 ％水準での有意であったが，スループット職能は生産のみが負の関係性で 5 ％有意であった．この結果から，アウトプット職能のマネジャーが多いほど，技術的多角化は促進されるという仮説 1 ― 1 は支持されたが，スループットに関する仮説 1 ― 2 は生産についてのみ支持された．

ここで，モデル 1 から 3 において過去の技術的多角化の程度が高い企業は，異質性の高いチームを組成することが確認されたが，こうして組成された TMT は，その後の技術的多角化にいかなる影響を与えるのであろうか．モデル 5 を見てみると，やはり職能背景と教育経験の異質なチームが，その後の技術的多角化を選好していることがわかる（正の関係性で各々 5 ％, 0.1 ％水準有意）．したがって，TMT 異質性は技術的多角化と正の関係性にあるという仮説 2 は，職能背景と教育経験について支持されたといえる．

モデル 6 は，TMT 異質性と研究開発集約度（特許数／売上高）の関係を分析したものである．分析結果から，職能背景異質性は 0.1 ％水準有意で正の関係があるとわかったが，在職期間異質性については負の 5 ％水準での有意という結果であった．在職期間の異質性については，先行研究でも仮説とは逆の結果（負の有意）が得られることが多い．これは，異質性がもつマイナスの側面が在職期間の異質性では強く出ることが一因のようである．異質性のマイナスの側面とは，バックグラウンドが多様な人が集まると，意見の相違からコンフリクトが生まれる可能性があるということと，同質的な集団に比して意見の調整を行うのに時間がかかるということである．こうしたマイナスの側面が本章の対象とした TMT 内においても発生したものと思われる．なお，社長交代が正の 5 ％水準で有意であり，社長交代が R&D 集約度を高めるひとつの契機となることが確認された．

最後に，モデル 7 は，財務パフォーマンスへの影響をみたものである．

TMT異質性では職能背景の異質性のみが有意な結果を得ており，ROSに0.1％水準で正の影響を与えている．なお，技術的多角化も5％水準で正の関係にあることから，ROSを高める効果があるということが明らかになった．

6．結　語

　技術蓄積が製品やサービスの質を決定する産業では，技術開発の方向性に関する意思決定は，経営者にとって最も重要なタスクのひとつであると考えられる．とくに近年，環境の不確実性が増大するなかで，技術開発の効率性を高めて，高付加価値を生みだす技術経営の重要性（延岡，2006）が叫ばれ始めている．

　しかし，技術開発動向とトップ・マネジメントの関係性については，ほとんど先行研究が存在しない．関連する研究を探してみても，少数の研究が研究開発費支出とTMT構成の関係を明らかにしている程度である．ただし，研究開発費支出を単に増減するだけでは技術開発戦略として十分とはいえまい．競合の動向や将来の事業ポートフォリオを想定して，自社が保有・開発すべき技術，すなわち技術ポートフォリオを考慮した投資を行うことが求められるであろう．そもそも，こうした技術開発分野に関する意思決定にトップ・マネジメントは関与しているのであろうか．近年では全社レベルでの技術開発戦略にトップが関与しているといわれるが，実際のところ不明な点が多い．よって本章では，トップが技術開発動向を注視する必要性の高い化学産業においてTMT構成と技術開発動向との関係性について検証を試みた．

　概ね本章の分析結果が示しているのは，トップ・マネジメントは，技術開発動向に関する何らかの戦略的意思決定を行っており，その意思決定はトップ・マネジメントのさまざまなバックグラウンド（職能背景，教育経験など）に依存しているということである．具体的には，トップ・マネジャーの職能タイプ（スループット職能orアウトプット職能）とTMT異質性（職能背景異質性と

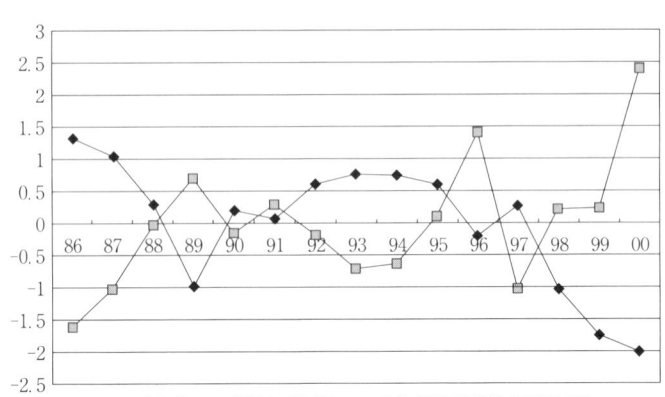

図表8－8　職能背景の異質性の時系列変化

◆―職能背景異質性(平均値)　―■―職能背景異質性(標準偏差)

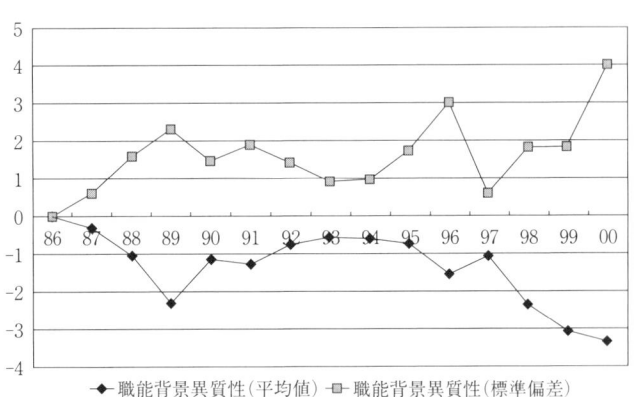

図表8－9　86年度を起点とした職能背景の異質性の変化

◆―職能背景異質性(平均値)　―■―職能背景異質性(標準偏差)

教育経験異質性）が技術的多角化の程度に影響を与えていることがわかった．TMT異質性に関しては，TMTとしての認知ベースの多様性が，技術の多様性（技術ポートフォリオの幅），ひいては企業として保有しうる事業の多様性を決定しているということを示唆していると考えられる．

　また，本章の分析結果の特徴として，職能背景の異質性が一貫して技術開発動向や財務パフォーマンス（ROS）に正の影響を与えていることがあげられる．そこで，実際に職能背景の異質性がどのような時系列変化を辿ったのか図

表8—8,図表8—9で確認してみたい.図表8—8は,TMT異質性の86年度から2000年度までの各年の平均値と標準偏差をZ変換したものである.それによると,平均値は,86年度をピークに89年で底を打ち,再び94年にピークを迎える.これは,バブル崩壊以降,環境の不確実性が高まったことに合わせて,各社が異質性の程度を高めることで対処しようとしていたと考えられる[7].また,本章の分析期間は,86年度から95年度であるが,97年度以降,トレンドが大きく変わったことが図表8—9から見て取れる.平均値は急激に下がる一方(TMT構成員の職能は同質化しているということ),標準偏差(各社のばらつき)は大きくなっている.これらの動きに合わせて,各社の技術開発動向がどのように変化したのであろうか.残念ながら,データの制約から96年度以降の技術開発動向については,検証することは現時点ではむずかしい.今後,何らかの方法で,より詳細な検証を試みたい.

最後に,本章の射程についてだが,サンプルが大手化学企業35社であるため,化学企業全体の傾向として分析結果を論じることには慎重になるべきであろう.また,各社が出願した公開特許件数を対象に分析しているため,個別の特許の重要度については無視している点も付け加えておく.なお,本章では,主にTMTに焦点を当てた分析を行ったが,TMTの中で最も影響力をもつ社長の特性を考慮した分析モデルの構築が必要であると考える.たとえば,アウトプット職能の出身の社長の場合に,どういったTMT構成であれば技術開発ポートフォリオの変更を行うのか,また社長がスループット系の職能背景をもつ場合には,どういう影響を与えるのかなど探索的な調査が必要と思われる.これらについては今後の課題としたい.

謝辞

本章を作成するにあたって富田純一専任講師(東洋大学)から貴重なコメントを頂いた.ここに謝意を表したい.

(中内基博)

注
1 ）富田（2005）によると，本章のサンプルにも入っている日本触媒は，ある欧州メーカーとの特許係争問題が起きたことをきっかけにして特許戦略を構築している．実際，85年から89年にかけて同社の吸水樹脂関連の公開特許件数は伸びている．
2 ）なお，この場合，社長交代も含めTMTメンバーが毎年入れ替わる時期が多くの企業で6月時点であることを前提としているということを付け加えておく．もしも12月決算企業の場合には，特許出願期間は3ヵ月ずれて1年9ヵ月から2年9ヵ月ということになる．
3 ）この制度における成功事例として，情報通信用光部材「Optical Network Unit（ONU）基板」の開発が紹介されている．この開発では，最終顧客の要求期限が1年程度しかなかったが，高い歩留まりで小量産規模の情報通信用光部材の製造技術を開発することに成功したとしている．
4 ）先行研究では，TMTの異質性を複数測定する場合には，系列相関や分散不均一性が発生しやすいため，このような方法を用いている（Finkelstein and Hambrick, 1990, Hambrick, Cho and Chen, 1996）．Durbin-Watson 検定やBartlett検定を行った結果，本データも同様のデータ特性を抱えることがわかったため，分析方法については先行研究に依拠することとした．
5 ）Cochrane-Orcutt 変換を行い，系列相関を修正したのちに，そこから得られた企業特有の誤差分散によってすべての変数を除した後に，OLSを行う手法である．こうした手法は，Finklestein and Hambrick（1990）他多数の戦略的リーダーシップ研究者によって行われている．
6 ）研究開発集約度は吸収能力の代理変数として用いられる場合がある．Cohen and Levinthal（1990）は，吸収能力を研究開発投資の副産物として生まれるものとして，研究開発費を売上高で除したR&D集約度を用いている．
7 ）職能背景異質性の平均値の変化は図表8—6のROSの変化とよく似ている．ROSは異質性がボトムを打つ4年後の93年度を境にV字を形成している．他方，標準偏差は平均値とまったく逆の動きをする．興味深いのは，ちょうど横軸を境に上下対称になっていることである．これは，86年度を起点にして図表8—8を描きなおした図表8—9を見れば明らかである．職能背景の異質性の低下に合わせて，標準偏差（各社のばらつき）は大きくなっている．86年をボトムとして，標準偏差は急激に上昇し，90年代は一貫して高止まりしている．これは化学産業の不確実性が増大する時期と一致する．

参考文献
伊丹敬之（1991）『日本の化学産業—なぜ世界に立ち遅れたのか—』NTT出版．
内ヶ崎功（2002）「機能性化学産業の持続的な発展に向けて」機能性化学産業研究

会『機能性化学―価値提案型産業への挑戦』化学工業日報社,pp. 147-192.
化学技術特許調査会(1987-2001)『化学企業の動向と戦略』シーエムシー出版.
機能性化学産業研究会(2002)『機能性化学―価値提案型産業への挑戦―』化学工業日報社.
富田純一(2005)「高吸収性ポリマーの製品開発と評価技術―日本触媒「アクアリックCA」―」『赤門マネジメント・レビュー』4巻10号,pp. 495-514.
中内基博(2005)「社長およびTMTのデモグラフィック特性と研究開発費支出の関係性」『日本経営学会誌』15号,pp. 91-104.
西川唯一(1998)『基礎と実務―化学産業「超」入門』化学工業日報社.
延岡健太郎(2002)「日本企業の戦略的意思決定能力と競争力」『一橋ビジネスレビュー』SUM. 50巻1号,pp. 24-38.
延岡健太郎(2006)『MOT「技術経営」入門』日本経済新聞社.
Barker Ⅲ, Vincent L, and George C. Mueller (2002) "CEO Characteristics and Firm R&D Spending" *Management Science*, Vol. 48, No. 6, June.
Cohen, Wesley M., and Daniel A. Levinthal (1990) "Absorptive Capacity: A New Perspective on Learning and Innovation," *Administrative Science Quarterly*, 35, pp. 128-152.
Daellembach, U. S., A. M. McCarthy, and T. S. Schoenecker (1999) "Commitment to innovation: The impact of top management team characteristics," *R&D Management*, 29, pp. 199-209.
Datta, D. K. and J. P. Guthrie (1994) "Executive succession: Organizational antecedents of CEO characteristics," *Strategic Management Journal*, 15, pp. 569-577.
Finkelstein, Sydney, and Donald C. Hambrick (1990) "Top management team tenure and organizational out-comes: The moderating role of managerial discretion," *Administrative Science Quarterly*, 35, pp. 484-503.
Finkelstein, Sydney and Donald C. Hambrick (1996) *Strategic Leadership: Top Executives and Their Effects on Organizations*, West Publishing.
Finkelstein, S. (1992) "Management and organizational change: A note on the rail road industry," *Strategic Management Journal*, 12, pp. 557-562.
Hambrick, Donald C. and Phyllis A. Mason (1984) "Upper echelons: the organization as a reflection of its top managers", *Academy of Management Review*, 9 (2), pp. 193-206.
Hambrick, Donald C., Theresa Seung Cho, and Ming-Jer Chen (1996) "The influence of top management team heterogeneity on firms' competitive moves," *Administrative Science Quarterly*, 41, pp. 659-684.
Hoffman, L. Richard, and Norman R. F. Maier (1961) "Quality and acceptance of

problem solutions by members of homogeous groups," *Journal of Abnormal and Social Psychology*, 62, pp. 401-407.

Kmenta, Jan (1986) *Elements of Econometrics*, 2nd ed., Macmillan.

Mowery, David. C., J. E. Oxley and B. S. Silverman (1997) "Technological overlap and interfirm cooperation: Implications for the resource-based view of the firm," *Research Policy*, forthcoming.

Silverman, B. S. (1996) "Technical assets and the logic of corporate diversification," unpublished doctoral dissertration, Haas School of Business, University of California, Berkeley, CA.

Wiersema, Margarethe F. and Karen A. Bantel (1992) "Top Management Team Demography and Corporate Strategic Change," *Academy of Management Journal*, 35, pp. 91-121.

第9章
板ガラス産業における競争力と寡占形成要因
――旭硝子の事例を中心に――

1. はじめに[1]

　本章の目的は，板ガラス産業における競争力分析を通じて，同産業がなぜ寡占市場を形成しているのかを明らかにし，またそのなかでも旭硝子株式会社（以下，「旭硝子」と略）が競争力を発揮しているのはなぜか，その源泉を探ることにある．

　後述するように，板ガラスの世界市場をみると，建築用板ガラスは上位4社（旭硝子，ピルキントン，サンゴバン，ガーディアン），自動車用ガラスは上位3社（旭硝子，ピルキントン，サンゴバン），TFT用ガラス基板は上位2社（コーニング，旭硝子）でいずれも7割以上の市場占有率を有している（後出，図表9－3参照）．なかでも建築用板ガラスの製法は公知であるにもかかわらず，なぜ市場が寡占となっているのか．

　また，種々の板ガラス製品においていずれも旭硝子が高い市場シェアを有しているのはなぜか．板ガラスの工場は消費地立地が基本であるので，もし同社に独自技術や操業ノウハウがあるとすれば，それらをどのように海外工場に移転し，製品を立ち上げているのか．

　旭硝子の競争力の源泉を明らかにするために本章では，藤本（2001，2004）の競争力の分析枠組に従い，製品ごとの競争力分析を行うとともに，建築用板ガラスを始めとする海外生産展開，とりわけアジアの主要生産拠点であるタイ工場のマネジメントの調査分析を行った．

2. 競争力を重層的にとらえる

　旭硝子の競争力を分析するにあたって，まず本章の分析の枠組みを提示しておこう．本章では，藤本（2001，2004）に従い，競争力を重層的にとらえることで，より正確な分析を試みる．藤本（2001，2004）では，製造企業の競争力を収益力，表層の競争力，裏の競争力，組織能力の4つの階層で分析する枠組みを提示している．図表9―1にも示されているように，図の左側から右側へ，つまり組織能力から深層の競争力，表層の競争力，収益力の順に，企業努力の成果が発現するとみなすモデルである．以下，順にみていくことにしよう．

　組織能力は，他社が模倣困難な，組織全体が有する独自のルーチン・知識体系であり，かつその結果として組織の競争力や収益力を高めるものである．いわば競争力の源泉であるといえる．また，「もの造りの組織能力」という場合には，「効率的なオペレーションを安定的に実現していくことを可能たらしめる能力」（藤本，2004）のことを指し，そうした能力を発揮するための手法として，5S，作業標準化，JIT，TQC，TPM，カイゼン，サイマル・エンジニアリング，フロントローディングなどがあげられる．

　深層の競争力は，顧客からは直接観察不可能であるが，表層の競争力を背後で支え，かつ企業の組織能力と直接的に結びついている指標である．たとえば，生産性，製造コスト，生産リードタイム，開発リードタイム，適合品質（品質歩留まり，工程内不良率）などがあげられる．これらは主として，製品開発・生産の現場で日々測定されている指標である．表層の競争力との関連でいえば，生産性は価格に，生産リードタイムは納期に，開発リードタイムや適合品質は商品力を背後で支えている．

　表層の競争力は，顧客が直接観察・評価可能であり，かつ企業の収益力と直接的に結びついている指標である．たとえば，価格，知覚された品質，ブランド，納期，サービス，およびそれらの結果としての市場シェアなどがあげられ

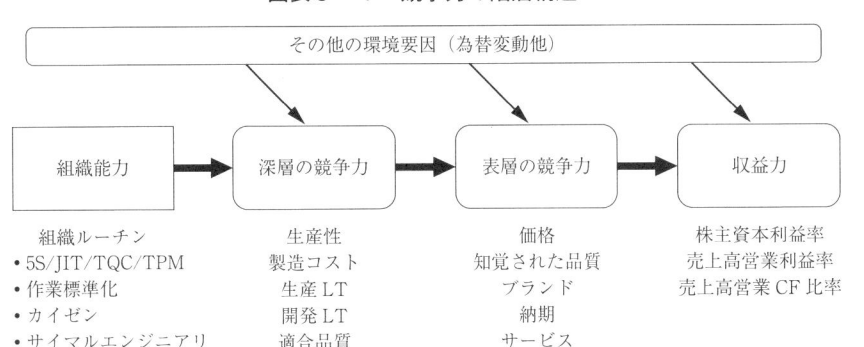

第9章　板ガラス産業における競争力と寡占形成要因　157

図表9－1　競争力の階層構造

```
                  その他の環境要因（為替変動他）
                    ↓        ↓        ↓
  ┌──────┐   ┌──────┐  ┌──────┐  ┌──────┐
  │組織能力│ → │深層の競争力│→│表層の競争力│→│ 収益力 │
  └──────┘   └──────┘  └──────┘  └──────┘

  組織ルーチン      生産性       価格         株主資本利益率
  • 5S/JIT/TQC/TPM  製造コスト   知覚された品質 売上高営業利益率
  • 作業標準化      生産LT       ブランド     売上高営業CF比率
  • カイゼン        開発LT       納期
  • サイマルエンジニアリ 適合品質  サービス
    ング                        市場シェア
  • フロントローディング
```

出所）藤本（2004）より作成

る．これらの指標は，主として顧客が購買行動をする時の実際の評価基準となるため，企業の収益力に直接影響を与えるものである．もちろん，輸出製品の場合には，価格に対する為替変動等の影響は非常に大きいものであるが，そうした問題を除いた上で，なお価格設定力があるかどうかは，まさにブランド力等による表層の競争力が備わっているかに依存する．

収益力は，企業の最終パフォーマンスを表す指標である．たとえば，売上高営業利益率（ROS），株主資本利益率（ROE），売上高営業キャッシュフロー比率などがあげられる．

以上，4階層の競争力を正確に測定し，自社の実力を客観的に把握し，4つすべてにおいて高水準でバランスさせることが，製造企業が現場発の戦略構築を考える上での大前提とされる．以下では，この分析枠組みにしたがって旭硝子の競争力およびその源泉について分析していくことにしよう．

3．際立つ製品競争力

この節では，競争力の4階層のうち，まず収益力と表層の競争力のひとつで

図表9－2　旭硝子の地域／製品別売上高（連結，2005年12月期）

(億円)

区分	日本 売上高	日本 営業利益	アジア 売上高	アジア 営業利益	アメリカ 売上高	アメリカ 営業利益	ヨーロッパ 売上高	ヨーロッパ 営業利益	消去 売上高	消去 営業利益	合計 売上高	合計 営業利益
ガラス	2,955	141	668	84	1,465	-60	2,886	215	-385	0	7,589	380
電子・ディスプレイ	3,085	424	2,480	202	449	7	168	6	-1,744	-30	4,438	609
化学	2,227	97	707	76	123	-13	132	2	-185	1	3,004	163
その他	768	29	60	9	4	-5	0	0	-29	-1	803	32
消去	-473	-3	-8	2	-2	1	1	-1	-86	0	-567	-1
合計	8,562	688	3,907	373	2,039	-70	3,187	222	-2,429	-32	15,267	1,182

(出所) 旭硝子「投資家向け会社概要」(2006年6月)

ある市場シェアについてみていく．図表9－2は，2005年12月期における旭硝子グループの連結売上高（15,267億円）および営業利益（1,182億円）を表したものである．過去5年の売上高，営業利益の推移をみると，微増ではあるが，堅調に推移していることがみてとれる．

2005年12月期における事業別業績をみると，ガラス事業（板ガラス，自動車用ガラス等）は売上高7,589億円，営業利益380億円，電子・ディスプレイ事業（FPD用ガラス，ブラウン管ガラス，電子部材等）は売上高4,438億円，営業利益609億円，化学事業（フッ素化学品，塩ビ，苛性ソーダ等）は売上高3,004億円，営業利益163億円，その他は売上高803億円，営業利益32億円となっている．なお，本章で焦点を当てるガラス事業の主力製品群は建築用の板ガラスと自動車ガラスである．

地域別業績では，絶対額では売上，営業利益ともに日本がそれぞれ8,562億円，688億円と最も高く，図表9－2から最大の収益源は電子・ディスプレイ事業（営業利益424億円）であることが読みとれる．売上高営業利益率でみると，アジアが373億円／3,907億円と最も高い．最大の収益源は電子／ディスプレイ事業（営業利益202億円）であるが，利益率で最も高いのはガラス事業（84億円／668億円）である．本章で取り上げるタイ工場は，まさにアジアの

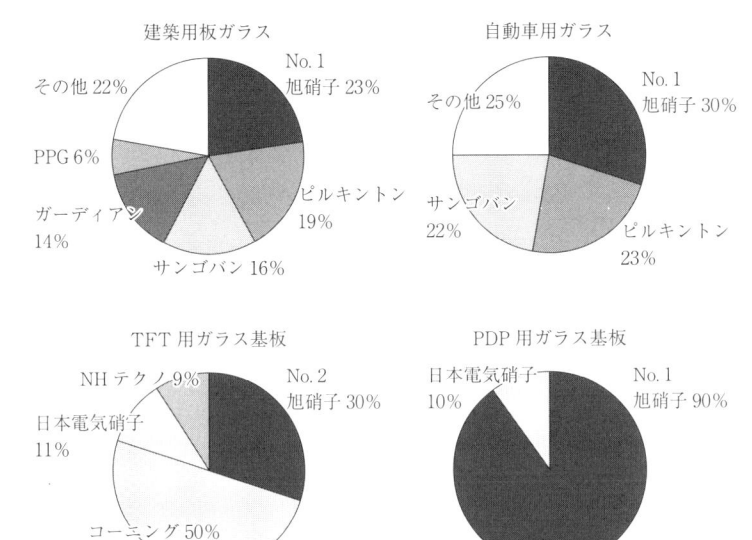

図表9−3　主力製品の世界市場シェア（2004年）

建築用板ガラス
- No.1 旭硝子 23%
- ピルキントン 19%
- サンゴバン 16%
- ガーディアン 14%
- PPG 6%
- その他 22%

自動車用ガラス
- No.1 旭硝子 30%
- ピルキントン 23%
- サンゴバン 22%
- その他 25%

TFT用ガラス基板
- コーニング 50%
- No.2 旭硝子 30%
- 日本電気硝子 11%
- NHテクノ 9%

PDP用ガラス基板
- No.1 旭硝子 90%
- 日本電気硝子 10%

出所）日本経済新聞社編（2005）『日経業界地図2006年版』日本経済新聞社，旭硝子会社概要2005より

ガラス事業における主力工場である．

その他，ヨーロッパではガラス事業（売上高2,886億円）が主力事業である．ヨーロッパについては，1981年にベルギーのグラバーベル社を買収したのを機に進出を果たしている．同地域はグラバーベル社に経営を任せており，建築用板ガラス事業を中心に営業利益215億円と一定の収益も上げている．アメリカにおける主力事業も同様にガラス事業（売上高1,465億円）である．

米国については，1988年に米国のAFGインダストリーズ社に資本参加（1992年100%資本取得）したのを機に進出を果たしている．同地域はヨーロッパ同様，AFGインダストリーズ社に経営を任せており，建築用板ガラスを中心に事業を展開しているが，2005年は需給のバランスが悪く，営業損失60億円の赤字計上となっている．

図表9−3は，2004年の主力製品の世界市場シェアを示したものである．

図より，建築用板ガラス，自動車用ガラス，PDP 用ガラス基板のいずれにおいてもシェア1位であり，TFT 用ガラス基板においてもシェア2位であることがわかる．

次節では，こうした高い製品競争力の源泉はどこにあるのかについて検討していくことにしよう．

4．競争力の源泉は「摺り合わせの組織能力」

図表9－5は，第2節で提示した藤本（2001, 2004）の競争力の分析枠組にしたがって，製品ごとに表層の競争力，深層の競争力，組織能力について整理したものである．

まず，建築用板ガラスは通常，図表9－4に示されるように，調合→溶解→成形→徐冷→洗浄→検査→切断→包装といった一連の連続フロー工程を経て作られる．原料となる珪砂，ソーダ灰，石灰石，カレット（ガラスくず）などを調合し，溶解炉に投入して1,600℃以上の高温で溶かす．ここで溶融されたガラスはガラス素地（きじ）とよばれ，次のフロートバスで成形される．フロートバスでは，溶けたガラス素地を溶融錫の上に流し込むと，ガラスの方が比重が軽いので，錫の上に浮いてその表面上に拡がっていく．このとき，ガラス上面は重力で水平に，下面はスズの水平面を写し取り，平行平面の板状に成形される．こうした成形法はフロート法とよばれる．平板に成形されたガラスは，次の徐冷工程でゆっくりと冷ますことで，ひずみのない，均一な板ガラスに作り上げられる．こうして作られたガラスは，洗浄，乾燥，検査，切断を経て採板・梱包される．以上の一連の工程はほとんどコンピュータ制御されている．

こうした建築用板ガラスの製法は公知の技術となっており，既存企業間では品質差がほとんどない．したがって，厳しい価格競争が行われているといえる．ただし，生産設備は独自設計であり，組織能力としても操業面で細かなノウハウが必要とされる．たとえば，溶解炉での温度分布の管理，フロートバス

第9章　板ガラス産業における競争力と寡占形成要因　161

図表9－4　建築用板ガラスの製造工程

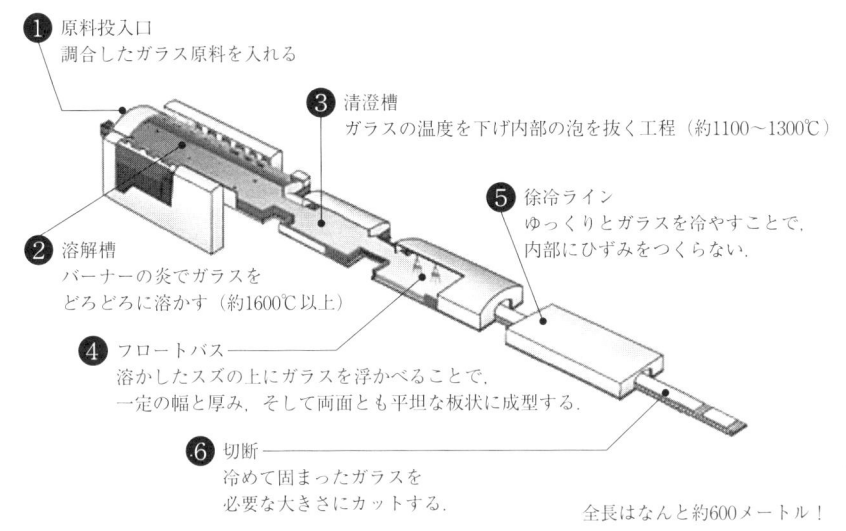

❶ 原料投入口
　調合したガラス原料を入れる

❸ 清澄槽
　ガラスの温度を下げ内部の泡を抜く工程（約1100〜1300℃）

❷ 溶解槽
　バーナーの炎でガラスを
　どろどろに溶かす（約1600℃以上）

❺ 徐冷ライン
　ゆっくりとガラスを冷やすことで，
　内部にひずみをつくらない．

❹ フロートバス
　溶かしたスズの上にガラスを浮かべることで，
　一定の幅と厚み，そして両面とも平坦な板状に成型する．

❻ 切断
　冷めて固まったガラスを
　必要な大きさにカットする．

全長はなんと約600メートル！

出所）旭硝子ホームページ

図表9－5　競争力の階層分析

主力製品	表層の競争力	深層の競争力	組織能力
建築用板ガラス	低価格	低コスト，高歩留，高稼働率	操業ノウハウ，プロダクト・ミックス
自動車用ガラス	高品質，短納期	高歩留，開発・生産LT短縮	金型開発力，操業ノウハウ
FPD用板ガラス	高品質	高歩留	製法・レシピ開発力，操業ノウハウ

出所）富田・大神（2008）

内での成形操作，ガラス素地下流のコントロールなどにおけるノウハウである．ガラスリボンの中央と耳とでは厚みが倍異なることもあり，厚みが違えば温度分布も違う．こうした温度分布の管理を見誤ると，徐冷炉でガラスが割れてしまう．これは，溶解・成形・徐冷といった一連の連続フローにおいて，工程間の相互依存性があることを表しており，そうした問題を解決し一貫品質管理する能力，つまり「摺り合わせの組織能力」が求められていることを示唆し

ている．よって，それまでノウハウを蓄積してきた既存企業間での品質差はそれほどないが，新規参入した会社は品質が安定せず，苦労したという．

また，高い稼働率を維持するためのプロダクト・ミックスも重要である．後に取り上げるタイ工場では，自動車用の窯で建築用の板ガラスも作れるようにして高稼働率を維持している．こうした操業ノウハウとプロダクト・ミックスにより，深層の競争力である高稼働率と品質安定化，高歩留と低コストを実現していると考えられる．

自動車用ガラス事業については，合わせガラスと強化ガラスの2種類ある．フロント，ルーフには合わせガラス，サイドやリアには強化ガラスを使っている．これら2種類のガラスいずれにおいても，高品質・短納期・低コストが求められることは指摘するまでもない．

合わせガラスは，素板から2枚のガラスを切り出し，途中で研磨や曲げ成形の工程が入り，2枚のガラスの間に中間膜を挟んで高温・高圧で圧着して作られる．フロントやルーフに合わせガラスが使われるのは，ガラスの間に中間膜を挟むことで，車の衝突時に破片の飛散，崩れ落ちを防ぎ，かつ運転者や同乗者が社外に投げ出されるのを防げるからである．合わせガラスの開発には，一車種につき10種類以上の金型が必要とされる．したがって，組織能力として精度の高い金型開発力と頻繁な型替えなどの操業ノウハウがポイントとなる．加えて量産時には成形のステージごとにパラメータを設定して温度管理も必要となる．たとえば，中間膜を挟み込む2枚のガラスを隙間なく密着させるため，ガラス2枚を重ねて曲げ炉を通し，曲げ加工を行うには炉内をステージごとに温度管理するノウハウが必要とされる．これはガラス形状と曲げ工程の間の相互依存性が高いことを意味しており，両者を精度良く合わせこむ「摺り合わせの組織能力」が求められていると考えられる．

強化ガラスは，カットした板ガラスを再加熱しながら成形し，急速冷却することで強度を高める．通常の板ガラスの3～5倍程度の強度をもち，サイドやリアのガラスとして用いられる．ガラスが破損しても，瞬時に破片を細粒状に

することで，乗員の大怪我を防ぐといった機能をもつ．製造工程としては，曲げ成形と強化を同時に行う点に特徴があり，ここにも操業ノウハウが必要とされる．

FPD 用ガラス事業は，大きく LCD 用と PDP 用に分けられ，LCD 用はさらに TN/STN 用途と TFT 用途に分けられる．FPD 用において共通しているのは，建築用と同じ製法（フロート法）であっても，厚さ 0.3〜3 mm 弱というとにかく薄い板ガラスが求められるという点である．PDP 用は厚さ 1.8 mm および 2.8 mm が開発されているのに対し，LCD 用は 0.3〜0.7 mm の薄さが必要とされており，製造が困難であるとされる．

薄く作るためには，ガラスリボンの引っ張り速度を上げるのであるが，スピードを上げながら厚みを均一に保つためにはリボンが縮まないように幅方向を引張る機械（アシストロールと称する）の数や位置，リボンを掴む強さなどに工夫が必要となる．

また製法・レシピ面でいえば，PDP 用ガラスは PDP が小寸法であった頃は建築用ガラスと同様，ソーダライムで作られていた．しかし PDP の大型化にともない，PDP 製造工程で行われる熱処理プロセスにおいて熱変形が大きくなるという問題が生じた．そこで，熱処理プロセスを繰り返し受けても熱変形の少ないガラス開発を行った．ガラスの製造工程においても，熔解，成形，徐冷，切断，梱包に至る一連の工程で生産技術に独自の工夫を加え，量産体制を実現した．PDP 用ガラスの生産工程は，先に検討した建築用板ガラスよりも厚みが薄く，また熱変形への強さも求められることから，工程間の相互依存問題もより大きいが，旭硝子は「摺り合わせの組織能力」を蓄積し，こうした問題を解決したと推察される．その結果，90％の世界シェアを獲得している（図表 9—3 参照）．

TFT 用途の LCD 用ガラスに関しては，新たな組成を開発する必要があった．通常の板ガラス生産では，ガラスを溶かしやすくするためにソーダやカルシウム，つまりアルカリ成分をもった原料を使うのであるが，TFT の場合に

はアルカリが有機膜を浸食してしまうため，無アルカリのレシピでガラスを溶かす必要があった．そこで，旭硝子は独自のレシピを開発し，対応を図ったのである．

また，TFT の製法においても，競合他社がフュージョン法という薄板ガラスに適した製法を採用しているのに対し，旭硝子は量産効果は高いが薄型化が困難と考えられていた，建築用板ガラスと同様の製法であるフロート法を採用し，量産を実現したのである．こうした製造された同社の TFT ガラスは当初，高平坦性，均一な板厚，ゆがみの低さなどの特徴を有していたが，ガラス表面の微妙なうねりが発生するという問題があった．そこで，うねりを除去するために表面研磨の技術を開発することで対処したのである．

以上の検討から，TFT-LCD 用ガラスに関しては，薄板ガラスとしては最も高い要求項目をめざして，新しいガラス組成（レシピ）開発とそれに合わせこんだ工程開発がなされたことから，原料―工程および工程間の相互依存性が非常に高く，そうした問題に対して開発から生産に至る「摺り合わせの組織能力」を向上させることで対処していったものと推察される．その結果，歩留競争の激しい FPD 用ガラス市場において高歩留を達成した．

以上の検討から，同じ板ガラス製品であっても，その用途に応じて必要とされる競争力が異なるが，それらを背後で支えるのは「摺り合わせの組織能力」であると考えられる．もちろん，個々の製品におけるトップシェア獲得の要因として，ものづくりの組織能力以外にも同社の強力な販売網やブランド力，製品固有の要因もあったと推察される．これらの検証については，今後の課題としたい．

5．建築用板ガラス市場はなぜ寡占か？

本節では，旭硝子の主要製品のなかでも建築用板ガラスに着目し，製法が公知にもかかわらず，なぜ寡占市場を形成しているのかについて考察する．実

図表9―6　板ガラスの製品・工程特性

製品	汎用原料の配合（組成は公知） 重くて脆い
工程	設備集約的，公知の製法だが，操業ノウハウあり
製品―工程マトリクス	少品種大量生産，連続フロー
生産形態	見込み生産
立地	消費地

出所）富田・大神（2008）

際，建築用板ガラスの市場についてみると，図表9―3で示したように，世界市場は4大グループ（旭硝子，ピルキントン（＋日本板硝子），サンゴバン，ガーディアン）の寡占構造となっている．これは各主要消費地においても国ごとに多少の棲み分けは存在しているが，基本的には2，3社の寡占市場となっている．

製品ライフサイクルでいえば成熟期に相当し，製法としても公知であることから製品差別化が困難で価格競争の厳しい市場である．ただし，1工場あたり約150億円（500トンクラス）という高額の設備投資を要し，かつ投資回収期間が5～10年程度と長いこと，製法は公知でも操業ノウハウを要することなどから参入障壁は高いと考えられる．

図表9―6は，板ガラスの製品・工程特性についてまとめたものである．まず製品特性としては，汎用原料（珪砂，苦灰石，長石，ソーダ灰，熔解助剤，カレット）を用いており，組成も公知である．工程特性でいえば，設備集約的であり，製法はフロート法とよばれる公知の製法である．ただし先述のとおり，高稼働率の維持，品質安定化のためには温度分布の管理，アシストロールの使い方，ガラスリボン下流のコントロールなどの操業ノウハウを必要とし，その習得には何年も要するとされる．

製品―工程マトリクスでいえば，少品種大量生産の連続フローに属する．工程は原料投入から熔解，成形，冷却，切断，採板に至るまで一切止まることなく連続で流れる．製造業のなかでも数少ない連続フローの工程である．

生産形態は設備集約型産業で連続フロー工程であることから，設備は24時間365日連続操業が基本である．いったん操業したら15年間稼働し続け，窯の補修などは操業したまま行われる．このように，連続操業が基本で生産数量の調整が困難なため，見込み生産せざるをえない．工場の立地については，ガラスは重くて脆いという製品特性を有するので，消費地立地が基本である．

　以上の検討から導かれる建築用板ガラス市場の寡占構造の説明は次の通りである．設備集約的で規模の経済性が働くが，製品差別化は困難である．したがって，先行設備投資が有効である．加えて投資回収期間が長く，固定費負担が重い．よって，資本障壁は高い．

　また，高稼働率の維持，品質安定化のためには一定期間の操業ノウハウ蓄積が必要とされる．工程特性をみると，連続フロー工程で生産能力の調整が困難であることから，いかに需給ギャップに対応し高稼働率を維持するかも重要となる．ただし，重たくて脆いというガラスの製品特性により，工場は消費地立地が基本である．この前提条件に基づくと，高稼働率維持のためには，蓄積した操業ノウハウの移転をベースにした海外主要消費地における生産展開は必須であり，なおかつそれを活かすための各消費地における高シェア維持とプロダクト・ミックスの活用が求められる．よって，操業ノウハウの蓄積と移転といった組織能力構築が競争の焦点となっており，技術（ノウハウ）障壁も高いと考えられる．

　つまり，建築用板ガラス市場は，製法は公知であるものの，新規参入企業から見て資本障壁，技術障壁のいずれも高いために寡占構造を形成していると考えられるのである．

　では，旭硝子はどのようにして，市場シェアを拡大しつつこれらの参入障壁を築いていったのか．より具体的には，どのようなタイミングで海外進出を果たし，どのようにして海外工場に操業ノウハウを移転し立ち上げることで，参入障壁を構築していったのか．次節でみていくことにしよう．

6. 操業ノウハウ移転の海外戦略──タイ工場のケースを中心に──

6.1 積極的な海外進出

　図表9―7より，同社における海外進出の経緯をみると，1956年のインド進出を皮切りに，1963年にタイ，1972年にインドネシアとまずアジアに進出していった様相がみてとれる．その後，1981年にベルギーのグラバーベルを買収したことで欧州進出の拠点を築き，1988年には米国，フィリピン，1992年中国への進出も果たしている．これらの国・地域ではいずれも現地工場にて建築用板ガラス生産を展開している．

　同社はこうした積極的な海外進出の結果，図表9―8に示すように日米欧亜四極で高い生産能力を有し，図表9―3でみたように高い世界市場シェアを獲得しているといえる．なかでもアジア地域に関しては進出時期が早いことから参入障壁を築き，先行者優位を獲得した可能性が高い．たとえば，図表9―9でタイ進出の経緯をみると，1964年の合弁会社TAG設立以降，競合に先駆けてフロート工場への投資を行い，生産能力を向上させてきた様相が伺える．これはけっして無計画な先行投資ではなく，タイ国内の板ガラス需要の伸びを勘案しながら投資判断を行った結果であるという．

6.2 アジアの生産基地・タイ工場

　もちろん，先述したように，板ガラス生産にはさまざまな熟練・ノウハウが必要とされるため，一朝一夕にものづくりができるわけではない．現地工場を立ち上げるためには，操業ノウハウの移転をベースにした現地従業員の育成と工場のマネジメントが必要とされる．

　そこで，旭硝子のアジアの主要生産拠点であるタイ工場を取り上げ，その取り組みを分析することで現地工場におけるマネジメントのあり方について考察を加える．タイ工場を取り上げる理由は，旭硝子が自主的に工場を立ち上げた海外工場であり，複数工場で多様な製品を手がけているからである．建築用

図表9－7　旭硝子の海外進出の経緯

1956年	インド旭硝子（株）買収
1963年	タイ旭硝子（株）設立　※フロート生産開始は1984年
1972年	インドネシア・アサヒマス板硝子（株）設立
1981年	グラバーベル（株）（ベルギー）買収
1988年	AFGインダストリーズ（株）（米国）資本参加
	リパブリック旭硝子（株）（フィリピン）資本参加
1992年	フロートグラスインディア（株）設立
	大連フロート硝子（株）（中国）設立

出所）旭硝子ホームページより作成

図表9－8　旭硝子のフロート板ガラスの生産能力

地域	生産能力	生産拠点（フロート窯）
日本	1,950トン／日	旭硝子（愛知2基，鹿島1基）
アジア	4,500トン／日	大連フロートグラス（中国：1基）
		アサヒマス板硝子（インドネシア：4基）
		タイ旭硝子（タイ：3基）
		旭硝子フィリピン（フィリピン：1基）
北米	4,295トン／日	AFG（米国：8基，カナダ：1基）
欧州	8,680トン／日	グラバーベル（欧州：13基，ロシア2基）

出所）旭硝子（2002）より作成

図表9－9　タイ進出の経緯

1963年	Thai Glass 設立　タイ国内初の板ガラスメーカー
1964年	Thai-Asahi Glass（TAG）設立（旭硝子との合弁会社）
1984年	フロート法による生産開始
(1989年	サイアムプレートグラス参入（小規模）)
1991年	チョンブリ　第二フロート工場建設
(1992年	ガーディアン参入)
1996年	ライヨン　第三フロート工場建設
(1997年	ガーディアン第二フロート工場建設)
2000年	旭硝子がTAGを100％子会社に

注）括弧内は競合企業の進出動向
出所）旭硝子社内資料より作成

板・加工板ガラスに加え，より難易度が高い自動車用ガラスや TN/STN 液晶用ガラスも手がけている．このように，難易度の高い製品をタイ工場ではどのように立ち上げていったのか．どのように日本の操業ノウハウをタイ工場に移転し，また人材育成を図ったのか．

こうした問題を明らかにするために，筆者らは，2006 年 2 月に実施した旭硝子グループ子会社タイ工場のインタビュー調査を実施した．以下では，TAG（タイ旭硝子）および AATH（旭硝子オートモーティブ・タイランド）の 2 社 4 工場の取り組みについてみていくことにしよう．

1）TAG（Thai Asahi Glass Public Company Limited：タイ旭硝子）

TAG は 1964 年に旭硝子と現地パートナーであるスリフンフン・グループ（以下，パートナー）の合弁会社として設立された．設立当初の製法はフルコール法で，その生産能力は，現在の製法であるフロート法の 4 分の 1 だった．フロート法での生産は 1984 年からである．

現在，TAG は旭硝子が出資比率の 98.7％を所有する海外子会社であり，板ガラスカンパニーに属している．アジア通貨危機を契機にパートナーの全持分を買い取ることとなった（残りは，以前にタイ市場で上場した際の一般株主が所有している）．役員，執行体制は，社長，副社長が日本人，執行役員 4 名の内 3 人は現地人の 6 名体制である．現地執行役員の 3 人は生え抜きの人材である．協力会社を含む現地従業員は総勢約 2,500 名である．

本社をサムットプラカンに置き，サムットプラカン工場，チョンブリ工場，ライヨン工場の 3 工場体制をとっている．この 3 工場はそれぞれ同じ生産能力の窯をひとつ有しており，建築用フロート板ガラス，建築用加工ガラス，ミラーガラス，自動車用ガラス，超薄板ガラス，型板ガラスなどを生産している．

2004 年の売上高は約 200 億円で，タイ国内 61％，輸出 39％となっている．2005 年には日本向けの輸出が増加し，輸出比率は約 5 割となった．タイ国内の建築用板ガラス市場は 3.8％と GDP を上回る成長率を示しており，今後も伸びていくと予想されている．自動車需要も順調で，タイはアジアのデトロイ

トとよばれるまで成長している．この5年で2.5倍に成長し，アジア通貨危機以前の水準まで回復した．また，産業用の需要も同様に成長している．タイは日系家電メーカーの生産拠点となっている．

3工場はいずれも，設立当初は日本人スタッフ中心に生産ラインが立ち上げられたが，サムットプラカンおよびチョンブリの2工場は，日本人スタッフからの現場改善・操業ノウハウの移転と現地人オペレータの習熟が進んでいる．日本人スタッフは数名にとどまっており，現地人工場長を中心とした生産体制が確立されている．

TAGでの会議は，課長以上の工場会議，スタッフ，エンジニア以上（Superior）の会議，従業員とのコミュニケーション等が月例行事としてある．現場主任レベル（Unit head level）以上の会議は数ヶ月に1度丸1日かけて行われ，工程ごと（調合―徐冷工程（Hot），切断・包装工程（Cold），エンジニアリング（Engineering））に情報共有を図っている．この他，3工場の若手エンジニアを対象とした技術発表大会が年に2回，3工場間でのベストプラクティス（日本の小集団活動）に関する発表会が年に1回開催されている．

最近では，旭硝子グループ他社工場のベストプラクティスをベンチマークする，あるいは日本人スタッフを交えたミーティングを実施するなどしてより深いレベルでの情報共有・技術移転の浸透を図っている．

こうした取り組みの結果，タイ工場の品質マネジメントシステムは，旭硝子グループの中で日本を除く「アジアNo.1」の生産拠点としての評価を得ている．品質は日本本社向けの製品受入検査も国内品質とほぼ同等レベルを実現し，製造コストも国内に比べ安い．その他のアジア生産拠点は中国，フィリピン，インドネシアである．

正社員の定着率はタイ製造業の平均（平均離職率が10.9％）よりも高い．しかし，Engineer，Officerの離職率は16.5％と高いので，キャリアパス，スキルマップを制定し，教育計画を実施している．たとえば，独自のES（従業員満足度）調査を日本本社に先駆けて実施している．これは，入社後のキャリ

アパスをある程度明示化することで，従業員に将来に対する見通しをもってもらい，動機付けを図るというものである．昇格も優秀な人材であれば期間短縮できるような仕組みとなっている．

① サムットプラカン工場（Samut Prakan Factory）

サムットプラカン工場はTAGの3工場のひとつで，建築用板ガラス，自動車用素板ガラス，建築用加工ガラス，ミラーガラスが主な製品である．本工場では，ひとつの窯で建築用，自動車用の板ガラスを生産している．それらはフロート板ガラスとよばれる．生産するフロート板ガラスの厚みは2.5～19mmで，自動車用素板ガラスがメインとなっていた．

工場の中を見てみると，熔解炉のオペレータールームの従業員は日本よりも多い．投資を抑えてマニュアル操作の多いシステムを採用したからである．ただし，超薄板ガラスを製造するライヨン工場だけは中央一括制御が可能なシステムを採用している．

ホットエリアとよばれる熔解，成形工程は，日本の工場とほとんど同じで自動化されていた．しかし，コールドエリアとよばれる除冷，切断工程では，安価な人件費を活かすために日本の工場ほど自動化がなされていなかった．

たとえば，日本での欠点検出は，欠点検出器2台が二重チェックする．当然，人が行う目視工程はない．タイでは1台の欠点検出器で自動欠点チェックをした後，人が目視チェックを行う．また，採板に関して日本では機械が自動で行うが，タイでは2人1組の人が行う．欠点入りガラスは人手で振り分ける．その後，欠点を取り除いた部分を小寸法の製品として利用する．日本国内の場合，欠点が少しでもあるとすべてカレットになる．その結果，日本の工場よりもタイ工場の方が高い歩留まりになる．人件費が安い場所だからこそ可能で，本工場の大きな強みとなっている．

② チョンブリ工場（Chon Buri Factory）

3工場のひとつであるチョンブリ工場は，1991年に第2フロートとして建設された．バンコクからは70～80km，サムットプラカン工場から1～2時間の距離に位置し，自動車用素板ガラスと建築用板ガラスのフロート板ガラスを生産する工場である．工場は1989年に建設され，1991年より量産を開始した．以来，勤続年数15年を超える人材を豊富に抱えている．TAGCの工場の中でオペレータのスキルはトップであるとみられている．その証左として厚みの切り替え時間は鹿島工場とほぼ同レベルである．

本工場で生産された自動車用素板ガラスは後述する旭硝子オートモティブ・タイランドに輸送される．また，建築用板ガラスはサムットプラカン工場に輸送される．

③ ライヨン工場（Rayong Factory）

ライヨン工場は，Amata Cityの工業団地に立地する超薄板ガラスの生産工場である．1996年に建築用ガラスを生産する目的で設立され，1997年に生産を開始したが，1998年にアジア通貨危機の影響で休止に追い込まれた．2001年に工場を再改築し，2002年に再スタートし，TN/STN液晶用ガラス，ハイエンドの顧客向け高品質板ガラス等の産業用素板ガラスを中心に製造を行っている．

調査当時には0.4mmまでのTN/STN液晶用の超薄板ガラスを生産することが可能で，日本の工場と遜色ないレベルにあった．1ラインだけ型板ガラスのラインをもっているが，年間数十日の生産だけで需要をまかなえるので1年のうち150～200日は1.1mm以下の超薄板ガラスを製造している．窯のサイズは1日当たり500トン（年間15～18万トン）である．製品は中国，日本に輸出されている．TN用超薄板ガラスは台湾企業，STN用超薄板ガラスは日本，韓国企業の中国工場向けとなっている．

本工場の特徴のひとつは，中央一括制御が可能なDCS（Distributed Control

System)を採用している点である．日本の工場でも同様のシステムが採用されている．タイ国内のその他工場は，分散制御で一昔前のシステムである．2002年再スタートからかなり短期間で超薄板ガラス製造が可能となった．再スタート当時は10名を超える日本人派遣員が駐在していたが，2006年からは常駐1名となっている．

　生産工程での特徴は採板工程にある．日本工場での採板はすべて機械が行うが，ライヨン工場では生産する品種によって，自動採板，手採板を使い分けている．本工場の生産性は日本で作っていた頃と大差ないが，目標とするレベルには到達していない．とりわけ，従業員のオペレーションスキルはまだまだ向上する余地がある．また，タイにあるその他の工場と異なり，日本の協力会社である山九と契約している．タイ国内のその他工場は現地の協力会社を使っている．日本の協力会社は社員の管理能力が高く，トレーニングシステムが充実している．

　2005年頃から中国の超薄板ガラス顧客に対して，ニーズと生産活動を結びつけるために，定期訪問をはじめた．この営業を担当するのはローカルスタッフで，技術がわかる人間である．技術がわかる人間が行くことで顧客のもつ欠点と自工場の欠点を的確に把握し，速やかにフィードバックすることができる．

　超薄板ガラス製造で重要視される点は表面品質であるが，ラインスピードを上げると表面品質が下がる．用途，客先によって気にする欠点が異なる．つまり欠点が一様ではない．そこで顧客の声に耳を傾け，顧客別に品質管理の運用を変えるようになった．次のステップとしては日本の顧客も視野に入れている．

2）AATH（AGC Automotive Thailand Co., Ltd.：旭硝子オートモティブ・タイランド）

　旭硝子オートモティブ・タイランド（以下，AATH）は，自動車用ガラスの供給基地としてタイ中央に位置している．TAGCチョンブリ工場とは近く，素板供給を受けている．

AATHの前身であるタイ旭安全ガラス社は，自動車メーカーからの部品調達率向上の要請もあり，1974年にタイ旭硝子と同じ敷地内に設立された．その後，1996年に現在のチョンブリのアマタナコン工業団地に移転し，2004年には旭硝子オートモティブ・タイランドに変更となった．設立当時，現地資本55％でスタートしたが，2005年に旭硝子100％出資子会社となった．主に製造している品目は，自動車用ガラスである合わせガラス，強化ガラスである．その他にサブアセンブリーもある．2004年の生産能力は年間110万台分で，従業員は請負も含めて900名である．

　2005年タイ国内における自動車用ガラスの生産実績は112.5万台分で，その内訳は国内向けが83％，輸出が10％，補修用が残り7％となっている．自動車ガラス生産を中止したフィリピンには，タイ，インドネシアの生産拠点が供給している．タイとインドネシアのそれぞれの拠点では，それぞれの国内需要向けに同じ品目を生産しているが，少量生産かつ高額成形治具投資が必要な場合には，タイあるいはインドネシアで集中生産し，相互に供給補完するケースもある．原材料調達に関して，素板は主にTAGCチョンブリ工場から供給を受け，一部インドネシアから輸入している．またPVB（中間膜），組立部品は現地調達で，国産化率は90％を超えている．

　本工場の生産体制は4組3交代で，土日も操業している．日本人派遣員は数名いるが，技術移転と現地従業員の習熟が進み，数年前から土日は現地従業員のみで操業し，トラブル対応が可能となった．自動車用合わせガラスは国内向けが少品種で海外向けが多品種で，管理ポイントは温度設定などのパラメータ設定である．たとえば，温度はガラス形状に影響を及ぼすので，温度分布の管理は成形のステージごとにパラメータ設定が必要となる．温度調整は現地人リーダーが中心となって条件設定している．また，検査工程に多数の人員が割かれている．

　自動車用強化ガラスの製造ラインは5ラインで，工程レイアウトはジョブショップ型であった．この工程レイアウトは設立当初は少量生産だったことと，

設備投資を抑えたライン増強をしたことに起因する．自動車需要の伸びを背景に，一部ラインのレイアウトが変更される予定である．ここでの管理ポイントは治具の管理であった．

　日本工場と本工場を比較すると，日本は連続工程で完全な自動化が成されているのに対し，タイでは前工程がジョブショップ型でハンドリングが多くなっている．品質や歩留まりは同程度であるが，生産性（設備あたりの生産量）は日本の方が高く，コストはタイの方が低い．タイの方が低い理由は，労務費が低いこと，本社・開発機能がないことにある．

　新車種開発に際して，各海外生産拠点は生産技術，製造，品質保証などのクロスファンクションチームで対応にあたる．試作品を2，3回工程を流し（プレ量産），量産ラインを作り込む．もし現地スタッフだけで解決ができなければ，日本から応援を送る．これに加えて，「グローバルコーディネータ」が配置され，開発のマスタースケジュールに則って，節目ごとに設計図，要求仕様，設備条件，納期などを海外生産拠点で確認する体制が整えられている．グローバルに新製品の量産立ち上げをスムーズにできる要因としてこの「グローバルコーディネータ」の存在があげられる．

　正社員の定着率は高い．ただし，派遣の場合，離職率は月12％である．派遣会社を2社利用しているが，そのうち1社は1年で人員が総入れ替えとなる．昇格の基準はパフォーマンス評価であるが，実態は年功給に近い．日本とタイの差はない．愛知工場でグローバルトレーニングセンターが開設され，「Asahi Way」が推進されるようになった．2005年にAATHからも強化の前工程，後工程，合わせの前工程，後工程から1人ずつ主任を選抜し，第一陣を送り出した．これはTAG同様，より深いレベルでの本社工場との情報共有と技術移転の浸透を図っているものと推察される．

3）タイ工場調査のまとめ

　現地調査より，旭硝子はどこよりも早く進出することでタイ国内での参入障壁を築き，先行者優位を獲得しているという実態が浮かび上がってきた．フロ

ート法の誕生によって板ガラスの生産が以前より容易になったとはいえ，工場の安定操業と高稼働率を維持するためには日本人スタッフからの現場改善・操業ノウハウの移転とオペレータスキルの熟練が必要であり，旭硝子は着実にそうした取り組みを実践してきたといえる．

TAGは1964年に設立され，工場を拡張，増設するなかで，現地の有能な人材を採用し，育ててきた．その結果，現地でのTAGのイメージは日系企業というよりも現地企業というイメージで，「タイアサヒ」でも通じるほど現地に根付いている．現在，各工場の中核となっているのは10年，15年勤務の熟練オペレータたちである．他社よりも先んじて進出することで築き上げてきた技術的な参入障壁は高いと考えられる．

7．おわりに

以上のように，旭硝子における競争力の源泉は，アジアの工場，とりわけ主要生産拠点であるタイ工場にみることができる．既に述べたように，板ガラスの場合，製法が公知で品質面での差別化が困難なため，市場では厳しいコスト競争になる．ただし製品・工程特性としては，設備集約的な連続フローであるため，需給ギャップに対応しうる高稼働率の維持と品質安定のための操業ノウハウが必要とされる．加えて板ガラスの製品特性は重くて脆いため，消費地立地が基本である．

したがって，求められるものづくり戦略は，積極的な海外進出にともなう先行設備投資，高稼働率を維持するための操業ノウハウの移転をベースにした海外主要消費地における生産展開，それを活かすための各消費地における高シェアの維持とプロダクト・ミックスの活用の3点である．

旭硝子はこれらを実現するために，アジアでは早期に現地工場を立ち上げることで域内での市場シェアを確保するとともに，タイを中心に複数の主要消費地に工場を立地させることで工場間でのプロダクト・ミックスを行い，高稼働

率を実現しているのである．日本を含む東南アジアの生産拠点数（フロート窯の数）において，少なくとも英ピルキントン社買収以前は日本板硝子が7基であるのに対し，旭硝子が倍の14基保有していることからも，旭硝子は複数工場間のプロダクト・ミックスにより高稼働率を実現しやすいものと推察される．

アジアの生産基地であるタイ工場に関しては，競合に先駆けて現地進出を果たしただけでなく，日本人派遣員の指導により現場改善・操業ノウハウを移転し，現地従業員およびマネージャの育成に努め，現在では現地人工場長の下，旭硝子グループで「アジアNo.1」の品質管理体制を構築している．このことはサムットプラカン工場において熟練15年のオペレータが多く，日本の工場並のシングル段取り実現をめざしていることからも推察される．

先にも述べたが，建築用板ガラスは製法が公知であり，品質差別化が困難な製品である．したがって，一見するとモジュラー型設備集約産業における投資競争のみのビジネスであるとみなしがちである．もちろん，製品が同質化しており規模の経済性が働く製品において先行設備投資は重要な戦略である．しかし，高稼働率の維持と品質安定のためには，現地工場への操業ノウハウの移転，プロダクト・ミックスを活用した柔軟なものづくり戦略，現地販売網の構築が必須である．旭硝子は先行設備投資に加え，早期からアジアでこうした取り組みを行うことで参入障壁を築き，トップシェアを維持し続けてきたと考えられるのである．

加えてタイ工場では，より難易度が高いと思われる自動車用ガラス，TN/STN液晶用ガラスといった製品を次々と立ち上げていった．その背後には，建築用板ガラス同様，操業ノウハウの移転と現地従業員の習熟があった．これはいわば，設備集約型産業のグローバル競争において，旭硝子が着実に「擦り合わせ組織能力」である操業ノウハウの蓄積と移転を図ることで，参入障壁を築き，競争に勝ち残ってきたケースであるといえる．したがって，同様に摺り合わせ組織能力を得意とする日系企業が海外ものづくり戦略を考える上で，大

変示唆に富んでいるものと考えられる．

(富田純一)

注
1）本章の記述は，富田・大神（2008）をもとに大幅に加筆・修正したものである．

参考文献
安保哲夫・板垣博・上山邦雄・河村哲二・公文博（1991）『アメリカに生きる日本的生産システム』東洋経済新報社．
旭硝子（2002）「旭硝子ファクトブック 2002」．
旭硝子（2006）「投資家向け会社概要」．
旭硝子社史編纂室（2007）『旭硝子 100 年の歩み』．
旭硝子ホームページ　http://www.agc.co.jp/company/history/all.html
日本経済新聞社編（2005）『日経業界地図（2006 年版）』日本経済新聞社．
藤本隆宏（2001）『生産マネジメント入門Ⅰ』日本経済新聞社．
藤本隆宏（2004）『日本のもの造り哲学』日本経済新聞社．
曺斗燮（1993）「日本企業の多国籍化と企業内技術移転：『段階的な技術移転』の論理」『組織科学』27（3），pp. 59-74.
潘志仁（2001）『生産システムの海外移転』白桃書房．
陳晋（2007）『中国製造業の競争力』信山社．
富田純一・大神正道（2008）「旭硝子におけるアジア生産戦略―タイ工場の事例を中心に―」『赤門マネジメント・レビュー』7（5），pp. 235-262.
山根正之・安井至・和田正道・国分可紀・寺井良平・近藤敬・小川晋永（1999）『ガラス工学ハンドブック』朝倉書店．

第10章 日本発マーケティング概念と競争力創成について

1．はじめに

　失われた10年，なる言葉が一時期よくいわれた．今でも，そのような言葉を聞くことも多いが，2002年ごろからの数年間，わが国経済は成長基調で推移してきた．しかしながら，2007年夏ごろからのサブプライムローン問題に端を発するアメリカの「金融危機」は日本やヨーロッパ等世界に波及し，2008年9月のリーマン・ブラザーズの「経営破綻」をはじめ，ビック3（GM・フォード・クライスラー）の経営危機，わが国においては卒業予定の大学生の採用内定取り消し，トヨタの2009年3月期第2四半期決算の大幅減益[1]，ソニーの世界的規模の大量リストラ計画[2]，大手企業による派遣社員や期間雇用社員の解雇，百貨店や高級ブランド品の売り上げ不振等，世界的景気の悪化ないし「危機」を告げるニュースが，2008年の暮れ，連日のように報じられている．

　一般に，景気後退時，売り上げや利益が停滞ないし減少すると，企業はコスト削減策をとろうとする．売り上げの減少額よりもコスト削減額のほうが大きければ，利益の低下を避けることができるからである．したがって，人員削減によるコスト削減は，そのときの利益確保については「効果的」な方策といえる．

　一方，このとき，マーケティングの発想は，効率性を高めるためのコスト削減を否定するわけではないが，むしろ，売り上げを伸ばすことを優先して考えようとする．景気後退時は，一般的には消費者の購買意欲は旺盛ではない．しかし，消費者は一様ではない．消費者は一人ひとりさまざまである．より正確にいえば，消費者の購買意欲の強さは一人ひとり異なるだけでなく，同じ人で

あっても時と場合によってしばしば違うし，製品によっても同じではない．マーケティングの世界でいう「一人十色」である．かつては「十人一色」だったが，社会が豊かになるにしたがって「十人十色」になり，今はさらに「一人十色」ととらえなければならない，というのがマーケティングの基本的考え方である．この点については，あとで考察する．

わが国では，リーマン・ショックの2008年9月以降，株価急落を受けて景気に対する見方が急速に悪化している．そのため，どのビジネスも，どの企業も，業績が急速に悪化しているというムードが広がっている．とくに，マスコミの論調は，景気後退というより「危機」を煽るような感じさえある．確かにトヨタ，ソニーといった「優良」企業の経営状態を報じるニュースは，「危機」が現実に起こりつつあることを感じさせることは否定できない．しかし，「マーケティングの威力は，むしろ不況のときに発揮されるもの」(JPC, 1957, p.22)であるとすれば，「危機」打開に対してマーケティングが果たすことのできる役割は大きいだけでなく，果たすことができなければ，マーケティングは絵空事ということになろう．困難なときに際しては，原点に返るが鉄則である．わが国がアメリカから学んだアメリカ発マーケティングの原点は何だったのか，そして，それをどのように理解したのかを，導入当時の資料に基づいて確認し，日本から発するマーケティングについて考えてみたい．

2．アメリカ発マーケティング

2.1　マーケティングの誕生

マーケティングという言葉は1900年ごろアメリカで生まれたといわれている．したがって，マーケティングはアメリカ発である．

当然のことながら，アメリカで生まれたこの新しい言葉「マーケティング」は，何がしかの新しい現象や考えを指したり説明したりするために編み出されたものであろう．単に，あることを言い換えるだけの新しい造語であったなら

ば，これほど長く人びとに使われることはないからである．しかしながら，何がしかの新しい現象や考えについて，それが何であるのかを的確に言い表すことが困難であることも，また当然といえよう．なぜなら，何がしかの新しい現象や考えは，時間の経過とともにそれ自体が変貌してゆくのが常だからである．同時に，何がしかの新しい現象や考えのとらえ方が人によって同じとは限らない．否，違うことのほうが常であるからである．それゆえ，新しい言葉の意味をできるだけ揃えようとの試みがなされることになる．すなわち，言葉の定義をする試みである．

マーケティングなる言葉の定義がなされ，それが広く多くの人びと（ビジネス界にあっても，アカデミック界においても）に共通の理解として一定の合意が形成されれば，定義を決めた意義はきわめて大きい．その意味で，個人的な定義ではなく（いわゆる，デファクトスタンダードとなっているのであれば別だが），まずは，それなりの手続きを経て作成された定義についてみることが優先されるべきであろうと思われる．ただ，現実には，1956年当時のアメリカにおいては，それなりの手続きを経た定義があっても，それが共通の理解として一定の合意が得られていたものとして存在していたとはいえない状況であったようである．それは，「マーケティングの定義については，実に多くの解釈があって，まだ公的の定義というものは決まっていない．目下そのために特別委員会を設けてその定義を決めるため審議中である」と1956年，当時のAMA会長アンダーソン氏がマーケティング使節団に語っている（JPC, 1957, p.25）ことからもうかがうことができる．

2.2 AMAによる定義

マーケティングの定義作成については，NAMT（National Association of Marketing Teacher）が，マーケティングの分野において使用される用語の意味のガイドが求められているということで，1931年定義委員会（委員長：R. S. アレキサンダー・コロンビア大学教授）を組織し，その作業を始め，1933年

に報告書を作成した．その後，NAMT は American Marketing Society と合同して (1935 年) AMA (American Marketing Association) となった．かくしてAMA の定義委員会は前身の NAMT を含めて，1933 年，1948 年，1961 年の3回，レポートを出したことになる (Bennet, 1988)．その後 AMA は 1985 年に新しい定義を出している (辞書としての出版は 1988 年)．また，21 世紀になってからは，2004 年，2007 年に定義を改定している．

前述したように，日本生産性本部 (JPC) の専門使節団が派遣された 1956 年当時の AMA によるマーケティングの定義 (1948 年定義) は，アメリカの多くの人びとの間に共通解釈としての合意は得られていたとはいえなかったとしても，少なくとも議論の出発となる存在ではあったようである．

「1931 年に第 1 回専門委員会のメンバーが作業を開始したとき，われわれは，マーケティング問題の執筆者たちが，用語の使用方法をある程度統一してくれることを希望した．……（中略）……われわれの希望は，実現されなかった．……（中略）……本専門委員会の定義から離れ去っている執筆者たちも，少なくともこれらを引用し，そしてなぜかれらがこれに逆らうかを説明している……．」(JMA, 1963, pp. 16-17)[3]．

1960 年のマーケティング定義 (1961 年刊行) は，1948 年定義と「コメント」が多少変わっているものの同じである．それゆえ，ここでは，1960 年，1985 年，および最近の改定である 2004 年，2007 年の定義をみることにしよう．

《1960 年定義》

The performance of business activities that direct the flow of goods and services from producer to consumer or user.

Comment. The task of defining Marketing may be approached from at least three points of view.

（1．）The "legalistic" of which the following is a good example: "Marketing includes all activities having to do with effecting changes in the ownership

第 10 章 日本発マーケティング概念と競争力創成について　183

and possession of goods and services." It seems obviously of doubtful desirability to adopt a definition which throws so much emphasis upon the legal phases of what is essentially a commercial subject.

(2.) The "economic" examples of which are:

"That part of economics which deals with the creation of time, place, and possession utilities."

"That phase of business activity through which human wants are satisfied by the exchange of goods and services for some valuable consideration."

Such definitions are apt to assume somewhat more understanding of economic concepts than are ordinarily found in the market place.

(3.) The "factual or descriptive" of which the definition suggested by the Committee is an example. This type of definition merely seeks to describe its subject in terms likely to be understood by both professional economists and business men without reference to legal or economic implications.

This definition seeks to include such facilitating activities as marketing research, transportation, certain aspects of product and package planning, and the use of credit as a means of influencing patronage.

生産者から消費者あるいは利用者に，商品およびサービスの流れを方向づける種々の企業活動の遂行である（「コメント」の和訳は，注4）参照．）．

《1985年定義》

The process of planning and executing the conception, pricing, promotion, and distribution of ideas, goods, and services to create exchange that satisfy individual and organizational goals.

個人および組織の目標を満足させる交換を創造するために，アイデア，財，

サービスのコンセプト創り，価格設定，プロモーション，流通を計画し実行する過程である．

《2004 年定義》

Marketing is an organizational function and a set of processes for creating, communicating, and delivering value to customers and for managing customer relationships in ways that benefit the organization and its stakeholders.

マーケティングとは，顧客に向けて価値を創造，伝達，配達し，加えて組織とそのステークホルダーに利益をもたらす顧客との関係の首尾よき構築・維持を担う，組織の機能であり諸過程の集合である．

《2007 年定義》

Marketing is the activity, set of institutions, and processes for creating, communicating, delivering, and exchanging offerings that have value for customers, clients, partners, and society at large.

マーケティングとは，顧客，クライアント，パートナー，および社会全体にとって価値のある提供物を創造，伝達，配達，交換を担う活動，諸機関の集合体，または諸過程である．

上記 AMA 定義のうち，日本がマーケティングを導入時学んだのは，1960年定義（1948年定義と同じ）ということになる．この定義は，本文だけをみると，企業の販売ないし営業と流通についての活動を述べていて，マーケティングの最も基本と考えられている消費者志向には触れられていない，不思議な感じさえさせるものである．コメント（3.）にあるように「事実的あるいは記

述的」な定義だから，ということを考えても，肝心要の消費者志向が現実の企業活動にどのように反映されているのか，がわからない．「これだけの定義として，うけ取る限りにおいては，このマーケッティングは，あらゆる企業にとって，当然に不可欠な企業活動であり，また，いかなる時代においても，あらゆる企業が，処理しなければならない問題といわなければならないのであって，とくに，米国において，今日マーケッティングが企業活動として，とくに大きく，取り上げられ，大きな問題として，考えられていることの意味を十分表していない」(JPC, 1957, pp.25-26) と視察団が考えたのも当然であろう．こうした「懐疑」は，視察団の努力（消費者志向の強調）にもかかわらず，わが国の企業活動へのマーケティング導入に当たって，企業人がマーケティングをツールとしてとらえる傾向を助長させたのではないかと筆者は考えている．

AMA は，その後，マーケティングをビジネス活動としてではなく，より広く一般的な活動としてとらえる 85 年定義を採択した．85 年定義は，わが国の企業人のマーケティング観ないし理解（すなわち，ツールとしてのマーケティング）をより一層強めることになった（と筆者は考えている）．これについては，わが国のマーケティング関係者（の一部）は行動を起こし，日本発の定義を作成している．

2004 年，2007 年の定義改定は関係性パラダイムを機軸に，社会構成員間の win-win 関係構築を主張するものになっている．「株主資本主義」が跋扈しているかにみえるアメリカビジネスの風潮のなかで，こうした定義は，マーケティングの基本理念や考え方を主張するものとして，新鮮な印象を与える．

また，いずれの定義にも，現実の競争についてまったく触れていないことが特徴である．これは，企業活動をベースに考えているようにはみえず，企業人には，やや抽象的に過ぎるというという印象を与えていると思われる．

3．日本におけるマーケティングの導入と理解

3.1 マーケティングという言葉の流入

　マーケティングという言葉がいつ，どのようにしてわが国に入ってきたのかを特定することはむずかしい．しかし，よく知られているように，すでに戦前，研究者の間には marketing という言葉が「輸入」されており，研究書も刊行されていた．また，marketing の訳語として「配給」が使われていた．

　1951 年には日本商業学会が設立され，同年 11 月に第 1 回全国大会が開催された．第 1 回全国大会の統一論題は「商業学における基本問題」だった．しかし，この大会では，マーケティングについて論じられることはなかった（久保村，1987）という．

　わが国産業界のマーケティング導入は，戦後直後の 1946 年，GHQ の指示のもと実施された世論調査から始まり，広告効果調査等の市場調査も，ほぼ同時期に始まったといわれている（山本・疋田・鷺谷，2001．疋田・鷺谷，2001）．1946 年に輿論科学協会の設立，日本電報通信社に調査部が設置されている．1950 年には，「市場調査研究会」が発足しているが，1950 年代前半の産業界では，マーケティングというよりマーケット・リサーチが中心で，さまざまな調査活動が盛んに行われるようになっていった．こうしたことから，1950 年代前半，marketing という言葉は研究者には知られていても，マーケティングというカタカナは一般にはほとんど知られてはいなかったのである．

　また，余談になるが，当時は，マーケッティングと「ツ」を入れていた．マーケティングと「ツ」がとれた表記になるのは，1950 年代後半のことである．マーケティングが一般に知られるようになるのは，1955 年 10 月のトップマネジメント訪米視察団の帰国記者会見報道がきっかけ，というのが定説になっている．

3.2 日本生産性本部「トップマネジメント訪米視察団」(1955年)の帰国記者会見

　1950年,日本生産性本部は石坂泰三東芝社長(当時)を団長とする「トップマネジメント訪米視察団」をアメリカに派遣した.視察団は9月6日から6週間あまりをかけてアメリカ各地を回り,10月17日,羽田空港に帰ってきた.帰国したとき,石坂泰三団長と佐藤喜一郎三井銀行社長(当時)は羽田で記者会見を行ったが,その内容が「学ぶべき市場対策　理論生かす米企業」との見出しで同日の『日本経済新聞』夕刊に報じられている.同紙によると,「自由経済に徹する米国の科学的な市場販売対策(マーケティング)は大いに学ぶ必要がある」「……顧客を何よりも大事に考える米国の経営をみると日本ではマーケティングが少し遅れているように思われる.また,米国の競争は品質の向上や原価の切り下げに集中しており,日本のような損をする競争は決してしない」と石坂は印象を語っている.

　この会見で「マーケティング」なる言葉は一般的に知られるようになり,企業人の間にもマーケティングとは何か,マーケット・リサーチとはどこが違うのか,という声が上がり,翌56年3月,専門視察団をアメリカに派遣することになった,というのが定説になっている.

3.3 日本生産性本部「マーケティング専門視察団」(1956年)による報告

　マーケティング専門視察団(団長・菱沼勇海外貿易振興会副理事長(当時)を含め,全12名)は6週間にわたり,アメリカ各都市を訪問した.視察の報告書は翌57年に刊行されたが,これには,視察団メンバーが当時,マーケティングをどのように理解し,受け止めたかが明快かつ鮮やかに生き生きと述べられている.「書物などを読んだりして,にわか勉強をしたが,どうもマーケティングの実体は捕えにくかった.それが今回の米国内の旅行によって,マーケティングの本質がいかなるものであるか,その基調をなす精神が何であるか

ということなどを，身をもって感得することができたといえるような気がする」(JPC, 1957, p.3) と菱沼団長は報告書で書いているが，定義には書かれていない「マーケティングの本質，その基調をなす精神」を「感得」してきたのである．

では，視察団が感得してきた「マーケティングの本質，基調をなす精神」とは何であったのか．同報告書によれば，それは，下記のようであった．

消費者は王様である．マーケットとは人びとのことであって，市場という訳語は誤解をあたえるおそれがあり，適切ではない．マーケットとは，消費者のことであり，王様のことである．販売とマーケティングとは，考え方がまったく違う．マーケティングとはマーケット（王様である消費者）にingをつけたものである．マーケティングのマーケティングたるゆえんは基本的な考え方にある．

一方，視察団はアメリカで行われているマーケティングの現状について批判的な見方もしている．マーケティングを軽視する経営者も少なくないこと，計画的陳腐化政策や過度の差別化を作り出す手法などには，疑問であると指摘している．

報告書は全体を通じて，マーケティングの考え方をよく飲み込むこと，マーケティングの技術ではなく原則を導入することを強調している．

3.4 日本生産性本部「第2次マーケティング専門視察団」(1958年) による報告

1956年の視察団に続いて58年7月，第2次マーケティング専門視察団がアメリカに向け旅立った．今回は，主としてプロダクト・プランニングについて学ぶという目的をもっていた．この時も，AMAの定義は共通理解ということはなく，人によりさまざまな意味で使っていたようだが，それでも人びとの胸底に共通しているのは消費者を最も大切にする考え方であった，という．それを，Consumerismといっているということも報告されている．そして，もう

ひとつ,Changing time, Changing economy, Changing market というように Changing という言葉を多く耳にしたという (JPC, 1959).

なお,この報告書では,計画的陳腐化について述べているが,56年視察団のように批判的な見解ではなく,アメリカ企業の情況や事実を淡々と記述しているのが注目される.

3.5 導入時のわが国での理解

日本マーケティング協会 (JMA) は1962年,AMA が刊行した *Marketing Definitions: A Glossary of Marketing Terms* (1961) を翻訳出版した.そして,翌63年,文言等に更なる推敲を加えた改訂版を刊行している.それが,『マーケティング定義集・改訂版』である.これは,予想を上回る関心を寄せられたという.そして,マーケティングの普及に貢献したとされる.ただ,必ずしも,マーケティングの考え方の「理解」普及に貢献したとは言い切れないようでもある.それは,たとえば,58年使節団がもち帰った consumerism という言葉を,70年代は言うに及ばず,今日でも消費者運動と混同している産業人のみならず研究者もいることに現れている.

この AMA 定義集の翻訳にあたっては,深見義一(一橋大学名誉教授:当時)と関口猛夫(日本マーケティング協会事務局長:当時)両氏が校閲・総括を担当した.したがって,深見は,AMA1960年定義の日本紹介についてはかなり深く関わっていたといえる.

深見は,AMA1960年定義を引用しつつ,「マーケティングとは,富裕のアメリカの,生産と消費にまたがって,らせん形を以って上昇する,経済循環を,製品計画を中心とする,一連の関連活動によって,推進する,そうした一連の諸活動の総合概念である」と説明している.また,深見は,「マーケティングとは,生活水準の創造と配達 (creation and delivery of a standard of living) である」とマックネーア (McNair, N. P.) の定義を紹介している (深見, 1965).

ここでは,アメリカ,とくにアメリカの購買力の豊かさと生産力の強大さを

意識していることが，読み取れる．このころのわが国の産業人のみならず研究者にも，豊かでなく，生産力も弱い日本でアメリカ「流」のマーケティングが導入できるのか，という「危惧」があったことがわかる．ここで，アメリカ流マーケティングとは，マーケティングの技術を指していたのであろう．だからこそ，視察団は，技術ではなく，基本的考え方が大事であり，学ぶべきはそれである，ということを強調したのではないかと思われる．同時に，彼らがマーケティングの表面的な活動ではなく，その基底に注目したことは，大いに評価すべきではないかと考えられる．

4．日本発マーケティング

4.1 日米のマーケティング理解の異同

　前述したように，50年代のマーケティング導入期はマーケット・リサーチが中心的位置を占めていた．その後，製品計画やチャネル戦略に関心が集まってゆくが，ちょうどその時期（50年代末から70年代初めまで）は，わが国の高度成長期でもあった．ステレオタイプ的な言い方をすれば，高度成長期は，売り手はさほどの苦労をしないでも済んだ時代でもあった．もちろん，消費者志向というマーケティングの基本的考え方は，研究者は無論のことマーケティングにかかわる産業人にもよく知られていた．しかし，あえて消費者志向の意味を真剣に考える必要はなかったのである．まさに，マーケティングは好況のときには威力を発揮しない，のである．その代わり，マーケティングの技術は，好況時に大いに威力を発揮したのであった．

　一般的にいって，委員会を組織して言葉の定義を作成する作業は手間がかかる．アメリカ発のマーケティングの技術が機能していた（とみえた）この時期，それらの「輸入」に関心が集中したのは無理からぬことであり，あえて60年定義に異議を唱える手間を省いたとしても，自然のことであったといえよう．しかも，60年定義には消費者志向を連想させる文言はなかったから，

第 10 章　日本発マーケティング概念と競争力創成について　191

60年定義を尊重することもなかったのである．

　1970年ごろ，アメリカで欠陥車問題が起った．これをきっかけに，環境問題も絡めて企業のマーケティング活動に対して激しい批判が巻き起こった．このとき，マーケティングは，ソーシャル・マーケティングで対応しようとした．周知のようにソーシャル・マーケティングには2つのタイプが提示された．社会視点が欠けていたとして社会志向を取り入れたマーケティングを構築したものと，社会問題へのマーケティング技術の適応である．わが国では，前者の理解が多数と思われるが，アメリカでは後者の意味でソーシャル・マーケティングをとらえるのが多数のようである．いわば，同じ言葉を日米でやや違う意味でとらえるという現象がはじめて生じた．そして，マーケティングについても，日本の土壌から見直そうという動きがでてきた．エリア・マーケティングのパイオニアである室井鉄衛がその中心にいた．室井はわが国の風土，歴史的土壌から日本のマーケティングの特色を導出しようとした．そのひとつが商人道であり，それは日本企業の社是・社訓に現れているという（室井，1985）．

　そうした情況のなか，1985年，AMAは25年ぶりに定義を改定した．

4.2　JMAによる定義作成

　1987年秋，日本マーケティング協会（JMA）創立30周年を記念して行われたマーケティンググランプリ博覧会の期間中，日本商業学会関東部会とJMAの共催で「AMAマーケティング定義の変遷とわが国マーケティングの将来展望」をテーマにしたシンポジウムが開かれた．

　シンポジウムは坂井幸三郎（青山学院大学教授：当時）の司会のもと，浅井慶三郎（慶応義塾大学教授：当時）が基調報告を行い，宇野政雄（早稲田大学教授：当時），田内幸一（一橋大学教授：当時），佐川幸三郎（花王副社長：当時），鳥居直隆（日本マーケティングシステムズ代表取締役：当時）の4氏のパネラーで行われた．シンポジウムで出された85年定義の問題点として，① マーケティングが

社会の中で果たしている積極的な意味がまったく出ていない，② 競争という問題が抜けている，③ 市場創造・開発という視点が明確でない，④ 現在やっているマーケティング活動の中身が入っていない，⑤ 簡潔さに欠ける，⑥ 企業の利益を考えねばならないと思うが，この定義はきれいごとに過ぎる，⑦ 正直なところ別の定義が欲しい，等が指摘された．また，評価できる点としては，① ワンウェイ型が是正された，② 商品・サービスがあてがいぶちではなくなっている，③ 買い手の満足が入ったのは非常な進歩，等が指摘された．そして，シンポジウムの結論は，日本の実情からすると85年定義では満足できない，であった（JMA, 1988; JMA, 1990）．

このシンポジウムで示された「85年定義では満足できない」という認識は，では満足できるものをつくろうではないか，という方向に展開した．こうして，89年2月，JMAは定義委員会（宇野政雄委員長）を設置した．アメリカからの輸入でない「日本からの発信」の第一歩として，同年5月，第1回定義委員会が開かれ，作成作業が始まった（JMA, 1990）．90年5月に発表されたJMA90年定義は次のようである．

《JMA90年定義》

マーケティングとは，企業および他の組織*がグローバルな視野**に立ち，顧客***との相互理解を得ながら，公正な競争を通じて行う市場創造のための総合的活動****である．

[註] *　　教育・医療・行政などの機関，団体を含む．
　　　**　　国内外の社会，文化，自然環境の重視．
　　　***　　一般消費者，取引先，関係する機関・個人，および地域住民を含む．
　　　****　　組織の内外に向けて統合・調整されたリサーチ・製品・価格・プロモーション・流通，および顧客・環境関係などに係わる諸活動をいう．

4.3　日本発マーケティング

〈JMA 定義の検討〉

　AMA 定義は，前述したように，どちらかといえばマクロ視点からのマーケティング現象の記述，「競争」という言葉が見当たらない，企業経営という視点が薄いといった特徴がある．しかしながら，マーケティングの誕生を 1900 年ごろ，あるいは 1930 年ごろのいずれをとるにしても，マーケティングは企業のビジネス活動であることが基本ではないだろうか．ここを曖昧にしては，マーケティングという言葉をわざわざ使う意義がなくなる．

　また，非営利組織のマーケティングは，企業のマーケティング（考え方と技術の両方）の応用展開と考えるのが相当で，ことさら非営利組織のマーケティングを強調することはその本質を見失わせることになる．そもそも非営利組織は，もともと社会のためといった目的が明確のはずであろう．

　競争については，改めていうまでもないと思われる．企業であれ非営利組織であれ，競争がないということは，ドメイン分析をするまでもなく想定しにくい．競争は公正な競争であることも，いうまでもないだろう．

　このほか，JMA 定義の特徴として，「グローバルな視野」があることをあげねばならない．この視点は，まさに「日本発」らしいところだろうと考える．

〈秩序維持と公正な競争〉

　1 節で，景気後退時に売り上げが伸びないとき，マーケティングの発想は売り上げを伸ばすことを優先して考える，と述べた．いうまでもなく，売り上げは単価と販売数量の積で表される．

　　　売り上げ＝単価×数量

　このとき，単価を P，数量を Q，と考えると，P を上げようと思えば Q は下がり，Q を増やそうと思えば P は下がる，という経済学で習った知識を思い出してしまう．しかし，ここで思い出さなければいけない肝心なことは，その知識では，対象となっている商品は変化しない，ということであり，「十人一色」の世界の話であるということである．つまりは，こうした条件のもとで

成り立つ話なのである．

　マーケティングの発想は，単価は客単価，すなわち「顧客の（平均）購買額」であり，数量は「顧客の数」を意味する．また，商品は変化しない，とは考えない．すなわち，商品に手を加え変化させることも考える．したがって，売り上げを伸ばすためには，（ア）顧客の購買額を高める，（イ）顧客の数を増やす，という2つの方法に止まらず，（ウ）商品に手を加えて変化させる，という方法がある．そして，（ア）も（イ）もともに増加させたい，と思う．しかも，今は「一人十色」の時代である．消費者志向や市場とは消費者のことという，マーケティングの基本的考え方が機能する場面である．この点においては，アメリカ発であろうと日本発であろうと，基本的な考え方は同じである．マーケティング支配のもとでは公正な競争が展開される．

　もっとも，現実に行われている「マーケティング」においては，（ウ）については工夫せずに，Pを下げることでQを増やし，売り上げ増を意図する「値下げ戦略」も多くみられる．いわば，体力勝負の戦略である．体力勝負は，体力に優る企業が体力の劣る弱小企業をつぶす方法としては，有効とされる．

　実際，わが国の製造企業や小売企業，とくにそれなりの歴史がある産業においては秩序を乱すことを嫌う風潮もあって，とかく「談合」して共同歩調をとろうとする（いうまでもなく，この方法は，独占禁止法にもとる）か，あるいは「値下げ」に走る傾向がある．マーケティングでいう，破滅的競争（cut throat competition）に繋がる方策である．この点に関しては，いずれの戦略も，マーケティング発想からは，遠い．

〈グローバルスタンダード〉

　グローバルスタンダードという言葉はよく使われる．世界中，どこでも通用する標準的な基準・考え方といった意味のようだが，アメリカスタンダードとはどう同じで，どう違うのだろうか．通貨に関しては，確かに「昔は」ドル中心であったからアメリカスタンダードであったといえよう．文化に関しても，そういう時代があった．経済やビジネスはどうだろうか．ものの考え方，すな

わち人の価値観やライフスタイルはどうだろうか．

マーケットとは消費者のことであり，消費者の購買力であり，消費者のニーズであり，それにingをつけたのがマーケティングだ，ということからすれば，マーケティングにはグローバルスタンダードとひとくくりにできるほどシンプルな基準はないということになろう．グローバルな視野に立てば，マーケットはまさに十人十色，一人十色に見えるはずである．

〈道具と道〉

AMAの定義とJMAの定義の大きな違いは，マーケティングはいかにあるべきか，何をめざすべきか，といった理念があるかどうかではないかと思う．道具と道は，具があるかないかだけの違いともいえるが，大きな意味の違いがある．

わが国はアメリカからマーケティングを学んだわけだが，導入時，その考え方，基本的精神を学ぶことが大事で，マーケティングの技術ではない，という指摘がなされていた．言葉を換えれば，マーケティングの「道」をしっかり学ばねばならない，ということである．技術とは，いうなれば道具（ツール）である．

ツールは使い方が大事であって，道具を使った結果については道具それ自体に責任はない．使った人の責任である．職人は道具を大事にするという．また自分専用の道具をもつともいう．自分の道具には，その使い方の理念がこめられている．だから，道具を大事にする．道具を大切にするし，慈しむ．心がなければ道具を活かし，使いこなすことはできない．第一，道具が悦ばない，と職人は考える．他人の道具は使いにくいものだという所以は，ここにあるのだろう．

マーケティングも同じだ，と私は思う．マーケティングを実践するということは，すなわち道具としてのマーケティングを使うことである．マーケティングを使いこなすには，道がわかっていなくてはダメだろう，と思う．こうした思いは，日本人にはわかりやすいと思う．いや，世界の多くの人にもわかりや

すいのではないだろうかとも思う．「株主資本主義」の信奉者に使われている道具は，なんとも可哀そうだ，という気がするのは筆者だけではないだろう．日本発のマーケティングの強さの源はここにある，と思う．道を備えた道具は，競争力を創る源泉であり，日本が得意とするところでもある，と思う．

（疋田聰）

注
1) トヨタ自動車・報道資料「平成21年3月期　第2四半期決算要旨（2008年11月6日）」によれば，下記のようである（同社HP）．
　第2四半期連結決算（2008年4月～9月）（前年同期比）：売上高6.3％減，営業利益54.2％減，当期純利益47.6％減．
　通期見通し連結決算（2008年4月～2009年3月）（前年同期比）：売上高12.5％減，営業利益73.6％減，当期純利益68.0％減．
2) ソニー・報道資料「エレクトロニクス事業の経営体質強化・収益性改善のための諸施策実施について（2008年12月9日）」によれば，1．投資計画の見直し，2．製造事業所の再編，3．人材の再配置・人員の削減，を行うとしている．そのうち，3．人材の再配置・人員の削減の内容は下記のようである（同社HP）．
　「製造事業所の再編，開発・設計体制の見直し，営業や間接部門の効率化などによって，本社を含む全社的な合理化を推進し，職務転換／転職支援プログラム等を通じた人材の再配置・最適化を図ります．
　これらの施策により，2009年度末までに，エレクトロニクス事業の全世界の従業員数を，2008年9月末時点の約16万人から約8,000人削減することを見込んでいます．同時に，派遣社員等外部リソースの活用も見直す予定です．」
　また，新聞報道（『日本経済新聞』2008年12月10日付朝刊）では，「ソニー 1万6000人削減　世界でリストラ　正社員8000人含む　コスト1000億円圧縮へ」を見出しに「人員削減は10年3月末までに実施する．正社員が電機部門の総人員の約5％に相当する8千人，派遣社員など非正社員が8千人以上にのぼる見通し．57カ所ある生産拠点は約1割減らす．人員削減や閉鎖する生産拠点いずれも国内が含まれる見通しだ」と詳しい内容を伝えている．
3) 1961年に刊行された第3回レポート *Marketing Definitions: A Glossary of Marketing Terms*（R. F. Alexander & the Committee on Definitions of the AMA）には，次のように書かれている（和訳は，『マーケティング定義集・改訂版』1963年，による）．
　「1931年に第1回専門委員会のメンバーが作業を開始したとき，われわれは，

マーケティング問題の執筆者たちが，用語の使用方法をある程度統一してくれることを希望した．われわれの教育上，経済学理論の分野における紙とインクの無駄を省きうることができたらと望んだ．この分野においては，ほとんどの教科書の冗漫さの少なくとも3分の1から2分の1は，著者が使用する用語の個人的定義の提出及び防御に費やされていた．このことは混乱の霧を深くするのに役立ち，そのなかで，不幸な学生の読者はさまよっていた．われわれの当初の希望は，実現されなかった．執筆者たちは，今なお，彼らが使用する用語を定義するのに独創性の特権を振り回している．しかしわれわれは，これだけは完成したといってもよろしい．すなわち本専門委員会の定義から離れ去っている執筆者たちも，少なくともこれらを引用し，そしてなぜかれらがこれに逆らうのかを説明しているからである．専門委員会の作業は，少なくとも執筆者たちが執筆開始前にマーケティングの用語及びその定義について注意深く考えているかどうかを，たしかめさせることに貢献した．」

なお，ここで引用した前半部は，1985年定義が刊行されたBennett（1988）にも引用されている．

4）コメント：「マーケティング」を定義する仕事には，少なくとも三つの観点から接近することができる．

（1.）「法律的」接近のよい例としては，次のようなものがある．「マーケティングは，商品およびサービスの所有権ならびに占有権に変更をもたらす，すべての活動を含むものである．」元来は商業的な問題に，その法律的な面をこのように強調する定義を採用することは，明らかに望ましくないようである．

（2.）「経済学的」接近の例には次のようなものがある．

「時間，場所，占有等の効用を創造することを取り扱う経済学の分野．」

「財貨および用役を，ある対価と交換することによって，人間の欲望を満足させる企業活動の側面．」

これらの定義は，市場で通常見られるよりも，経済学的概念のより深い理解を想定しているきらいがある．

（3.）「事実的あるいは記述的」接近には，本委員会の示した定義がその実例となる．この型の定義は，職業的経済学者にも実業人にも理解されそうな用語で，その問題を記述することを単に索めており，法律的あるいは経済学的含意には関与しない．

この定義は，マーケティング調査，運送，製品ならびに包装計画のある種の部面，愛顧を促す手段としての信用の利用，のような種々の助成活動を包含しようとしている（和訳は，JMA（1963）による）．

参考文献
久保村隆祐（1987）「日本におけるマーケティング研究30年の歩み」『マーケティ

ングジャーナル』26 号，日本マーケティング協会．

疋田聰・鷲谷克良（2001）「広告・市場調査の源流を探る〈下〉」『証言で綴る広告史』日経広告研究所．

深見義一編（1965）『マーケティング論』有斐閣双書．

室井鉄衛（1985）「日本的風土と日本的マーケティング」『マーケティングジャーナル』5 巻 1 号，日本マーケティング協会．

山本武利・疋田聰・鷲谷克良（2001）『広告・市場調査の源流を探る〈上〉』『証言で綴る広告史』日経広告研究所．

JMA（1963）『マーケティング定義集・改訂版』日本マーケティング協会訳，日本マーケティング協会．

JMA（1988）「シンポジウム『AMA マーケティング定義の変遷とわが国マーケティングの将来展望』」『マーケティングジャーナル』28 号，日本マーケティング協会．

JMA（1990）『マーケティング定義委員会』日本マーケティング協会．

JPC（1957）『マーケッティング専門視察団報告書』（1957）日本生産性本部．

JPC（1959）『第 2 次マーケティング専門視察団報告書』（1959）日本生産性本部．

Bennett, P. D. (1988) *Dictionary of Marketing Terms*, AMA.

第11章
JR東日本とヤマハ楽器の競争力の理由
―― マーケティングの視点から ――

1. はじめに

　これまで，経営力創成研究所のマーケティング関連プロジェクトとして，JR東日本，浜松企業（ヤマハ楽器，スズキ，ホンダ，浜松ホトニクス）を取り上げ，調査研究をしてきた．そして，2008年度は，京セラのアメーバ経営を取り上げ，さらに日本と台湾の合弁企業として，瑞晶電子股份有限公司（以下，瑞晶電子と記述），新光三越百貨股份有限公司（以下，新光三越百貨と記述）を調査研究した．本章では，京セラのアメーバ経営，日本と台湾の合弁企業の調査研究は別の研究報告に委ね，JR東日本と浜松企業の中のヤマハ楽器に関して研究をまとめる．そこにおいて，JR東日本とヤマハ楽器に共通する経営力創成の源泉は，下記の2つの仮説にあるとして，以下の論述を試みる．「日本企業の競争力（経営力）創成の源泉は，1．柔軟な事業（市場）展開，2．市場創造と最適なニッチの発見にある．[1]」企業の柔軟な事業（市場）展開が，何らかの形で新市場の創造に帰着する．新しく市場を創造するということは，それらの市場の中で最先発，最先端の企業となることを意味する．その結果，後に参入してくる企業に比較して，絶対的にかつ相対的に多くの強みを技術的，製品的，市場的にもつことになる．

2. JR東日本

　JR東日本は，中曽根康弘内閣により実施された政治改革案「国鉄分割民営化」の結果として派生した会社である．それまでの日本国有鉄道（国鉄）をJR

として6つの地域別の旅客鉄道会社とひとつの貨物鉄道会社（JR貨物）などに分割し民営化するものであった．6つの地域別の旅客鉄道会社が，JR東日本，JR東海，JR西日本，JR北海道，JR四国，そしてJR九州であり，ひとつの貨物鉄道会社がJR貨物である．これら分割された中のひとつとしてJR東日本が生まれた．このJR東日本の事業（市場）展開を，その発足から現在までを歴史的に追ってみると下記のようになる．

図表11—1　JR東日本の歴史

1987（昭和62）年	
4月	国鉄からJRへ，東日本旅客鉄道株式会社発足
	新スタイルの直営店「アメリカンポテト」，新橋駅にオープン
5月	損害保険代理業を開始
6月	東日本キヨスク（株）設立
7月	駅のコンサート「とうきょうエキコン」を開演
10月	一般旅行業代理店業営業開始
1988（昭和63）年	
3月	ジェイアールバス関東（株）設立
3月	赤羽駅に直営駅ビル第1号「アルカード赤羽」オープン
5月	（株）ジェイアール東日本企画設立
9月	駅のコンビニエンスストア「JC品川店」オープン
10月	（株）ジェイアール東日本物流設立
1989（昭和64，平成元）年	
1月	宅地建物取引業営業開始（都知事免許）
4月	ジェイアール東日本コンサルタンツ（株），（株）ジェイアール東日本建築設計事務所設立
4月	ジェイアール東日本レストラン（株）（現ジェイアール東日本フードビジネス（株））設立
4月	ジェイアール東日本高架開発（株）（現（株）ジェイアール東日本都市開発）設立
11月	（株）ジェイアール東日本情報システム設立
1990（平成2）年	
3月	日本食堂（株）（現（株）日本レストランエンタプライズ）に資本参加
4月	東京圏駅ビル開発（株）設立
8月	ジェイアール東日本ビルテック（株）設立
9月	四ツ谷駅に本格的直営駅ビル「アトレ四谷」オープン
10月	21世紀に向けた経営構想「FUTURE21」を発表
12月	ガーラ湯沢駅開業，駅と直結した「GALA湯沢スキー場」オープン

1991（平成3）年
3月　自動改札対応プリペイドカード「イオカード」発売開始
3月　ジェイアール東日本レンタリース（株）設立
4月　（株）ルミネ発足
6月　プロサッカーチーム「東日本ジェイアール古河サッカークラブ」が誕生
11月　人にやさしい駅づくり委員会発足
1992（平成4）年
4月　ジェイアール東日本メカトロニクス（株）設立
6月　21世紀の生活サービス事業構想「生活創造宣言・2001」を発表
9月　海外旅行会社（株）びゅうワールド設立
1993（平成5）年
2月　「ビューカード」営業開始
9月　不動産鑑定業営業開始（都知事登録）
10月　株式上場（東京，大阪，名古屋，新潟各証券取引所）JR東日本株式250万株を売却
1995（平成7）年
4月　格安レンタカー（6,800円）発売開始，6月より「トレン太くん」ロゴマーク使用
4月　（株）ホテルメトロポリタン長野設立
7月　初の長期滞在型ホテル「フォルクローロ遠野」オープン
1996（平成8）年
2月　仙台地区初の分譲マンション事業「びゅうパルク南仙台」販売開始
3月　JR東日本のインターネットホームページを開設
5月　駅型保育園「国分寺Jキッズステーション」営業開始
5月　タッチパネル式新型自動券売機設置開始
11月　「ホテルメトロポリタン長野」オープン
12月　ジェイアール東日本コンビニエンス（株）設立
1997（平成9）年
4月　ジェイアール東日本商業開発（株）設立
2月　セントラル警備保障（株）と業務および資本提携
1998（平成10）年
1月　初の直営スーパーマーケット「メルカードJ西船橋」オープン
4月　（株）ジェイアール東日本マネジメントサービス設立
10月　「JR東日本アートセンター／四季劇場」オープン
11月　品川駅構内にショッピングモール「フローラ品川（現Dila品川）」オープン
11月　世界最軽量折りたたみ自転車「トレンクル」発売開始
1999（平成11）年
1月　弘済整備（株）などグループ会社4社が参加して機密文書リサイクル事業を開始
4月　立川駅南口に「GRANDUO」オープン

10月　提携銀行および全国の郵便局でのビューカードキャッシングサービス開始
2000（平成12）年
4月　ビューカード，VISAとの提携開始
4月　インターネットモール「えきねっと」開業
7月　カタログ通販「NRETrainShop」営業開始
11月　JR東日本グループの中期経営構想「ニューフロンティア21」を発表
2001（平成13）年
4月　JAL，JTBと提携した旅の総合サイト「えきねっとTravel」開設
10月　「JC」「ミニコンビ」がひとつになって新しい駅のコンビニエンスストア「NEWDAYS」が誕生
11月　非接触ICカードシステム「Suica」サービス開始
12月　（株）オレンジページの経営権取得
2002（平成14）年
2月　山手線車体広告スタート
2月　「アトレ上野」オープン
2月　駅ビルポータルサイト「駅パラ」オープン
3月　上野駅に社内ベンチャー「J-Tomorrow」事業化第1号駅の定食屋「ちゃぶぜん」オープン
4月　JR東急目黒ビル，「アトレ目黒」開業
4月　東京モノレール（株）とのSuica相互利用開始
10月　（株）ジェイアール東日本パーソネルサービス設立
2003（平成15）年
3月　ビューカード会員へのインターネットサービスVIEW'sNET開始
3月　（株）ジェイアール東日本ロジスティクスプラットフォーム設立
3月　「ホテルメトロポリタンエドモントイーストウィング」オープン
7月　「ビュー・スイカ」カードサービス開始，JCBとの提携開始
7月　「JR東日本訪日旅行手配センター」設立
7月　「ケータイ駅パラ」オープン
9月　（株）JR東日本ステーションリテイリング設立
2004（平成16）年
2月　「ホテルドリームゲート舞浜」オープン
3月　ビューカード，MasterCardとの提携開始
3月　（株）ICカード相互利用センター設立
3月　「JR品川イーストビル」「アトレ品川」オープン
3月　Suicaによるショッピングサービス（電子マネー）開始
4月　駅無線LAN商用サービススタート
7月　本社に「ITビジネス部」「Suica部」を設置
8月　JR西日本の「ICOCA」との相互利用開始を発表

8月	「Dila 蘇我」オープン	
9月	大宮〜浦和エリア等のファミリーマート26店舗でのSuicaショッピングサービス開始	
10月	「ビュー・スイカ」リボカードサービス開始	

2005（平成17）年

1月	「JALカードSuica」発行開始	
1月	ビックカメラ有楽町店でのSuicaショッピングサービス開始	
1月	中期経営構想「ニューフロンティア2008」発表	
3月	「ecute 大宮」オープン	
3月	「Dila 西船橋」オープン	
5月	「ホテルメッツ赤羽」オープン	
6月	「アトレヴィ秋葉原」オープン	
6月	「小田原ラスカ」オープン	
7月	（株）ジェイアール東日本ビルディング設立	
7月	本社に「IT事業本部」「お客さまサービス部」を設置	
7月	「ジェクサー・フィットネスクラブ赤羽」オープン	
7月	NTTドコモと共通インフラ構築に向けた検討について合意	
10月	「ecute 品川」オープン	
10月	「東京ビルディング」オープン	
12月	イオンと包括的な業務提携について合意	

2006（平成18）年

1月	モバイルSuicaサービス開始	
2月	「Dila 大船（I期）」オープン	
2月	「ホテルメッツ福島」オープン	
3月	「ビックカメラSuicaカード」受付開始	
3月	「みずほSuicaカード」募集開始	
5月	ヤフーと包括的な業務提携について合意	
10月	社内ベンチャー第5号「えきあど」サービス開始	

2007（平成19）年

2月	「イオンSuicaカード」発行開始	
2月	『スーパーICカードSuica「三菱東京UFJ-VISA」』発行開始	
3月	「ホテルメッツ高円寺」オープン	
3月	「サピアタワー」オープン	
3月	「PASMO」との首都圏ICカード相互利用サービス開始	
	埼玉新都市交通，仙台空港鉄道，ジェイアールバス関東とのSuica相互利用開始	
5月	「東京ステーションコンファレンス」オープン	
5月	「ホテルメトロポリタン丸の内」オープン	
6月	「Suicaポイント」サービス開始	

10月	「ecute 立川（Ⅰ期）」オープン
10月	「エキスト鎌倉」オープン「グラントウキョウノースタワー（Ⅰ期）／サウスタワー」完成
12月	「Dila 三鷹（Ⅰ期）」オープン

2008（平成20）年

2月	ANAのマイルからSuicaポイントへのポイント交換がスタート
2月	SuicaポイントとWAONポイントの相互交換を開始
3月	イオンのショッピングセンター約13,000店舗でSuica電子マネーサービス導入完了
3月	「Yahoo! JAPAN カードSuica」募集開始
3月	「ICOCA」との電子マネー相互利用開始
3月	「ICOCA」とJR東海「TOICA」との3者相互利用開始
3月	「グループ経営ビジョン2020―挑む―」発表
4月	「ジェクサー・フィットネスクラブ ホテルメトロポリタン池袋」オープン
4月	モバイルSuica会員100万人突破
4月	（株）JR東日本グリーンパートナーズ設立
4月	「グランデュオ蒲田」オープン
4月	「Suica」「PASMO」の電子マネー利用件数が1日あたり100万件を突破
6月	「S-PALⅡ」オープン
7月	「アトレヴィ田端」オープン

出所）「JR東日本2006年会社要覧」，JR東日本ホームページより作成抜粋

2.1 JR東日本の柔軟な事業（市場）展開

　これらのJR東日本の事業（市場）展開を歴史的にみると，本業の鉄道事業を土台にして，飲食料品小売業，情報サービス業，インターネット付随サービス業，各種商品小売業，その他小売業，貸金業，補助的金融業・金融付帯業，不動産取引業，不動産賃貸業・管理業，一般飲食店，宿泊業，専門サービス業，旅行業，娯楽業，物品賃貸業，広告業等々，非常に多肢に渡っている．鉄道事業を除いて，いずれが主要な事業なのか判断に迷う．

　それは換言すると，JR東日本の組織の柔軟性を背景とした，新市場の発見と創造の歴史であった．2006年に行ったJR東日本のインタビュー調査のとき，JR東日本副社長が次のように述べていたことが印象深い．いわゆる旧国鉄からJR東日本に移行したとき以来，「あらゆる商売に手を出してきた」と述べていた．それは，資本力を背景にした懐の深さを意味している．そして，

それは組織の柔軟性から発露したものか，あるいは危機感から発露したものか判断できないが，このあらゆる業種への組織展開は組織の活性化をもたらした．後の展開として，新しい業種へのチャレンジは組織の柔軟性につながり，そしてその組織の柔軟性はまた新たな業種へのチャレンジへと循環する．

このように，JR東日本は多様な事業展開をしてきたが，それは最初，定まった方向性はなかったようにみえる．しかし，JR東日本が1990年に発表した経営構想「21世紀にかけた経営構想『FUTURE21』」から，ある程度の方向性が定まったようである．それは，1992年の「21世紀の生活サービス事業構想『生活創造宣言・2001』」にまとめられた．その後，2000年にJR東日本グループの中期経営構想「ニューフロンティア21」発表．2005年には，中期経営構想「ニューフロンティア2008」に継続された．さらに，2008年では，「グループ経営ビジョン2020 —挑む—」に集約されている．

1990年「21世紀にかけた経営構想『FUTURE21』」の前後には，本格的直営駅ビル「アトレ四谷」オープン，自動改札対応プリペイドカード「イオカード」発売開始，ジェイアール東日本レンタリース（株）設立，（株）ルミネ発足，人にやさしい駅づくり委員会発足などが展開されている．この段階で，駅，駅ビル，自動改札という今後の展開において重要なキー概念が出てきている．そして，1992年の「21世紀の生活サービス事業構想『生活創造宣言・2001』」の後には，長期滞在型ホテル「フォルクローロ遠野」オープン，分譲マンション事業「びゅうパルク南仙台」販売開始，「ホテルメトロポリタン長野」などの不動産業も展開しつつ，駅型保育園「国分寺Jキッズステーション」の営業開始，タッチパネル式新型自動券売機設置開始，ジェイアール東日本コンビニエンス（株）設立，直営スーパーマーケット「メルカードJ西船橋」オープン，「JR東日本アートセンター／四季劇場」オープン，品川駅構内にショッピングモール「フローラ品川（現Dila品川）」オープンというような，駅を中心とした商業施設，生活支援，生活娯楽を提供する展開を積極的に行っている．

2000年のJR東日本グループの中期経営構想「ニューフロンティア21」発表後には，新しい駅のコンビニエンスストア「NEWDAYS」，「アトレ上野」「アトレ目黒」「JR品川イーストビル」「アトレ品川」などの商業施設のオープン，（株）JR東日本ステーションリテイリングの設立などが行われた．そして，非接触式ICカードシステム「Suica」サービスが2001年の11月に開始され，東京モノレール（株）とのSuica相互利用，JR西日本の「ICOCA」との相互利用開始，ビューカード会員へのインターネットサービス「VIEW'sNET」の開始，「ビュー・スイカ」カードとJCB・MasterCardとの提携がなされた．さらに，（株）ICカード相互利用センターが設立され，本社に「ITビジネス部」「Suica部」が設置された．そして，2004年4月に，Suicaによるショッピングサービス（電子マネー）が開始された．駅の自動改札・「通過」機能に，ショッピングの「通貨」（貨幣）が付加されたのである．ここにおいて，今後の展開において重要な転換点がなされた．その後，大宮〜浦和エリア等のファミリーマート26店舗でのSuicaショッピングサービス，「JALカードSuica」発行，ビックカメラ有楽町店でのSuicaショッピングサービスがなされた．

2005年に中期経営構想「ニューフロンティア2008」が発表された．この期において，本社に「IT事業本部」「お客さまサービス部」を設置し，モバイルSuicaサービス，「イオンSuicaカード」発行，3月「PASMO」との首都圏ICカード相互利用サービス，「Suicaポイント」サービス，ANAのマイルからSuicaポイントへのポイント交換，Yahoo! JAPANカードSuica募集，「ICOCA」との電子マネー相互利用，「ICOCA」とJR東海「TOICA」との3者相互利用などが，一挙に開始された．そして，商業施設として，ecute大宮，Dila西船橋，アトレヴィ秋葉原，小田原ラスカ，ecute品川，Dila大船（I期），ecute立川（I期），エキスト鎌倉，Dila三鷹（I期）が，次々と開業された．また，ホテル事業としてホテルメッツ赤羽，ホテルメッツ福島，ホテルメッツ高円寺，ホテルメトロポリタン丸の内がオープンした．また，（株）ジェイアール東日本ビルディング設立が作られ，東京ビルディング，サピアタ

ワー，東京ステーションコンファレンス，グラントウキョウノースタワー（1期）／サウスタワー」なども完成している．スイカ事業を核として，駅ナカ・ソトの商業施設が盛んに展開されたのである．

　2008年には，「グループ経営ビジョン2020—挑む—」が発表された．2008年には，モバイルSuica会員が100万人を突破し，そして「Suica」「PASMO」の電子マネー利用件数が1日あたり100万件を突破した（1回の使用平均金額330円とすると，100万×330円＝3億3千万円）．また，商業施設として，グランデュオ蒲田，S-PAL II，アトレヴィ田端が開業している．一方，2005年に「ジェクサー・フィットネスクラブ赤羽」がオープンしており，さらに2008年に，ジェクサー・フィットネスクラブ・ホテルメトロポリタン池袋がオープンしている．消費者の生活面におけるサポートとして，駅型保育園と同時に，このフィットネスという側面でも新たな事業展開を模索しているようである．

2.2　JR東日本の市場創造と最適なニッチの発見

　このようにみてくると，JR東日本の最近，そして今後の事業展開は，Suica，駅ナカ，ホテル，生活側面（保育園，フィットネス）が主なものとなりそうである．とくに力を入れているのが，Suicaと駅ナカの事業展開である．この2つに事業に関して，若干の考察をしてみよう．

　この2つの事業展開は，まさに市場創造と最適なニッチの発見の過程であった．当初，Suicaは，改札口を通過する切符の代替手段として登場した．それは，切符の機能をよりスマートにしたものであった．切符購入の手間ひまの削除，最寄り駅までの料金の確認の削除，改札口のスムーズな通過（切符，あるいは定期等を改札の器械にいちいち挿入しなくてよい）を可能にするものであった．この段階のSuicaは，まだ単なる便利な切符であった．この便利な切符に買い物機能，お金の支払い機能を付けたときに，Suicaはまさに新たな段階に入ったといえる．このSuicaの支払い機能は，クレジットカードや現金とは

異なった機能を果たすものであった．クレジットのように割賦支払いでもないし，後払いでもない．通常は，一括前払いである．一方，現金は，買い物をする時にお金を支払う．しかし，Suica は，前もってお金をチャージ（入金）しておく必要がある．そして，Suica を使用したときの平均買い物金額は，約 320〜340 円であるのにたいして，クレジットカードの 1 回あたりの平均買い物金額は，約 10,000〜15,000 円である．現金支払いは，1 円から上限は個人の支払い可能な金額までである．買い物時点における商品とお金の支払いの形態は，Suica は，金額の確認と Suica カードのタッチである．クレジットカードは金額の確認とサインを必要とする．そして，現金支払いは，金額の確認とお金の出し入れ，おつりの確認が必要である．

　ここにおいて，Suica は，消費者にとってのお金の支払いという側面において，新しい市場を創造したのであった．クレジットでもない現金支払いでもない新たな市場を創造した．それはある状況下，ある買い物時において，そして鉄道の利用時においても，消費者にとって，クレジットよりも現金支払いよりも，より便利な機能を果たしうるものであった．このクレジット支払いと現金支払いのあたかも中間の機能をもった Suica は，駅通過の機能をももっているという意味で，チャージタイプのカード支払い市場において，最先発企業となった．チャージ式の前払いという似たような機能をもった Edy カード（ビットワレット株式会社発行）が以前から存在するが，それには駅の改札通過機能はない．この点において，それらを使う側の消費者にとって Suica と Edy は，別の存在，別の市場と認識されている．Edy と同様な存在として，アイワイ・カード・サービス（セブンイレブン，イトーヨーカドー系）の nanaco，あるいはイオンリテール株式会社，イオン銀行が発行する WAON があるが，これらも駅の改札通過機能はもっていない．現在までのところ，この Suica タイプの市場においての競争者は，私鉄，市営・都営地下鉄系の PASMO であり，また JR 西日本の ICOCA，JR 東海の toica などの兄弟系のカードである．これらの中にあっても，最先発企業の地位は揺るがない．さらに，Suica は「モバイル

Suica」という形態で，携帯電話と合体して通常のSuica機能，さらに広告等の情報提供の機能までその機能を拡張している．この分野に関しては独壇場である．

　駅ナカの事業展開に関しては，2000（平成12）年，JR東日本グループの中期経営構想「ニューフロンティア21」に提示され，さらに2005（平成17）年の中期経営構想「ニューフロンティア2008」でも持続的に推進されてきた，いわゆる「ステーションルネッサンス」の標語のもとに展開されてきたものである（JR東日本，2006）．その内容は，鉄道事業と生活サービス事業からなっており，それに加えて地域社会との共生をうたっている．駅ナカの事業展開は，これらの生活サービス事業と地域社会との共生に深く関わるもので，駅「ナカ」といっているが実際には，駅周辺の駅「ソト」もその思考範囲に含まれている．地域社会との共生として，地域のランドマーク，コミュニケーションスペースとしての機能，そして「駅を中心とした街づくり」をあげている．

　従来，駅は駅利用者にとって，通勤通学，あるいは買い物の通過点であった．JR東日本もそのように考えてきた．利用者の迅速で滞りのない駅の通過をめざしていた．それが，ステーションルネッサンスの標語のもとに，「21世紀型快適移動空間」をめざすものに変化した．それは，乗り降り，乗り換え等の利便性という駅本来の機能を抑えつつ，快適で心地の良い駅を求めるものである．すなわち，JR東日本側にとっても，駅利用者側にとっても，望むべきところで滞留，滞留を望まないところで迅速な通過をめざすものであった．この意味において，JR東日本は，積極的に駅の改良，それと同時に駅ナカ，駅ソトの商業施設を通過点の一環としてとらえるのではなく，快適な滞留，利便性という意味において，商業施設の設備，テナントの内容，配置を抜本的に変えた．このような積極的なJR東日本の駅施設の改良が，駅利用者に認められ，新しいタイプの商業施設ができたと認識され，歓迎された．駅利用者，消費者は，通常の大型百貨店，大型スーパーとは異なったモノ，異なった商業施設，新しいタイプの商業施設とみなしたのである．

この意味において，JR東日本は，新しいタイプの商業施設を事業展開することによって，従来にない通勤・買い物市場を消費者の心のなかに創造したのである．この市場には，いまのところ他の競争者は，ほとんど参入していない．JR東日本は，この市場の最先発企業であり，まさに独占的な強みを発揮している状態である．

　今現在目新しさゆえに，そしてマスコミ等のメディアがニュースとして取り上げたことにより，消費者は1度は行ってみなければ，乗り換えの駅だからついでに行ってみよう，という気持ちで大いに盛り上がっている．しかし消費者は，いまは「駅ナカ」市場という目新しい市場を他の商業施設とは異なったものとして認識しているが，しばらくすると通常の商業施設と同じカテゴリー，同じ市場として認識するようになる．ここからが勝負，競争の始まりである．

3．ヤマハ楽器

　ヤマハ楽器の創業は，創業者である山葉寅楠が，1887年に静岡県浜松市の浜松尋常小学校の壊れたオルガンを修理したことから始まったといわれている．山葉寅楠は，紀州（現在の和歌山）の徳川藩士で天文係をしていた山葉孝之助の三男として生まれた．父の仕事を見たり，器具や機械類をいじるのが好きで，また手先も器用であった．若い頃，長崎で時計作りを学び，医療器械の修理にも携わっていた．オルガンの修理そのものは，バネが2本壊れていただけで，それほどむずかしいことではなかった．この修理という機会に，山葉寅楠は，「オルガンはいずれ全国の小学校に導入される．いっそ高価なオルガンを自分の手で国産化したらどうだろう」という考えをもった（岩淵，1988，p.19）．ここに，ヤマハ楽器の原点が生まれた．下記にヤマハ楽器の歴史を示す．

図表11－2　ヤマハ楽器の歴史

ヤマハ楽器の歴史
1887（明治20）年
7月　山葉寅楠，浜松尋常小学校（現元城小学校）でオルガンを修理．
11月　山葉寅楠，オルガン製作に成功
1889（明治22）年
3月　合資会社山葉風琴製造所設立
1897（明治30）年
10月　日本楽器製造株式会社設立
1900（明治33）年
1月　アップライトピアノ製造開始，グランドピアノ製造開始
1903（明治36）年
9月　高級木製家具の製造開始
1911（明治44）年
　　　建築用合板製造開始
1914（大正3）年
4月　蝶印ハーモニカ製造開始
1915（大正4）年
8月　木琴，卓上ピアノ，卓上オルガンの製造開始
1916（大正5）年
8月　山葉寅楠社長死去（享年64歳）
1917（大正6）年
3月　木製プロペラの製造を開始
1921（大正10）年
12月　外国製楽器，楽譜の輸入販売を開始．
1922（大正11）年
1月　高級手巻き蓄音機を発売
1926（大正15）年
4月　帝国大学（現東京大学）図書館，早稲田大学大隈会館の内装工事
1930（昭和5）年
3月　世界初の音響実験室を設置，欧米へ技術者を派遣
1931（昭和6）年
5月　貴族院（現参議院）の議事堂の内装工事，全金属製のプロペラ製造
1932（昭和7）年
2月　パイプオルガンの製作に成功
1933（昭和8）年

6月　アコーディオン製造開始

1935（昭和10）年

8月　静岡県庁，東京鉄道省他の内装工事，山葉整理箱付セクショナル書架，山葉文化椅子セット販売，電気楽器「マグナオルガン」完成

1938（昭和13）年

8月　新大阪ホテル，国鉄名古屋駅舎，内装工事

1945（昭和20）年

10月　ハーモニカ，シロフォン（木琴）の製造を再開

1947（昭和22）年

4月　ピアノ製造再開，ピアノフレームの鋳造を開始

1954（昭和29）年

8月　ヤマハオートバイ（赤トンボ）製造開始，ヤマハ HiFi プレーヤ製造開始

1955（昭和30）年

7月　ヤマハ発動機株式会社　設立

1958（昭和33）年

9月　国産第1号のFRPアーチェリー　開発，ヤマハ音楽教室開始

1959（昭和34）年

12月　エレクトーン「D-1」完成

1960（昭和35）年

5月　ヤマハボート開発（後にヤマハ発動機（株）に移管）

1961（昭和36）年

6月　FRP製スキー発売，バスタブ発表，鉄，アルミ合金（YFA），銅チタン合金（YCUT）開発

1962（昭和37）年

5月　中日本観光開発株式会社設立

1963（昭和38）年

3月　ヤマハ月販株式会社　設立

1964（昭和39）年

3月　鳥羽国際ホテルオープン，第1回エレクトーンコンクール開催

1965（昭和40）年

4月　アメリカにヤマハ音楽教室オープン，ヤマハ管楽器第1号「YTR-1（トランペット）」製造開始，打楽器の製造を開始

1966（昭和41）年

4月　エレクトリックギター SG シリーズ発売，

8月　財団法人ヤマハ音楽振興会発足，

10月　クラシックギター GC シリーズ発売

1967（昭和42）年

7月　第1回全日本LMC（ライトミュージックコンテスト）開催，

第 11 章　JR 東日本とヤマハ楽器の競争力の理由　213

10 月　コンサートグランドピアノ CF 発売．
11 月　NS スピーカ発表，合歓の郷オープン
1968（昭和 43）年
6 月　NS ステレオシステム発表
1969（昭和 44）年
4 月　合歓の郷ミュージックキャンプオープン．
11 月　第 1 回作曲コンクール（ポプコンの前身）開催
1971（昭和 46）年
4 月　IC 生産開始
1974（昭和 49）年
6 月　株式会社ヤマハクレジット　設立．
10 月　日本で始めての本格的 PA ミキサー「PM1000」発売
1975（昭和 50）年
1 月　エレクトーン「GX-1」発売
1976（昭和 51）年
　　　システムドラム「YD-9000」発売
6 月　エレクトリックグランドピアノ「CP70・80」発売
1980（昭和 55）年
　　　チタライト（チタン合金）発売．
11 月　バドミントンラケット　発売．
12 月　ポータサウンド「PS-1・2・3」発売
1981（昭和 56）年
　　　SITL（静電誘導トランジスタロジック）開発．
3 月　スキーウェア　発売．
4 月　カーボンコンポジットゴルフラブ発売
1982（昭和 57）年
1 月　ピアノプレーヤ発売．
6 月　テニスラケット「YFG45」発売．
10 月　CD プレーヤ「CD-1」発売
1983（昭和 58）年
4 月　クラビノーバ「YP-10・20・30」発売．
5 月　デジタルシンセサイザー「DX7・DX9」発売．
7 月　カスタム LSI 販売開始．
10 月　MSX パーソナルコンピューター　発売
1984（昭和 59）年
8 月　産業用ロボット「ラムダー 1」「カッパー 1」発売．
9 月　FM 音源用 LSI「YM3526」・画像処理用 LSI「V6355」開発

1985（昭和60）年
　　　　デジタルシステム研究所設立
1987（昭和62）年
6月　　ウインドMIDIコントローラー「WX7」発売．
10月　　創業100年を記念して社名をヤマハ株式会社に変更
1989（平成1）年
6月　　快適音場空間「アビテックス」発売
1990（平成2）年
　　　　ミュージックシーケンサー「QY10」発売
6月　　ヤマハリゾート株式会社設立
1991（平成3）年
4月　　ピアノ生産500万台達成，管楽器生産500万本達成．
10月　　ヤマハリビングテック株式会社設立．
11月　　ヤマハメタニクス株式会社設立．
12月　　「キロロ」オープン
1992（平成4）年
6月　　第1回ミュージック・クエスト世界大会開催
1993（平成5）年
　　　　CDレコーダー「CDE-100」「CDE-100H10」発売
4月　　通信型カラオケシステム共同開発発表．
6月　　コンピューター・ミュージック・システム「CBXシリーズ」発売．
10月　　サイレントピアノシリーズ発表
1994（平成6）年
4月　　ヤマハミュージックメディア株式会社設立．
10月　　サイレントグランドピアノ「A1S」発表
1995（平成7）年
3月　　ヤマハ教販株式会社，「ヤマハミュージックトレーディング株式会社」に社名変更．
10月　　サイレントブラスシステム「SB-7」発売
1996（平成8）年
8月　　お茶の間シアターサウンドシステム「YHT-V10」発売
1997（平成9）年
4月　　サイレントバイオリン「SV-100」発売．
8月　　インターネット上でCD並みの音声データを扱うソフトウエア「SoundVQ」の配布開始
1999（平成11）年
6月　　インターネット音楽配信システム「MidRadio（ミッドラジオ）」開始．
12月　　USB対応のマルチメディアアンプ「RP-U100」発売
2000（平成12）年

2月　携帯電話着信メロディのダウンロードサービス「ヤマハ　メロっちゃ！」を開始．
4月　ヤマハグループの新レコード会社「ヤマハミュージックコミュニケーションズ」設立．インターネット上で新人アーティストの発掘と音楽配信「MusicFront」を展開，アコースティックバイオリン「Braviol（ブラビオール）」発売．
8月　着信メロディのウェブサイト「モバイル・ヤマハ」をオープン．
9月　着信メロディの配信サービス「ヤマハ　ララメロディ」，「ヤマハ　スーパーララメロディ」開始．
10月　サイレントベース「SLB-100」発売

2001（平成13）年
11月　大人のための音楽入門講座スタート．
12月　サイレントギター「SLG-100N」を発売

2002（平成14）年
4月　サイレントビオラ「SVV-200」発売，エレクトリックバイオリン「EV-204」「EV-205」発売．
12月　ゴルフクラブ「インプレス」シリーズ発売

2003（平成15）年
4月　楽器レンタルシステム開始．
10月　ヤマハエレクトロニクスマーケティング（株）営業開始

2004（平成16）年
4月　中期経営計画 YSD50（YAMAHA Sustainable Development 50）発表
5月　「50歳からの音楽レッスン」開始

2005（平成17）年
5月　管楽器生産1,000万本達成．
12月　インドネシアで植林活動開始

2006（平成18）年
3月　「ヤマハ　ミュージック　レッスン　オンライン」スタート．
4月　電話会議システム「プロジェクトフォン」発売

2007（平成19）年
2月　2007年テクニカル・グラミー賞を受賞．
6月　梅村充，第11代社長に就任

2008年
3月　新中期経営計画「Yamaha Growth Plan 2010（YGP2010）」発表

出所）ヤマハ楽器のホームページより作成抜粋

3.1　ヤマハ楽器の柔軟な事業（市場）展開

図表11―2よりヤマハ楽器の歴史を追ってみると，次のようになる．1887

（明治20）年7月，山葉寅楠は，浜松尋常小学校のオルガンを修理後，11月にオルガンの製作に成功した．その後，1889（明治22）年に合資会社山葉風琴製造所を設立し，1897（明治30）年に日本楽器製造株式会社を設立した．ここにおいて，まさに今のヤマハ楽器の源流をみることができる．1900（明治33）年にアップライトピアノ，そしてグランドピアノの製造を開始した．そして，その後は，高級木製家具，建築用合板，蝶印ハーモニカ，木製プロペラ，全金属製のプロペラ，パイプオルガン，アコーディオンなどの製造を行った．その他，楽器製造とは別に，外国製楽器，楽譜の輸入販売，高級手巻き蓄音機の発売，あるいは，帝国大学（現東京大学）図書館や早稲田大学大隈会館，貴族院（現参議院）議事堂の内装工事の引き受け，世界初の音響実験室の設置などにも着手した．一方，1954（昭和29）年には，ヤマハオートバイ（赤トンボ）製造を開始し，その翌年にはヤマハ発動機株式会社を設立した．その他，国産第1号のFRPアーチェリーの開発，エレクトーン「D-1」完成，ヤマハボート開発，FRP製スキー発売，バスタブ発表，鉄・アルミ合金（YFA）・銅チタン合金（YCUT）開発，中日本観光開発株式会社設立，鳥羽国際ホテルオープン，ヤマハ管楽器第1号「YTR-1（トランペット）」製造開始，打楽器の製造を開始，エレクトリックギターSGシリーズ発売，合歓の郷オープン，IC生産開始，PAミキサー「PM1000」発売，エレクトーン「GX-1」発売，システムドラム「YD-9000」発売，エレクトリックグランドピアノ「CP70・80」発売，などを1960年代までに行った．

　この時期，ヤマハ楽器は，楽器等の製作と同時に，音楽振興の活動を積極的に行った．1958（昭和33）年，ヤマハ音楽教室を開始した．そしてその後，1960年代中半から後半には，第1回エレクトーンコンクール開催，財団法人ヤマハ音楽振興会発足，第1回全日本LMC（ライトミュージックコンテスト）開催，合歓の郷ミュージックキャンプオープン第1回作曲コンクール（ポプコンの前身）開催というように矢継ぎ早に音楽振興の活動を行った．

　その後，1970年代から1980年代にかけて，ICの生産，チタン合金のチタ

ライト発売，SITL（静電誘導トランジスタロジック）開発，カスタム LSI 販売開始，MSX パーソナルコンピューター発売，産業用ロボット「ラムダー1」「カッパー1」発売などを行い，またバドミントンラケットの発売，スキーウェア発売，カーボンコンポジットゴルフクラブ発売，テニスラケット「YFG45」発売などのスポーツ事業の展開も行っていた．あるいは株式会社ヤマハクレジットの設立というものもあった．そして，音楽分野では，本格的 PA ミキサー「PM1000」発売，エレクトーン「GX-1」発売，システムドラム「YD-9000」発売，エレクトリックグランドピアノ「CP70・80」発売，ポータサウンド「PS-1・2・3」発売，CD プレーヤ「CD-1」発売，デジタルシンセサイザー「DX7・DX9」発売，ウインド MIDI コントローラー「WX7」発売，快適音場空間「アビテックス」発売などを行い，また FM 音源用 LSI「YM3526」や画像処理用 LSI「V6355」開発に関わるデジタルシステム研究所なども設立している．1987 年 10 月，創業 100 年を記念して社名をヤマハ株式会社に変更した．

　1990 年代から現在までに掛けては，ヤマハリゾート株式会社設立，ヤマハリビングテック株式会社設立，ヤマハメタニクス株式会社設立，「キロロ」オープン，第 1 回ミュージック・クエスト世界大会開催などの活動もあるが，その重点がサイレント楽器，インターネット・パソコン関連の音楽事業に移行している．サイレント楽器分野では，サイレントピアノシリーズ，サイレントグランドピアノ「A1S」，サイレントブラスシステム「SB-7」，サイレントバイオリン「SV-100」，サイレントベース「SLB-100」，サイレントギター「SLG-100N」，サイレントビオラ「SVV-200」，エレクトリックバイオリン「EV-204」「EV-205」，アコースティックバイオリン「Braviol（ブラビオール）」が発売，発表された．インターネット・パソコン関連の音楽事業では，通信型カラオケシステム共同開発発表，コンピューター・ミュージック・システム「CBX シリーズ」発売，インターネット上で CD 並みの音声データを扱うソフトウエア「SoundVQ」の配布開始，インターネット音楽配信システム

「MidRadio（ミッドラジオ）」開始，USB対応のマルチメディアアンプ「RP-U100」発売，携帯電話着信メロディのダウンロードサービス「ヤマハメロっちゃ！」を開始，ヤマハグループの新レコード会社「ヤマハミュージックコミュニケーションズ」設立，インターネット上で新人アーティストの発掘と音楽配信「MusicFront」を展開，着信メロディのウェブサイト「モバイル・ヤマハ」をオープン，着信メロディの配信サービス「ヤマハ・ララメロディ」，「ヤマハ・スーパーララメロディ」開始，などを行った．また，ヤマハエレクトロニクスマーケティング（株）営業開始，電話会議システム「プロジェクトフォン」発売もある．その他，大人のための音楽市場開拓として，大人のための音楽入門講座，楽器レンタルシステム，「50歳からの音楽レッスン」，「ヤマハ　ミュージック　レッスン　オンライン」などもスタートしている．

3.2　ヤマハ楽器の市場創造と最適なニッチの発見

　このように歴史的にヤマハ楽器の事業（市場）展開を見てみると，JR東日本と同様に幅広い多様な展開を行っている．これらの多様な展開を，ヤマハ楽器は，2004年の中期経営計画YSD50（YAMAHA Sustainable Development 50）を継承した形で，さらなる新中期経営計画として，2008年に「Yamaha Growth Plan 2010（YGP2010）」としてまとめている（図表11－3を参照）．そこでは，音・音響・ネットワーク関連技術を基盤とする楽器・音響・音楽ソフト，AV・IT，半導体の事業領域を"The Sound Company"領域と位置づけ，積極的な経営資源の投入を意図している．それにたいして，健全な事業運営でグループの企業価値増大に寄与する"多角化事業"領域では，リビング，PT（Product Technology），レクリエーション，ゴルフ等のおのおのの各業界で強固なポジション確立をめざし，収益力の向上を図っている．

　"The Sound Company"の領域では，①トータルピアノ戦略によるピアノ事業の拡大，②ギター事業成長への再挑戦，③中国，日本，インドネシアでのアコースティック楽器製造拠点の再編・強化，④音楽ソフト関連事業の再

図表11—3 「Yamaha Growth Plan 2010 (YGP2010)」

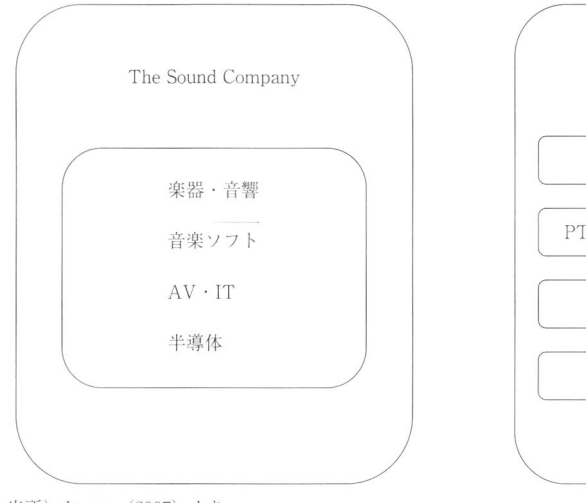

The Sound Company
- 楽器・音響
- 音楽ソフト
- AV・IT
- 半導体

多角化事業
- リビング
- PT (Product Technology)
- レクリエーション
- ゴルフ

出所) ヤマハ (2007) より

編,統合による事業の拡大,⑤デジタルミキサー No.1 堅持と,出力系（スピーカー,アンプ等）商品強化と領域の拡大,⑥ AV 機器での成長,⑦会議システム事業ユニットの確立,⑧半導体事業の新デバイス開発・新市場開拓,⑨エマージング市場での成長,⑩戦略 M&A・提携の積極化,を重点目標においている．一方,"多角化事業"領域では,①レクリエーション事業の選択と集中,②リビング事業の強化,③プロダクトテクノロジー事業の再編・強化,④ゴルフ事業の成長継続をめざしている．中期経営計画 YGP2010 では,大きく「楽器関連事業」,そしてその他「多角化事業」と2分割している．この多角化事業は,まさに玉石混交で,歴史的にみても,新市場参入,成長,撤退が繰り返されている．

ヤマハ楽器はオルガンの修理,製造に始まり,ピアノの製造,そしてギター,バイオリン,ビオラ,チェロ,ベースギター等の弦楽器の製造,さらにフルート,クラリネット,サキソフォン,トランペット,ファゴット,コルネット,ホルン,チューバ等の管・吹奏楽器の製造,あるいはティンパニ,スネア

ドラム,ドラムセット等の打楽器類の製造などに,楽器の製造販売の種類を広げてきた.これらの従来から存在する伝統的な楽器から,ヤマハ楽器は,楽器をエレクトロニクス化して,電子ピアノ,電子オルガン,エレクトーン,シンセサイザー,楽器のサイレント・シリーズであるサイレントギター,サイレントバイオリン,サイレントビオラ,サイレントチェロ,サイレントベース,サイレントブラスシステム,サイレント電子ドラム等々を製造販売している.

このことに関連していえることは,マーケティングの教科書でよく指摘される「製品」を売るのではなく,消費者の欲している「機能・効用」を売るということを実践していることである.楽器の演奏を楽しむ,音を楽しむという視点に立ち,既存の楽器の形態にとらわれず,あらたな形態の電子楽器類を創造した.従来のピアノ,オルガン,ギターという楽器そのものを売るという発想から,楽器から得られる消費者の演奏する楽しみを売るという意図から,電子化されたより使い勝手の良い新しいタイプの楽器を創り出している.それはさらに進化して,音楽を楽しむためのあらゆる電子機器・道具,MIDIコントローラー,シーケンサー/リズムマシーン,ミュージックコンピュータ,ミキサー,パワーアンプ,スピーカー,音楽制作ソフト等々を次々と市場に導入している.

また,ヤマハ楽器は,楽器と音楽そのものだけでなく,楽器と音楽を取り巻く環境,すなわち,より良く演奏する,より良く演奏を聴くということに関わる諸製品,諸環境作りも行ってきた.音楽,演奏を楽しむには,良い楽器と同時に良い音響空間が必要である.ヤマハ楽器は,この点においても,さまざまの取り組みを行っている.それは,1969年の電気音響研究室の設置に始まる(岩淵,1988,p.58).ここでは,ステレオのシステム開発,電子楽器など,さまざまな研究をしていたが,そのなかの研究グループのひとつに「建築音響グループ」があった.この研究グループは,ヤマハ楽器が開設したレジャー施設「つま恋」や「合歓の郷」のエキシビションホール,屋内や屋外のホールなどのPA(パブリック・アドレス=電気的な音響拡声装置)設計を実施するほ

か，ヤマハ楽器の行うイベントのPAを手がけていた．音楽を聴く，堪能するには良くない状況，環境を，良い状況に変える，あるいは作るのである．音響条件の悪い日本武道館をコンサートができる音楽ホールに変身させたりもしている．全国各地にできるいろいろなホールの音響設計も引き受けている．かつて，スイッチを切り換えるだけで，劇場やコンサートホール，スタジアム，体育館，イベントホールを音響条件の良い音場に変換することが夢であったが，それがいまや現実となっている．この音響空間の創造は，大は通常の劇場ホールクラスから始まり，現在は防音空間「アビテックス」という商品名で0.5畳～30畳までの，さまざまな大きさで消費者に提供されている．

　そして，最もヤマハ楽器を特徴付ける音楽活動が，「ヤマハの音楽教室」である．創業約90年後の1958年に，ヤマハ楽器はヤマハの音楽教室を始めた．それは，子どもを対象とした音楽教育の嚆矢で，日本の西洋音楽文化の始まりともいえた．この音楽教室の創造により，音楽は聴くだけのものではなく，演奏することも楽しむものであるという意識，文化が人びとのなかに生まれた．そこから，最初の出発点であるオルガン，ピアノの販売土壌を創り出したのであった．ここにおいて，音楽市場を発見しただけでなく，さらに演奏という市場を創り出したのである．また，1964（昭和39）年に第1回エレクトーンコンクール開催，1967（昭和42）年に第1回全日本LMC（ライトミュージックコンテスト）開催，1969（昭和44）年に合歓の郷ミュージックキャンプオープン，第1回作曲コンクール（ポプコンの前身）開催，1992（平成4）年に第1回ミュージック・クエスト世界大会開催などの活動を行い，音楽の演奏市場を後押しした．

　この演奏市場を創ったことが，まさにヤマハ楽器の120年の長い歴史を持続させた最大の源泉であり，強みであった．この音楽教室の流れは延々と続いてきた．しかし，ここにきて子どもの少子化が進行し，子どものための音楽教室の需要が減少しつつある．そこで，ヤマハ楽器は，2001年に「大人のための音楽入門講座」をスタートさせ，さらに2004年には，「50歳からの音楽レッ

スン」という名目でさらなる需要の掘り起こしにかかった．それを補完するような形で，楽器レンタルシステムを構築したり，家で練習するためのサイレント系の楽器を開発したり，先に指摘した防音空間「アビテックス」などを次々と展開している．

いくつかの失敗もあったが，100年以上もの長い時間スパンにおいて，このような形で社会という環境に順応し，成長を達成してきた．その原因・根拠は，まさに，上述のような柔軟な事業展開と市場の創造にある．

4．おわりに

JR東日本とヤマハ楽器の事業（市場）展開をみてきた．それぞれの企業の歴史的な事業（市場）展開，また現在の事業（市場）展開の特徴は，まさに最初に述べたように，1．柔軟な事業（市場）展開，2．市場創造と最適なニッチの発見の過程であった．

JR東日本は，鉄道事業を含めて，飲食料品小売業，情報サービス業，インターネット付随サービス業，各種商品小売業，その他小売業，貸金業，補助的金融業・金融付帯業，不動産取引業，不動産賃貸業・管理業，一般飲食店，宿泊業，専門サービス業，旅行業，娯楽業，物品賃貸業，広告業等々，というあらゆるといってもよいほどの幅広い事業（市場）展開を行ってきた．そして，それらの展開の中において，鉄道事業という確固たるバックボーンを背景として，いままさにSuica市場という過去に例のない市場を創造した．

ヤマハ楽器は，その歴史的展開と現在の状況をみると，やはり，JR東日本と同様に幅広い事業（市場）展開を行っている．それらの事業展開をまとめると，The Sound Companyの領域で，ピアノ，ギター，アコースティック楽器製造拠点の再編・強化，音楽ソフト関連事業，デジタルミキサー，出力系（スピーカー，アンプ等），AV機器での成長，会議システム事業，半導体事業等，そして，多角化事業領域では，レクリエーション事業の選択と集中，リビング

事業の強化，プロダクトテクノロジー事業の再編・強化，ゴルフ事業である．ヤマハ楽器の強みは，何といっても音楽活動である．ヤマハ楽器は，音楽を聴くだけでなく「演奏する」市場を創造した．それは，ヤマハ音楽教室に端を発して，現在は，大人のための音楽入門講座へと連なっている音楽教室活動をベースとして行われた．音楽市場の開拓者第1の先発企業として，ヤマハ楽器は，その強みを維持し続けている．そして，この「音楽」をバックボーンとして，多彩な事業展開を行っている．

　JR東日本とヤマハ楽器は，組織の柔軟性を背景に試行錯誤を含みながら，多様な事業（市場）展開を行ってきた．この多様な事業（市場）展開のなかから，Suica，駅ナカビジネス，音楽（演奏）という市場を創り出した．市場を創造したことにより，それらの市場のなかで最先発，最先端の企業となり，多くの強みを技術的，製品的，市場的にもつことになった．今後は，これらの強みを持続し続けることができるかどうかが，重要な課題となる．

（小川純生）

注
1）競争戦略で古典的な理論を述べているポーターによれば，競争に打ち勝つための基本戦略は，下記の3つの基本型があるという（Porter，邦訳，1995，p.56；邦訳，1985，p.16）．①コストのリーダーシップ：規模の経済性の発揮，②差別化：企業，製品，サービスなどの差別化，③集中：特定の市場にたいする資源の集中的投下．また，その競争優位に加えて，市場の魅力度も，最終的には企業の利益獲得に関係しているともいわれる（Doyle，邦訳，2004，pp.264-268）．

参考文献
岩淵明夫（1988）『ヤマハ新・文化創造戦略』TBSブリタニカ．
JR東日本（2006）資料「ステーションルネッサンス─21世紀の駅づくり─」，「JR東日本2006会社要覧」．
ヤマハ（2007）資料『アニュアルレポート2007』．
Doyle, Peter (2000) *Value-Based Marketing: Marketing Strategy for Corporate Growth Shareholder Value,* John Wiley & Sons.（恩蔵直人監訳（2004）『価値ベースのマーケティング戦略論』東洋経済新報社．）

Porter, M. E. (1980) *Competitive Strategy*, The Free Press.（土岐坤・中辻萬治・服部照夫訳（1995）『競争の戦略（新訂）』ダイヤモンド社.）

Porter, M. E. (1985) *Competitive Advantage*, The Free Press.（土岐坤・中辻萬治・小野寺武夫訳『競争優位の戦略』(1985) ダイヤモンド社.）

第12章

技術進歩と規制の下での技術採用政策

1. はじめに

　企業の設備投資は新技術の採用によるものが大半を占め，これが企業の成長と経済発展の源泉となっている(Cooley, Greenwood and Yorukoglu, 1997; Greenwood, Hercowitz and Krusell, 1997). 最近の数十年間では技術進歩が加速し，企業は競争力を維持するため，できるだけ速く新技術を採用することがよいと考えられるが，実際には設備投資は一定の間隔でしか実行されないことが実証研究により示されている (Doms and Dunne, 1998). 正味現在価値が十分に大きくなるまで，投資が実行されないことを説明する理論としてはリアルオプション理論がある (Brennqn and Schwartz, 1985). しかし，通常のリアルオプション理論が示す正味現在価値の水準は高すぎると考えられる状況が存在する．Joaquin and Butler (2000) は2企業が競争的に市場に参入するとき，他の企業の参入を防ぐために，通常のリアルオプション・モデルが示す参入水準よりも早い段階で，市場に参入することを示した[1].

　ここでは，企業の新技術採用に影響を与える要因として，技術進歩のプロセスの不確実性とともにその他の不確実要因も考慮して，新技術採用のタイミングについて議論した．企業は，絶えずに生産コストを引き下げるように技術の改善を行っているが，環境の悪化などにより，企業には新たな規制が加えられ，それにともない生産コストの増加が引き起こされている．このような状況を考えるために，ここでは技術の改善による潜在的な生産コストの変化は通常の拡散過程とし，これに加えて，新しい規制強化がポアソン過程で発生し潜在的生産コストを増加させることになる跳躍拡散過程 (jump-diffusion process) を

使用した．規制強化による潜在的生産コストの増加は確率的に変動するものとし，ここではコストの増加率に1を加えたものが対数ガンマ分布となる場合について検討した．実際の生産コストは，新技術を採用したときの潜在的生産コストの水準と現在の潜在的生産コストの線形結合として表されるものとした．規制の導入が予想される場合には，当然，規制の導入を予想しない場合より早い段階で新技術が採用されることになる．新たな規制の導入といった事象は非連続的な事象と考えられるが，拡散過程にポアソン過程を加えるのではなく，拡散過程のパラメータを変更することにより，モデルを修正することも考えられる．こうした修正を行ったらどのようになるかについても検討してみた．

2. モデル

技術の改善により，新技術による生産コストは着実に低下するが，他方，排ガスなどの環境規制により，しばしば，生産コストの大幅な増加が生じる．技術の改善による潜在的生産コストの減少，および環境規制によるコスト増加はいずれ確率的に変動するものとし，潜在的生産コスト X_t は

$$X_t = X_0 \exp\left[(\mu - \sigma^2/2)t + \sigma W_t\right] \prod_{i=1}^{N(t)} \Phi_i$$

で表される跳躍拡散過程（jump-diffusion process）であるとする (Kou, 2002)．ここで，μ はコストの低下をもたらす技術の改善を表し，W_t は技術的改善の確率的側面を示すブラウン運動であり，$\sigma(>0)$ はボラティリティである．$N(t)$ は規制の変化を表すポアソン過程で，規制の変化は平均発生間隔 $1/\lambda(\lambda>0)$ で生じ，規制の変化が生じると，潜在的なコストは X_t から $\Phi_i X_t$ に増加する．$\{\Phi_i(\geq 1)\}$ は相互に独立な同一分布の確率変数の配列で，W_t, $N(t)$ と Φ_i は互いに独立とする．

潜在的生産コストを現実のものとするためには一定の投資コストが必要で，投資コストを支出することにより，実際の生産コストをその時点の潜在的生産

コストのレベルまで引き下げることができるものとする[2]．また，実際の生産コストは，企業が新技術を採用した時点での生産コストと現在の潜在的生産コストの線形結合で表されるものとする[3]．すなわち，前回の新技術の採用が，潜在的生産コストの水準が y のときに行われ，現在の潜在的生産コストの水準が x であるときの製品1単位の生産コスト k は

$$k = \alpha x + (1-\alpha)y, \quad 0 \leq \alpha < 1$$

となる．時刻 t での実際の生産コストが k のとき，時刻 t から $t+dt$ の間に生じるキャッシュフロー（＝売り上げ－コスト）は $\pi(k)dt$ で，関数 $\pi(k)$ は k の狭義減少関数であるとする．

企業が，前回，新技術を採用したときの生産コストが y で，潜在的な生産コスト X_t の水準が x で，割引率を $r(>0)$ とすると，プロジェクトからのキャッシュフローの割引現在価値 $V(x,y)$ について，微分方程式

$$\frac{1}{2}\sigma^2 x^2 V''(x,y) + \mu x V'(x,y) + \lambda E\left[V(\Phi x, y) - V(x,y)\right] - rV(x,y) + \pi(k) = 0 \quad (1)$$

が得られる．ここで，$V'(x,y)$ および $V''(x,y)$ は，$V(x,y)$ の x についての1次と2次の導関数である．

3．キャッシュフローの具体例と新技術採用タイミング

キャッシュフロー関数 $\pi(k)$ の具体例として，生産量は一定で価格がコストの線形関数である場合を考える．生産量を1とし，生産コストが k のときの価格（＝売り上げ）が $p = h_0 + h_1 k (h_0 > 0, \ 0 \leq h_0 < 1)$ であると，

$$\pi(k) = p - k = h_0 - (1-h_1)(1-\alpha)y - (1-h_1)\alpha x$$

となる．$a(y) = a_0 + a_1 y, \ b = -(1-h_1)\alpha$ とすると，

$$\pi(k) = a(y) + bx$$

という形で表せる．ここで，$a_0 = h_0, \ a_1 = -(1-h_1)(1-\alpha)$ である．

微分方程式(1)の解が，

$$V(x,y) = A(y) + Bx + Cx^\beta \tag{2}$$

であるとすると,

$$A(y) = a(y)/r, \quad B = b/[r - \mu - \lambda(E(\Phi) - 1)]$$

で，β は方程式

$$F(x) = \frac{1}{2}\sigma^2 x(x-1) + \mu x - (r+\lambda) + \lambda E(\Phi^x) = 0 \tag{3}$$

の解であることがわかる．Φ については，$\ln\Phi = u$ がパラメータ $\gamma(>0)$ と $\theta(>0)$ のガンマ分布に従う確率変数であると, u の確率密度関数

$$f(u) = \frac{1}{\theta\Gamma(\gamma)}\left(\frac{u}{\theta}\right)^{\gamma-1} exp\left(-\frac{u}{\theta}\right), \quad \Gamma(\gamma) = \int_0^\infty t^{\gamma-1} exp(-t)\, dt$$

から，$1/\theta > \beta$ であるときには,

$$E(\Phi^\beta) = \frac{1}{(1-\beta\theta)^\gamma} \tag{4}$$

となる．(2)式の最初の2つの項は現在使用する技術で永久に生産を行う場合のキャッシュフローの期待現在価値で，最後の項は，将来，新技術を採用することによって生じるキャッシュフローの増加分の期待現在価値を表すものであるから，x が大になるときには零に収束する．したがって，β は負でなければならない．Φ が対数ガンマ分布の場合，$x<1/\theta$ の範囲では(3)式の $F(x)$ は x の凸関数になり，$F(0) = -r < 0$ で $F(-\infty) = \infty$ であるから，β は(3)式の唯一の負の実数解であることがわかる．C は境界条件から決まる定数であるが，Cx^β は将来新技術を採用することによるキャッシュフロー増加の期待値であるから，係数 C は非負とする．[4]

企業が，前回，新技術を採用したときの生産コストが y で，確率変数 X_t の現在の水準が x で，確率変数の値が $z(<x)$ になったときに，新技術を採用するとしたときの将来のキャッシュフローの現在価値を $V(x,y,z)$ で表すと，新技術採用時点での1単位の現金の現在時点での期待現在価値は $(x/z)^\beta$ となるので，

第 12 章　技術進歩と規制の下での技術採用政策　229

$$V(x,y,z) = A(y) + Bx + (x/z)^\beta [A(z) + Bz + C'z^\beta - I - A(y) - Bz]$$

となる．ここで，C' は次回以降の新技術採用に依存する定数である．なお，新技術の採用が 1 回だけの場合は $C' = 0$ となり，現在生産を行っていない場合は $A(y) = B = 0$ となる．$V(x, y, z)$ の z についての偏導関数を求めると

$$\frac{\partial V(x,y,z)}{\partial z} = \frac{1}{z}\left(\frac{x}{z}\right)^\beta G(z)$$

となる．ここで，

$$G(z) = zA(z) - \beta[A(z) - I - A(y)]$$

である．

$$A_0 = a_0/r, \quad A_1 = a_1/r$$

とすると，

$$A(y) = A_0 + A_1 y$$

となり，

$$G(z) = A_1 z - \beta[A_1 z - I - A_1 y]$$

となる．$A_1 < 0$ であるから，$A_1 y + I < 0$ であれば，

$$z^* = \frac{\beta}{\beta - 1}\left(\frac{I}{A_1} + y\right)$$

で，$V(x, y, z)$ は最大になり，$A_1 y + I \geq 0$ であれば，$V(x, y, z)$ は $z > 0$ の範囲では，z の減少関数となる．したがって，$A_1 y + I < 0$ であれば，現在の潜在的生産コストが z^* 以上のときには，潜在的生産コストが z^* に達するまで待ち，現在の潜在的生産コストが z^* 以下のときには，直ちに新技術採用投資を実行するのが最適となる．$A_1 y + I \geq 0$ であれば，新技術採用投資は実行しないのが最適である．

4．数値例

最初に規制強化による潜在的生産コストの上昇を表す Φ について考える．

図表12—1　yとz*およびC

y	300	175.0838	96.9738	48.1317	17.5907
z*	175.0838	96.9738	48.1317	17.5907	—
C	18022867	349729.95	49457.21	3154.626	0

$\ln\Phi$ がパラメータ $\theta(>0)$, $\gamma(>0)$ のガンマ分布に従う確率変数であると, Φ の平均は(4)式から $1/(1-\theta)^\gamma$ となる. また, Φ の確率密度関数は $f(\ln\Phi)/\Phi$ となり, $\gamma>1$ のとき, Φ のモードは $exp[(\gamma-1)\theta/(1+\theta)]$ となる. Φ の平均とモードが1.2と1.1のとき, θ と γ はそれぞれ0.73265と2.3962となる. $\mu=-0.10$, $r=0.10$, $\lambda=0.30$ として, 上のガンマ分布のパラメータを使って β を求めると -1.6688 となり, $r-\mu-\lambda(E(\Phi)-1)=0.14$ になる. 生産コストのパラメータ $a=0.5$ とする. $h_0=200$, $h_1=0.5$ とすると, $A_0=2000$, $A_1=-2.5$, $B=-1.7857$ となる. さらに, $y=300$, $I=50$ として z^* を求めると, $z^*=175.08$ となる. この z^* を y として次の z^* を求めるというようにして, 順次 z^* を求めると, 96.97, 48.13, 17.59 となる. $y=17.59$ のときには $A_1y+I>0$ となるので, これ以降は新技術の採用は行われない. 上の結果を図表12—1でまとめた.

　パラメータ λ の増加は規制の平均発生頻度の上昇に対応し, また, パラメータ $\theta(0<\theta<1)$ および γ の増加は規制の強化による平均コストの増加に対応し, これらのパラメータの値の増加はいずれも z^* の水準を上昇させる効果をもつ. したがって, 規制強化によるコストの増加を無視したり, その効果を過小視したりしたときには, z^* の水準は低いものとなる. 企業の投資決定理論へのリアルオプションの応用で, しばしば, 待つことのオプションの価値が強調される. しかし, Joaquin and Butler (2000) は企業の競争的な市場への参入を考慮すると, 単純なリアルオプション理論の適用によって示唆される参入水準よりかなり早く参入することを示している. ここでも, 規制の強化のような逆の方向の動きを考慮すると, そうした動きを無視したときより, 早い時点で投資を実行することになる. そして, その場合, プロジェクトの価値も低下す

図表12—2　拡散過程の修正

	[0]	[1]	[2]	[3]
μ	−0.1	−0.1	−0.04	−0.04
σ	0.05	0.05	0.05	0.1450
β	−1.6688	−0.9759	−2.2683	−1.5067
B	−1.7857	−1.25	−1.7857	−1.7857
z_1^*	175.0838	138.2922	194.3292	168.3001
z_2^*	96.9738	58.4236	120.9902	89.1390
z_3^*	48.1317	18.9779	70.906	41.5575

る．

　規制強化によるコスト増加を反映するように，技術進歩を示すパラメータ μ を $\mu+\lambda E[\Phi-1]$ に変更すると，プロジェクトの価値を示す係数 B は跳躍拡散過程の場合と一致する．しかし，z^* はかなり大きくなり，跳躍拡散過程に比較してかなり早い時点で投資が実行されることになる．さらに，σ^2 を $\sigma^2+\lambda E[(\Phi-1)^2]$ に変更すると，z^* は μ だけを修正したときより小さくなる．先の数値例の数値を使用して，これらの効果を示したのが図表12—2である．[0]の列には先の跳躍拡散過程での結果を再度提示した．[1]の列は $\lambda=0$ としたときの結果である．[2]の列は μ のみを修正した結果で，[3]の列は μ と σ を修正した結果である．

5．結　論

　リアルオプション理論は，投資時点でのプロジェクトからのキャッシュフローの正味現在価値を現在時点で評価して，それを最大にするためには，正味現在価値が正になる時点ではなく，正味現在価値がかなり大きくなる時点まで待つことが必要であることを示し，企業にとって望ましい状態になるまで待つことを提案した．しかし，企業間の競争が存在するときには，他の企業の市場への参入を阻止するために，リアルオプション理論が示す水準に到達する時点よ

りも早い時点で投資を実行することが望ましいことが示されている．ここでは，技術進歩による生産コストの低下に対し，規制強化などによる逆の効果が存在するときに，企業にとって，不利になる状態を無視して，リアルオプション理論を適用すると不当に長い期間待つことになることを示した．また，規制強化などによる生産コストの増加を反映するように拡散過程のドリフト項を修正すると，キャッシュフローの現在価値は跳躍拡散過程の場合と一致するが，z^*は大きくなる．さらに，ボラティリティを修正すると，z^*はドリフト項のみを修正したときよりも小さくなるが，跳躍拡散過程のそれとは一致しない．

（董　晶輝）

本章は，『日本経営数学会誌』第 28 巻第 1 号の掲載論文の一部分を加筆したものである．

注

1) Joaquin and Butler (2000) が 2 企業の市場参入を取り扱っているのに対し，董 (2005)，董・飯原 (2005) は N 企業の市場参入について考察している．
2) ここでは，ジャンプは潜在的生産コストを上昇させるので，ジャンプが起きた直後に新技術採用投資が行われることはない．このタイプの分析については Dixit and Pindyck (1994) で触れられている．これに対し，Farzin, Huisman and Kort (1998), Doraszelski (2001, 2004) は状態変数がジャンプによってのみ変動し，ジャンプが生じた直後に新技術が採用される場合について分析している．
3) 企業は新技術を絶えず吸収していくが，設備を更新しなければ，技術進歩によるコスト低下を完全に享受することはできないだろう．規制強化によるコスト増加の度合いは新旧設備の環境負荷などにも影響を受けるので，より複雑である．ここでは線形結合の形で，潜在的生産コストの変化の一部分が現実の生産コストに反映されることとした．
4) 投資は不可逆的 (irreversible) で，生産を中止しても投資コストを回収することはできないが，生産を中止することにより，将来のキャッシュフローの現在価値を非負にすることができるとする．

参考文献

Brennan, M. and E. Schwartz (1985) "Evaluating Natural Resource Investment",

Journal of Business, Vol. 58.

Cooley, T. F., Greenwood, J. and M. Yorukoglu (1997) "The Replacement Problem", *Journal of Monetary Economics*, Vol. 40.

Dixit, A. K. and R. S. Pindyck (1994) *Investment under Uncertainty*, Princeton University.（川口有一郎等訳（2002）『投資決定理論とリアルオプション』エコノミスト社.）

Doraszelski, U. (2001) "The Net Present Value Method versus the Option Value of Waiting: A Note on Farzin, Huisman and Kort (1998)", *Journal of Economic Dynamics & Control*, Vol. 25.

Doraszelski, U. (2004) "Innovations, Improvements, and the Optimal Adoption of New Technologies", *Journal of Economic Dynamics & Control*, Vol. 28.

Doms, M. E. and T. Dunne (1998) "Capital Adjusted Patterns in Manufacturing Plants", *Review of Economic Dynamics*, Vol. 1.

Farzin, Y. H., Huisman, K. J. M. and P. M. Kort (1998) "Optimal Timing of Technology Adoption", *Journal of Economic Dynamics & Control*, Vol. 22.

Greenwood, J., Hercowitz, Z. and P. Krusell (1997) "Long-Run Implications of Investment-Specific Technological Change", *the American Economic Review*, Vol. 87.

Joaquin, D. C. and K. C. Butler (2000) "Competitive Investment Decisions", in Brennan, M. and L. Trigeogis (ed.) *Project Flexibility, Agency, and Competition*, Oxford University Press.

Kou, S. G. (2002) "A Jump-Diffusion Model for Option Pricing", *Management Science*, Vol. 48, No. 8.

McDonald, R. and D. Siegel (1986) "The Value of Waiting to Invest", *Quarterly Journal of Economics*, Vol. 101.

Pindyck, R. (1988) "Irreversible Investment, Capacity Choice, and the Value of the Firm", *American Economic Review*, Vol. 78.

Trigeogis, L. (1996) *Real Options: Managerial Flexibility and Strategy in Resource Allocation*, MIT Press.（川口有一郎等訳（2001）『リアルオプション』エコノミスト社.）

董晶輝（2005）「多企業競争市場における投資決定」『経営財務研究』第24巻第1号.

董晶輝・飯原慶雄（2005）「競争参入を考慮したプロジェクトの評価」『日本経営数学会誌』第27巻第2号.

第13章
産学官連携による新産業関連技術の創成と学術研究都市の経営

1．はじめに

　現代，企業の市場における競争は，きわめて急速なグローバル化，高度情報化の影響下にあり，知識資本主義（knowledge capitalism）[1]の様相を呈する．そのような状況下で，わが国の企業が，グローバル競争の渦中にあって生存を続けるには，国レベル，産業レベル，企業レベルの3層構造経済において，日本発の層別競争力を戦略的に統合していく必要がある．そのためには，とくに3層構造経済の基底を形成する，ミクロレベルにおける企業の競争力を強化することは，各行動主体の経営戦略にかかっている．その企業が，当該グローバル市場で競争優位を確保し続けるには，先端技術に支えられた新産業に関連する技術としての新産業関連技術分野において，知識イノベーション（knowledge innovation）を展開する必要がある（松行・松行，2004）．知識イノベーションは，現代社会におけるグローバルな企業競争力の源泉となる．

　そうした知識イノベーションを促進するうえで，新産業機能として注目されているのは，産学官連携による新産業関連技術を生成させる産業クラスター戦略の展開である．ここでいうクラスターとは，従来から存在する地域的な産業集積，単なる特定地域に向けての企業の集中的な立地ではなく，当該地域に，企業や大学などが，ただ多数，存在するだけではない．それは，企業，大学，研究機関などの集合体が，有機的な多層ネットワークを形成し，ダイナミックなイノベーションを達成することである（松行，2004，pp.101-112）．そうした産業クラスターは，相互に異質な企業が，協力と競争の精神に基づいて，一体的に競争力を高めていく仕組みを内在させる空間戦略の対象地域といえる．

第13章　産学官連携による新産業関連技術の創成と学術研究都市の経営　235

このようなクラスターが形成される過程においては，官，すなわち中央政府や地方自治体などの役割が重視されている．上述の外部経済性を有するネットワークを形成するには，政府部門の支援を含めた産学官連携が促進要因となる．

本章では，著者松行による多くの現地調査を踏まえた経験主義的な視点から，弾力的な組織関連として産業クラスターの戦略を取り上げ，産学官連携による新産業関連技術の創成と学術研究都市の構築と経営を中心に検討をする．

2．市場競争力の多重的構造

2.1　グローバルな市場競争原理

第2次世界大戦後，世界の自由貿易体制は，国境を超えた企業間，産業間，さらには国家間におけるグローバルな市場競争として展開した．とくに，GATT（関税および貿易に関する一般協定）の枠組みのなかで，国家間の貿易財取引における関税障壁は低下した．その結果，グローバル市場における企業間競争は加速化された．

1990年代には，ベルリンの壁の崩壊により東西間の冷戦構造は消失した．それにともない，低廉な労働力を抱える東側諸国が，グローバル市場に取り込まれ，市場における価格競争は激化した．さらに，情報通信技術（IT）の革新と相まって，企業には，国内の市場競争ではなく，グローバル市場における，生き残りをかけた適者生存の競争が求められてきた．

現代のグローバル市場では，企業の経営資源であるヒト，モノ，カネ，すなわち人材，物財，資本が，短時間に国際間を移動する状況を呈している．そうした競争は，伝統的な貿易財にとどまらず，サービスの分野にまで及んでいる．たとえば，情報通信，金融保険，小売，流通分野なども，厳しい市場競争に曝されている．

2.2 競争力の多重構造

そこで，次に，上述した，国，産業，企業という3層経済構造に分類して，それぞれの競争力の詳細について検討をする（Lester, 邦訳, 2000）．

　a．国の競争力：国の競争力とは，魅力に富む財・サービスとしての製品を，グローバル市場に対して安定的に供給することを意味する．それは，産業や国家に対して，長期的に国民生活の水準を向上させる環境条件を整備することで担保される．また，それは，国全体が競争力を保有すること，換言すれば，国内企業が付加価値の高い財・サービスを，高い生産性のもとに供給可能な状態を持続することである．こうした状況の継続により，同時的に，経済活動が良好な実績が顕現し，結果的に国民生活の水準は向上する．これは，国レベルでの競争を意味していない．つまり，国の競争力とは，国が，企業，産業レベルで，それらのグローバル競争に対して，高い競争優位性を実現できる環境を提供しているかに依存している（Porter, 邦訳, 1995）．

　周知のように，IMD（International Institute for Management Development, 国際経営開発研究所）は，独自に国別の競争力の指標を測定し，『国際競争力年鑑』によって公表をしている（IMD, 2007）．同年鑑の内容に従えば，「国の競争力とは，企業の競争力を維持する環境を提供する国家の能力」を意味する．このランキングは，各種統計データに加えて，当該国に在住する有識者に対するアンケートをもとにして，競争力の測定をしている．この測定結果は，主観的なアンケート調査によって，競争力の順位が左右される恣意性をもつという批判も存在する．しかし，この指標は，測定対象国の競争力について，相対関係を示すものとして活用されている．競争力ランキングを構成するIMD指標は，国民経済全体の成果を示すとともに，企業，産業が競争しやすいビジネス環境を保証する国の政策，制度を，競争力測定の指標として取り込んでいる．

　b．産業の競争力：上述において，国の競争力の意味について述べた．その競争力は，産業レベルの競争力を基盤にしている．それは，ある国に立地する特定の産業が，グローバル市場において発揮する相対的な競争力であるとみな

第13章　産学官連携による新産業関連技術の創成と学術研究都市の経営　237

すことができる．一般的に，貿易財の場合について，産業の競争力は，その産業のもつ輸出力の強さによって表現できる．当該の国内では，産業は，さらに多数の産業部門から構成される．それぞれの産業部門の国際競争力は，強弱さまざまである．そうした産業部門別の競争力を総合したものが国の総合力を形成する．

　国レベルの競争力の強さは，必ずしも，すべての産業の競争力の強さを要求するものではない．むしろ，各国が保有する人材，資本，技術などの資源の特質を踏まえて，その得意分野の競争力を延ばしていくことが得策である．グローバルに競争力が強い産業は，製品開発に際して，効率的，有効的に高付加価値を製品のなかに組み込むことで，その産業競争力を生み出している．

　c．企業の競争力：競争力の3層構造全体の基盤をなすのは，企業の競争力である．国の競争力の主体は企業であることは明白である．国の経済発展を担う主体は，競争力をもつ企業に他ならない．市場原理主義に基づくグローバル経済体制において，市場で生存できるのは，競争力をもつ企業だけである．競争力をもつ企業とは，持続的な生産，販売などの経営行動を通じて適正利潤を確保し，永続的な企業活動を維持できる企業に限られる．

　現代は，経済活動のグローバル化とともに，インターネットに象徴される情報通信技術の革新と普及により，企業間競争の状況にも大きな変化がみられる．従来，グローバルな企業間取引において，取引コストの占める割合は大きかった．しかし，情報通信の技術革新で，取引における時間的，地理的距離は大幅に低下した．それは，グローバル市場と国内市場が一体化した市場で企業間競争を強いられている状況を示している．

　このような市場で，自社製品と他社製品間で差別化ができない企業は，価格リーダーシップを発揮できないことから，市場からの撤退を余儀なくされる．このような市場で生き残りができる企業は，他社の製品と単純な競合をしない，独自的なブランド価値を有する製品・サービスなどを供給できる能力を保有することが必要である．

このような企業の競争力,競争優位性の確保の源泉は,ひとえに知識コミュニティ (knowledge community) の形成を通した知識イノベーションの創出にある (松行・松行, 2004). 知識イノベーションは,企業の研究開発などを通じて,既存の製品・サービスよりも付加価値の高い製品・サービスを,より有効的,効率的に供給できる新規性をもつ生産・販売方式を構築することに掛かっている. このような企業レベルのイノベーションは,先端技術に特化した技術革新だけではない. イノベーションは,たとえば,新しいビジネスモデルの導入などで,相手企業に対して競争優位性を確保できる企業活動への革新なども,当然のことながら,企業の知識イノベーション活動とみなされる.

3. イノベーションの創出に向けた中小企業の変革

3.1 中小企業経営者のリーダーシップ

上述した企業の競争力の創成のなかでも,競争力をもつ中小企業は,大企業と同様に知識イノベーションの担い手の役割を果たす. 零細過多性の産業特性をもつ中小企業は,雇用の創出において重要な存在である. また,国内生産において,総付加価値の過半を産出し,国内経済において欠くことのできない位置を占めている. したがって,知識イノベーションも,中小企業分野において創出する必要がある. 中小企業においてイノベーションが創発されることで,国内経済の発展も担保される.

中小企業経営の特徴は,経営者のリーダーシップの強さにある. また,経営の意思決定において,大企業の場合と比較して,迅速かつ柔軟である. したがって,伝統的な産業分野では,新しい市場ニーズに見合った製品やサービスの開発,生産性を向上させる組織革新への取り組み,新しい経営手法の導入などでは,大企業よりも,むしろ中小企業の方が革新的である場合が多い. わが国をはじめ,先進諸国など,高度に成熟した消費市場にあっては,消費者の嗜好は多様化している. そのような変動をする消費者需要に迅速に対応して,製品

第13章　産学官連携による新産業関連技術の創成と学術研究都市の経営　239

やサービスを供給可能にしているのも，小回りの利く中小企業の特質による．

中小企業では，大企業に比べて，ヒト，モノ，カネ，情報など，経営資源に乏しいことが多い．そういう中小企業に固有な弱点を克服するためには，通常，小回りの利くニッチ製品の製造分野に特化することで，製品の差別化戦略を図ることが多い（松行・松行，2002）．そのような戦略の展開で，中小企業は，経営資源が豊かな大企業との棲み分けを実現する．近年，グローバルに製造，販売される新産業関連技術分野としては，情報通信技術，半導体技術，ナノテクノロジー，バイオテクノロジーなどがあげられる．そのような先端技術分野では，逆に，中小企業，ベンチャー企業は，むしろ存在感を増している．

3.2　中小企業経営者の企業家精神

著者松行は，これまで早期に，複数回にわたり，米国サンフランシスコ湾岸地域に立地するシリコンバレーに赴き，情報通信企業の経営者などにインタビュー調査をしている．この地域の新技術関連産業にみられるように，ベンチャー企業が集積している地域では，大企業の技術者が中途退職をして，自己の開発した特殊な新産業関連技術を活かして新しいベンチャー企業をスタートアップする，スピンオフ現象が頻繁にみられる．

2006年，著者松行は，英国イングランドに赴き，現地で新産業関連技術について数多くのインタビュー調査を実施した．その際，ロンドン北東部のケンブリッジ大学を中心とする産業クラスターについて調査をした．セント・ジョーンズ・イノベーションセンターのCEOとのインタビュー調査においても，ケンブリッジ大学セント・ジョーンズ・カレッジの研究組織から生まれたバイオテクノロジーなどの研究成果をもとに，研究開発型ベンチャー企業がインキュベートされている．現代の欧米グローバル企業も，1980年代以降に，マイクロソフト，サンマイクロシステムなどのように，研究開発型ベンチャー企業として創業した事例も多い．

ところで，イノベーションによる企業競争力の強化は，既存企業の維持，成

長のプロセスにおいて，企業の創業，廃業も活発化させる．このような企業の組織構造における代謝作用が高いことも，企業競争力につながる促進要因として重視される．このような状況を踏まえれば，産業レベル，国レベルの競争力は，必ずしも同一企業の存続が前提ではない．多様なイノベーションをもたらす異質な企業が市場に参入すれば，競争と協力のもとで企業の競争力は向上する．中小企業経営者の企業家精神がイノベーションと結びつくことで，国際競争力は高まる（松田，1997）．このような厚みをもつ中小企業が多様な産業や地域に存在すれば，その国全体のグローバル競争力は向上する．

4．欧米における企業競争力の強化政策

4.1　アメリカにおける企業競争力の強化政策

　1980年代，アメリカ経済は，貿易赤字に悩まされた．そこでは，製造部門において，企業の競争力がきわめて低下していることが判明した．1983年，レーガン政権は，この問題を解決するために，連邦政府内に産業競争力委員会を設置し，1985年には，ヤングレポートが纏められた（日本政策投資銀行産業・技術部，2001）．このレポートにおいて，製造業が競争力を回復するためには，具体的に，技術，資本，人材，貿易など，多面的な政策の展開が必要であるとする提言が示された．

　このような内容をもつヤングレポートは，国家が産業に介入することで問題を解決しようとする提言であった．伝統的にアメリカでは，国家が市場に直接的に介入する産業政策は忌避されてきた．そのため，レーガン，ブッシュ共和党政権期には，この提言に基づく政策は展開されなかった．そこで，産業競争力委員会のメンバーは，民間組織として競争力評議会を旗揚げした．1987年，競争力評議会はニューヤングレポートを纏め，民間から競争力強化について再提言をした（日本政策投資銀行産業・事業部，2001）．その後，1991年，この競争力評議会は，NPOとして組織形態を改め，提言をしている．

第13章　産学官連携による新産業関連技術の創成と学術研究都市の経営　241

1992年，民主党のクリントン政権が発足すると，共和党政権では忌避されてきた産業政策を積極的に採用し，実施に移した．この時点から，産業，企業の競争力強化政策の実施が活発になり，先端技術を中心とした競争力強化政策が具体化した．この政策により，連邦政府は，民間企業に対して補助金を支給し，中小企業に対しての研究開発支援策（SBIR）を実施した．1999年，競争力評議会は，「アメリカの繁栄のための新しい変化」というレポートを発表した．このレポートでは，イノベーションを重視するとともに，そのための産業集積として，クラスター概念を評価する内容をもつ点で注目された．この提言の主旨は，知識資本主義のもとで，当該地域が高い経済成長を維持，発展するためには，知識イノベーションを積極的に推進する必要があるとした．

そのために必要な施策としては，具体的に次の3つの政策を展開する必要があるとした．すなわち，①クラスターの構築：企業，大学などの集積，企業の経営戦略に沿った市場競争の展開，生産と販売の需給調整，関連産業の支援体制の構築など，②イノベーション環境の整備：基礎研究への投資，研究開発支出に対するインセンティブ税制の構築，リスク資本の供給，高い教育水準の維持，科学技術に関する有能な人材のプール，情報通信インフラの整備，知的財産権の保護制度の確立，国際貿易投資の開放，洗練された消費市場の形成など，③クラスターとイノベーションの環境整備の統合化である．

2003年には，上述の競争力評議会のなかに，連邦政府のイノベーションを促進するための全米イノベーションイニシアティブが設置された．2005年，その共同議長となったIBMのCEOパルミザーノは，ここでの議論を踏まえて，イノベーションを推進するための資金面での支援策，政府資金投入の有無などを内容とするパルミザーノレポートを作成し，政府への提言を行った（日本政策投資銀行産業・事業部，2001）．

4.2　EUにおける企業競争力の強化政策

著者松行は，これまでに，総理府の要請と外務省，JETROの協力を得て，

ベルギーのブラッセルにある EC 本部を訪問し，加盟各国の産業経済，技術援助についてインタビュー調査をしている（松行・佐々木・大森・田代，1982）．1993 年に，EU（欧州連合）が，新たに設立された．その設立とともに，アメリカを意識した競争力強化に関して，域内各国の政策が足並みをそろえることで，それまで各国別でまちまちであった政策の企画調整を行った．1995 年に，イノベーションに関するグリーンペーパーが公表された．その内容は，競争力の維持，強化をするには，企業のイノベーション能力が不可欠であるという主旨で一貫している．

1990 年代後半，アメリカでは，情報通信分野の技術革新により，デジタル産業，デジタル技術利用企業のビジネスモデルが急速に進展した．その結果，マクロ経済も成長を続けた（松行，2006）．これと反対に，EU では，経済成長や労働生産性は低く抑えられたままであった．EU 構成国の首脳部では，アメリカをはじめとする他の先進国と競争をするためには，EU 全体として，戦略を策定する必要に迫られた．

このことを受けて，2000 年 3 月，リスボンにおける欧州理事会において，向こう 10 年の戦略目標とそれらの目標を達成するための包括的戦略が合意された．その包括的戦略は，より質の高い，より多くの雇用と，より強い社会的結束をともなって，持続可能な成長が可能な，世界で最も競争力と活力をもつ，知識と知財を基盤とした経済を構築するための方策であった．この戦略は，リスボン戦略と呼称され，EU のアメリカを意識した，競争力強化のための政策の基盤となった．

上述のリスボン戦略では，知識イノベーションを促進することが，最優先の政策課題のひとつとして位置づけられている．2000 年 9 月には，知識基盤経済におけるイノベーションと題するレポートが発表されている．この発表とともに，EU レベルでの研究開発政策が強化された．それによって，イノベーションを誘発する制度的枠組み，制度設計のほか，各国の政策やその普及をするためのプロジェクトが実施された．

第13章　産学官連携による新産業関連技術の創成と学術研究都市の経営　243

　また，このリスボン戦略では，EUの中小企業の振興政策も重要な柱となった．2000年の欧州理事会では，欧州小企業憲章（European Charter for Small Enterprise）が，加盟国間で調印された．この憲章のなかで，小企業は，イノベーション，雇用促進の原動力だけではなく，さらには欧州における社会的，地域的統合の原動力であると明言している．また，現代の知識基盤経済において，小企業は，持続的な経済成長を可能にする主体であると規定している．そのように，この時点で，EU各国の代表者が，知識資本主義時代における中小企業の在り方について，新しい認識に基づく産業政策について合意をした意義は大きい．従来の中小企業政策が，そこまでも保護政策的であった状況を逸脱して，中小企業経営者の企業家精神とそれに基づく企業ダイナミズムを利用した競争力強化をめざす方向へ変革した事実は，いずれも注目に値する．

　EUにおける企業競争力の強化は，あくまでもアメリカに追いつくことを念頭に，産業政策が合意されている．そのためには，量的政策においては，EU全体として研究開発費を増額することについて取り決めている．質的政策としては，企業間競争のレベルを向上させることが，企業のイノベーション能力を向上させ，企業競争力強化の鍵となるという視点に立っている．このようなEU全体の共通認識によって，先端技術開発をめざす中小企業に関して，研究開発支援，企業家精神の高揚，創業支援，地域におけるクラスターの振興，ネットワークによる企業連携などの産業政策が展開されている．

4.3　OECDにおける企業競争力の強化政策

　現在，OECDは，EUの場合と同様に，経済全体が，これまでの生産・流通に加え，情報と知識を活用する知識基盤経済に向けて変革していることを認識している．著者松行は，これまで，パリ郊外にあるOECD本部を公式訪問し，加盟国の産業技術協力，技術援助などを中心に，関係部課長とインタビュー調査を行った経験を有する．その後，東京のOECD事務局を通じて，長年月にわたり刊行物，資料，情報の提供を受けた．ところで，OECDは，知識イノ

ベーションを支える産学官を中心とした相互連携と社会システムの関連を重視するナショナル・イノベーション・システムについて検討してきた．その過程において，経済発展の基礎となる企業のイノベーション能力を強化するには，クラスター政策がきわめて有効であるという認識に達した．そのため，OECDは，各国のクラスター政策やサイエンスパークなどを含む，クラスター構築について実態調査をしている．また，EUと同様に，CECDも中小企業が，知識基盤経済においても重要な役割を分担しているという共通の認識をもつ．

　2000年には，OECDは，48ヵ国の合意を得て，ボローニア中小企業憲章を採択している．この憲章で，OECDは，各国が，ナショナル・イノベーション・システムを構築するに際して，中小企業が中心的な役割を担うとし，中小企業が競争力を強化するために必要な政策メニューを明らかにした．こうしたOECDの憲章に盛り込まれた競争戦略は，先述したEUの企業競争力強化の政策と，内容的に共通する事柄が多い．

5．企業競争力の源泉としてのクラスター

5.1　新しい産業集積による企業競争力の創成

　先述したように，1999年，アメリカの競争力評議会から発表されたレポートが先駆けとなって，産業競争力とイノベーションの源泉として，地域における新しい産業集積機能を果たすクラスター政策に対して，世界の注目が集まった．そのため，各先進国ならびに地方自治体では，知識イノベーションを実現するために，クラスター内企業や地域企業間ネットワークの構築に向けて，国や地域それぞれに独自の政策的取り組みがみられる．

　これまでの伝統的な経済理論においても，産業がある地域に集積することにより，取引コストが減少し，技術や知識のスピルオーバーによる外部経済効果の発生などが指摘されてきた（渡邊, 2007）．これらの伝統理論に対して，現代のグローバル化，高度情報通信化の時代にあって，上述してきたように，新し

いネットワーク経済効果をもたらす産業集積機能として注目されているのは，産業クラスター政策である．この場合，産業クラスターは，ダイナミックな知識イノベーションを創発させる場として認識されている（松行，2004）．

現代の産業構造では，企業がアウトソーシングすることが可能な，比較的単純な生産・販売・流通機能は，グローバル企業によって世界各地に分散化されている．しかし，一方，技術者や研究者が，各人の暗黙知を活用して，高度な付加価値を形式知として創出する機能は，産業クラスターという新しい集積機能によって，ネットワーク化，重層化されて活用されている．このような新しい地域産業集積機能が，企業競争力の形成に貢献している．

5.2 産業クラスターにおける知識イノベーションの創出

ハーバード大学経営大学院のマイケル・ポーター教授は，競争優位の経営戦略理論の提唱者として知られている．しかし，彼は，本論で述べる産業クラスター理論の提唱者でもある（Porter，邦訳，1999）．彼のいう，産業クラスターとは，特定の新技術関連分野に共通する技術やノウハウにより知識的に繋がった，大学などの研究機関，関連企業，高い専門性を有するサプライヤー，金融機関，行政機関・業界団体などの関連機関が，地理的に集中し，競争と協力の関係を同時的に保持している状態をいっている．

この産業クラスター概念は，従来からの単純な産業集積とは一線を画す特質をもつ．そこで，上述から，とくに産業クラスターのもたらす機能として，次の識別可能な特質を列挙しておきたい．

① 産業クラスターには，研究開発型企業だけではなく，大学，研究機関，ネットワーク支援機関など，多様な組織体，関連機関が参加している．

② 産業クラスターを構成する関連機関のなかには，多層構造を有する組織間ネットワークが存在している．それらの機関は，研究開発，事業化，販売など，あらゆる事業活動の側面で，組織間学習（interorganizational learning）などの相互作用をすることで，シナジー効果を発揮している．

③ 産業クラスターを構成する組織間には，協力関係のもとに競争関係が存在する．このような協力の枠組みのなかでの異質な組織体間の競争関係が，知識イノベーションを創出させる原動力となることが多い．

④ 産業クラスターの内部では，情報や知識のスピルオーバー，フェース・ツー・フェースのプライマリー・コンタクトが生成する．そうした作用によって，クラスター内の研究者や技術者などの個々人がもつ暗黙知は，形式知化され，共有化されやすい．この産業クラスター内の知識コミュニティの存在が，知識イノベーションを創発させる（松行・松行，2004）．

⑤ 産業クラスターを発展させる促進要因として，社会的な組織間ネットワークとともに，参加する企業経営者の企業家精神も重要である（松田，1997）．

⑥ 産業クラスターでは，有力な大学や企業が，公式，非公式ネットワークの中核に加わっていることが重要である．それは，産業クラスターの信頼と連携を高める．また，それは，産業クラスターの発展に対して，ビジョンを共有化させ，異質な参加主体を強い協力関係によって結束させる．

⑦ 産業クラスター内の社会的ネットワークが有効的に作用すれば，大学，研究機関の研究者や技術者が，技術の商業化をめざして，自ら起業しやすくなる．また，既存の企業などからのスピンオフを促進させる．スピンオフは，さらにスピンオフをおこさせるという，スピンオフの連鎖効果がもたらされる．このような企業家精神を背景にした市場への新規参入が盛んになれば，企業の競争力が一層に高まる．

6．英国における企業競争力とケンブリッジ・サイエンスパークの形成

6.1 ケンブリッジ現象とハイテククラスターの創成

英国イングランド東北部に立地するケンブリッジ大学で有名なケンブリッジ

地域は，1980年代以降，ケンブリッジ大学周辺にハイテク企業が集中して誕生し，世界的な注目を集めた．このような有力なケンブリッジ大学を中心にし，産学官の連携を得て，周辺のサイエンスパークに次々とハイテク企業や研究機関，支援機関などが誕生し，地域外からも参入してくる地域集積現象は，ケンブリッジ現象 (Cambridge Phenomenon) とよばれている (Segal, 1985)．著者松行は，2006年3月，この現象の状況を調査するために，ジェトロLONDONの協力を得て，ケンブリッジ大学を訪問した．同大学では，大学本部研究協力部の全面協力を得て，当該地域で最大規模を有するセント・ジョーンズ・イノベーションセンターや同大学ジャッジ経営大学院などで，それぞれインタビュー調査を実施した（松行，2007 a）．

ケンブリッジ大学を中心とする学術研究都市は，同大学の学問的な名声を背景にして，さまざまな研究開発型企業，研究機関，関連支援機関などが，自発的に集積している．したがって，現在も，ケンブリッジ地域は，ケンブリッジ大学の主導でハイテククラスターとして地域成長がみられる．このような学術研究都市の成長には，それを担う産学官連携が存在していることが判明した．そのような連携によって，網の目のような企業，大学，研究機関，行政機関などを結合するネットワーク組織体が存在している．

6.2 産学官連携と学術研究都市の成長

ケンブリッジ地域は，1960年代までは，大学と産業との連携はあまり強くはなかった．ケンブリッジ市は，英国の典型的な静かな大学町に過ぎなかった．しかし，1960年代後半に至ると，イングランド政府により英国経済の成長を求めて，大学と産業の連携が見直され，産学官連携が重視されるようになった．その結果，1970年に，ケンブリッジ大学の協力のもとに，ケンブリッジ・サイエンスパークが設立された．その際，バークレイ銀行は，1970年代から1980年代にわたって，とくに創業間もないベンチャー企業，中小企業などに対して，柔軟な投資政策を展開した．バークレイ銀行は，そうした企業に

対して資金融資だけではなく，コンサルティング支援などでも重要な役割を果たした．

　1980年代に入ると，ケンブリッジ地域の各サイエンスパークには，エレクトロニクス，エンジニアリングをはじめとするハイテク企業が集積し，イングランドでは最大規模の先端技術産業の集積地域へと成長した．1985年時点では，当該地域の先端技術企業は，およそ360社に達し，こうした状況に対してケンブリッジ現象という呼称が付けられた．1990年代には，ケンブリッジ大学研究協力部などの支援を得て，各カレッジや学部は，産業界との連携を積極的に取るようになった．現在，ケンブリッジ地域は，半導体技術，ナノテクノロジー，バイオテクノロジー，製薬技術などのハイテク企業が，3,500社以上立地し，就業者もおよそ50,000人に達している．こうしたハイテククラスターには，大学，企業家，地方自治体，金融機関，ベンチャー・キャピタルなどが参加するネットワークが，複雑に交差している．そこでは，既存の独立企業から新しいベンチャー企業が次々にスピンオフし，先端技術企業の操業が続けられている．

　ジャッジ経営大学院では，同経営大学院MBA修了者を中心に，ケンブリッジ地域に立地するベンチャー企業の経営を担う企業家養成のために，さまざまな教育研修プログラムが用意されている（Minshall & Wicksteed, 2005）．そうした教育研修プログラムによって，ネットワークに参加する人材の組織的な供給について，きわめて熱心である．

6.3　サイエンスパークを主導する地域ネットワークの役割

　世界で最多数のノーベル賞受賞者を輩出したことでも著名なケンブリッジ大学が，このハイテククラスターの中心に存在することの意義は大きい．この大学は，これまで，研究者の研究開発に対するインセンティブを与えるためさまざまな取り組みをしてきた．現在，研究者が，研究開発によりえた成果に対しての知的所有権は，研究者自身に帰属させる制度を設けるに至った（松行，

第13章 産学官連携による新産業関連技術の創成と学術研究都市の経営　249

2007 a）．大学と民間の交流として，民間研究所の出身者が，ケンブリッジ大学の研究所長を兼務するなど，きわめて柔軟な産学官連携関係を維持している．

　また，ケンブリッジ大学の各カレッジ・学部は，それぞれサイエンスパークや研究所を設立し，学内的にも良好な協力と競争の関係を維持している．また，大学の研究協力部を通じて，アメリカのMITなど有力大学と，さまざまな大学間連携を実施している．著者が，大学本部事務局を訪問した際にも，研究協力部門の総括担当者が，MITなどと研究協力の打ち合わせのため訪米中であった．ケンブリッジ地域における大学関係者とのネットワークには，もちろん，サイエンスパーク関係者が，一体的に組み込まれている．そのネットワーク関係が有効的に機能して，ベンチャー企業の創出に役立った．1970年代に設立されたケンブリッジ・サイエンスパークは，1980年代に差し掛かると，上述のケンブリッジ現象を生起させるきっかけをつくった．

　2006年3月，著者松行は，ケンブリッジ大学を訪問し，あわせて同地域最大の規模を有するセント・ジョーンズ・イノベーションセンターのCEOにインタビュー調査を実施した．1987年に創立された同センターは，ベンチャー企業のインキュベータにとどまらず，技術情報の提供，資金調達の支援など，さまざまな支援サービス事業を展開している．このサイエンスパークのCEOが，強いリーダーシップを発揮することで，産学官連携に必要な支援サービスを実施し，今後においても，新しい支援サービス分野への拡充を意図していることがわかった．CEOは，著者に対して，近年，中国が，その巨大な資金力を背景に，サイエンスパークにおける製薬部門の研究に強い関心を示している動向に注目していることを伝えた．わが国では，日立や東芝などが，それぞれケンブリッジ大学と産学官連携をして，ケンブリッジ地域にそれぞれ研究所会社を立地させ，新産業関連技術の研究開発分野において相互交流をしている．

　ここでは，企業の発展段階に対応して，ビジネスサービスを提供する企業，金融機関，各種公的機関などが集積している．そのうち，資金供給機関としては，投資機関，エンジェル投資家グループなどが集積している．また，インキ

ュベータから巣立って，創業間もないベンチャー企業に対して，ケンブリッジ・エンタープライズ・エージェンシーなどの機関が機能している．そのほか，会計事務所，技術コンサルタントなど，各種の関係支援機関が集積している．

7．わが国における産業クラスターの形成と北九州学術研究都市の経営

　ここでは，わが国における産学官連携による新産業関連技術を創成させる企業競争力の源泉として，北九州学術研究都市の事例を取り上げ，その地域ネットワークに基づく経営について検討する．現在，東アジアの新時代に向けて，北九州市が展開しているプロジェクトが，ヒト，モノ，カネ，情報などの経営資源をネットワークする北九州学術研究都市の構築と経営である（北九州産業学術推進機構，2005）．この都市は，産学官連携によるモノづくりの街として，さらにはアジアの学術研究の拠点として，力強く発展していくことをめざしている．北九州市が，その経営目標に向けて，着実に歩み続けられれば，ハイテククラスターを基盤にもつ，活力あふれる国際テクノロジー都市へ変革をすることができる．その知的基盤となるのが北九州学術研究都市である．

　北九州市は，東アジアの新時代の未来型産業都市を構築するために，次に示す四大プロジェクトを推進している（北九州市，2005）．すなわち，

① 東九州自動車道による陸の道：このプロジェクトでは，北九州市を起点として，大分，宮崎，鹿児島を結ぶ，全長約436kmの高速道路が建設されている．

② 環黄海圏ハブポート：北部九州は，東京湾，伊勢湾，大阪湾と並ぶわが国における中枢国際港湾である．2003年，北部九州に新しく「ひびきコンテナターミナル」が完成し，西日本，アジア，北米，欧州を結ぶ大型コンテナ貨物の国際中継拠点が誕生した（松行，2007b）．

③ 新北九州空港による空の道：2005年，周防灘沖合の埋立地を有効利用して，大型ジェット機が離着陸する海上空港として新北九州空港が開設した．この空港は，従来の北九州空港に代替する新空港で，連絡道路としての海上橋も供用を開始した．

④ 北九州学術研究都市による知の道：新時代の交通，物流の拠点として，陸・海・空のあつまる地域に，ヒト，モノ，カネ，情報などの経営資源も集まる．20世紀初頭，日本ではじめて官営八幡製鐵所ができたモノづくりのまちが北九州地域である．この文化と風土を生かして，研究するヒトと，その新産業関連技術を育てようとするサイエンスパークが，この学術研究都市である．複数の大学，研究機関，企業がネットワークを組んでクラスターを形成し，地域への社会貢献や広くアジアとの連携を意図している．今後，この北九州市発の新産業関連技術を適用した，ニュー・ビジネスモデルや新しいまちづくりが期待されている．この北九州学術研究都市は，若松区西部と八幡西区北西部の約335haに及ぶ広大なサイエンスパークである．2001年には，産学官連携の中核をなす大学ゾーンが開設された．

8．北九州市発のモノづくりのまちと新産業関連技術の創成

8.1 新産業関連技術の創成

現在，わが国では，少子高齢化が進展し，人口減少社会の到来が予測されている．そうした状況下で，経済の持続的な発展を図るためには，技術革新や人材の育成，活用で生産性を高めていくことが鍵となる．また，近年，経済のグローバル化の進展が顕著である．とくに，東アジア，とりわけ，わが国の企業は，中国などへ事業展開が進むと同時に，高機能な部素材や高付加価値製品製造機能の国内生産回帰の傾向もみられる．したがって，つねに，グローバルな視点から製品の高付加価値化や流通，販路の開拓が必要になっている．また，

企業の社会的責任に対する要請から，企業の事業活動も，持続可能で，豊かな社会への要請が強く求められている．

新産業関連の技術政策においても，国の第2期「科学技術基本計画」および「新産業創造戦略」によって，国の競争力強化のためのリーディング産業の育成が求められている（経済産業省, 2006；文部科学省, 2006）．そこで，2001年，第2期「科学技術基本計画」における重点4分野として，① ライフサイエンス分野，② 情報通信分野，③ 環境分野，ナノテクノロジー・材料分野が挙げられている．また，2004年の「新産業創造戦略」では，a．国際競争型新産業関連技術分野として，① 燃料電池，② 情報家電，③ ロボット，④ コンテンツがあげられている．併せて，社会変化対応型新産業関連技術分野として，① 健康福祉機器・サービス，② 環境エネルギー機器・サービス，③ ビジネス支援サービスが挙げられている．

また，創造的な地域産業の再生に向けて，地域クラスター形成の推進政策が展開されている．国の「産業クラスター計画」や「知的クラスター創成事業」によって，地域の強みを活かし，官との連携による産・産，産・学など，産学官の交流，連携を活発にし，次々に，知識イノベーションを生み出すことが期待されている（経済産業省, 2006；文部科学省, 2006）．その結果，国際競争力をもった企業の集積による新しい産業クラスターの形成が可能になる．

8.2 北九州市モノづくりの産業振興プラン

北九州市では，2003年8月，次世代産業の基盤となる科学技術振興の方向性を示した「北九州科学技術振興指針」を策定し，今後，重点的に競争力を強化すべき7つの新産業関連技術分野を定めた．ここで，その7分野とは，① システム LSI，② 環境情報，③ バイオ情報，④ ロボット，⑤ バイオ生産，⑥ ナノマテリアル，⑦ クリーンエネルギーの新産業関連技術分野である．これらの諸分野は，上述したわが国の第2期「科学技術基本計画」および「新産業創造戦略」によって，国の競争力強化のためのリーディング産業育成の要請を

受けた分野である.

　北九州学術研究都市の建設を契機として，市内のモノづくり産業には，新しい飛躍への胎動が生まれ，陸・海・空・知の道の構築とともに，産業基盤整備，生活基盤整備が進展している．また，それらの進展によって，過去の公害問題が克服されるとともに，モノづくり産業の再生に向けた環境が整いつつある（末吉，1993）．ここで取り上げた「北九州市モノづくり産業振興プラン」は，これまでの本市における産業競争力の強化の動きをさらに強め，そのモノづくり産業の持続的な発展を図るために，具体的な都市経営戦略と必要な施策に関するアクションプランとして策定された．

　このプラン対象は，製造業を中心とするモノづくり産業としている．しかも，上述を含め，本論でいう「モノ」とは，ハードウエアとしての製品だけではなく，サービス，技術，特許，ノウハウなどの広いソフトウエアを含めた内容を指している．この計画は，2004〜2008年度までの5年間の事業施策期間を想定している．もちろん，社会経済情勢の変化に対して新しく発生した課題に対しては，随時，プランの見直しを行い，柔軟な対応を取ることにしている．

8.3 北九州市モノづくり産業振興プランの基本戦略

　モノづくりの産業振興プランには，次に述べる3つの基本戦略が策定されている（北九州市，2005）．

　その基本戦略1では，中小製造業を中心とする地域企業の競争力強化を支援する戦略内容が盛り込まれている．モノづくり産業の活性化を図るには，その中核を担う中小企業の活性化が前提になる．その場合，意欲的にイノベーションに挑戦する中小企業については手厚く支援をするとしている．具体的には，① 企業の競争力強化の基礎となる経営基盤の安定化と具体的な経営戦略の策定を支援する．② 市場，顧客ニーズを反映したモノづくりへの転換や，取引先の拡大に向けて，水平的かつ広域的ネットワークの構築やマーケティング力

の強化について支援する．③モノづくりの基礎となる技術力について，大学などの知を活用した高付加価値化に向けた事業について支援する．④企業競争力の源泉である人材の育成や確保，大学など研究機関からの優秀な人材の輩出に対して支援する，としている．

基本戦略2では，「北九州市科学技術振興指針」で示した，先端的な7つの技術分野や企業や大学などの研究開発，事業化を促進する．その場合，その成果を活用して，今後の成長が見込まれるフロンティア産業である半導体関連産業，環境産業，ロボット産業などを重点的に育成するとしている．そのため，重点技術分野における市内産業や大学などの研究開発，事業化の取り組みに対し，基礎から応用，実用化，製品化に至る研究開発段階に応じて，支援事業をする．さらに，北九州市に地域ポテンシャルがあり，今後，新産業関連技術として期待できる，半導体関連，環境，ロボットの各技術分野について，それらの要素技術の研究開発を進め，それらの技術をさらに融合した次世代産業の育成を意図する．その結果，地域の産学官が一体となって，新技術関連分野の産業化を推進する組織づくりを行い，協力による連携と競争により，新しいイノベーションが，次々に生まれる創造的な地域集積としての産業クラスターを形成することを戦略目標としている．

基本戦略3では，産業に活気と刺激を与えるベンチャー企業を次世代産業分野における，新しい知識イノベーションの担い手として位置づけるとしている．このような新しい企業が，次々にスタートアップできる事業環境の整備や成長を促進する施策を市政の産業施策として支援することになっている．そのためには，産学官が連携して，ベンチャー企業の創業者が次々に誕生するように，この北九州学術研究都市の産業クラスターを中心に，企業家風土の醸成や事業計画の策定支援，資金支援など，企業家のスタートアップしやすい環境整備をする．とくに優良なベンチャー企業については，創業期から事業拡大期まで，一貫した支援をすることを明らかにしている．さらに，官側からも，企業間交流の場の提供や受注の拡大に向けた働きかけをし，新技術関連分野におけ

第13章　産学官連携による新産業関連技術の創成と学術研究都市の経営　255

る市場環境整備にも積極的に取り組むことを明らかにしている．

9．おわりに

　本論の先述において，ポーターによる産業クラスター戦略のうち，産学官連携による新産業関連技術の創成と学術研究都市の経営を中心に，その理論構成と日英の学術研究都市の経営事例について，経験主義的な立場に立ち，現地調査を含む事例分析をしてきた．本論では，著者が，実際に現地調査をした欧米日の学術研究都市の経営を中心に，産学官連携による新産業技術創成の実を挙げている事例について考察した．

　その結果，産学官連携による企業競争力の源泉として，弾力的組織（flexible organization）としての産業クラスターの形成に注目が集まっていることがわかった．産業クラスターとは，相互に関連し合う新産業関連技術分野において，地理的に近接する企業，大学，研究機関，産業支援機構，技術移転機関，産学連携仲介機関，専門家グループ，地域ネットワークなどのアクター（行動主体）が，それぞれの地域が所有している経営資源の魅力に誘引されて集積した状態といえる．そのようなクラスターが形成されると，その地域に蓄積された研究上の知見，技術，ノウハウ，データなどの知的資産価値が，水平的なネットワークを通して，迅速に流通する．また，協力関係の下での競争メカニズムの場において，活発な知識イノベーションが生起される．そのような柔軟なネットワークが機能すれば，たとえ，事業環境が大幅に変動しても，企業は創造的に適応することができる．

　この際，官による政策的な関与は，① 産学官連携機関の設置，中核企業の成長支援，人材の育成など，クラスターの構成要素を支援すること，② 産学官ネットワークの形成，企業連携事業の支援など，産業クラスターの構成要素間の相互作用を促進することなどであることが判明した．

　本論で上述した産業クラスターにみられるような学術研究都市の経営は，①

産業クラスター内の行動主体が，相互に資源補完の関係性を強化することで，それぞれの事業環境の外部経済効果を向上させることができる．② 産業クラスター内に，産学官が連携する水平的ネットワークが構築されれば，異質な行動主体間の協力と競争によるシナジー効果と相俟って，知識イノベーションの連鎖が起こりやすくなり，新事業，新産業が創出される．このことは，企業の競争力強化に貢献する．③ このように，産業クラスターが成長を続ければ，企業，人材，投資などの求心力を高め，既存の産業集積がさらに拡充することになる．

(松行康夫)

注
1) 貨幣，土地，労働に代わる最も重要な資本として「知識」が急浮上している．知識の役割の変化を的確につかむことで，現在の経済社会の変化を引き起こしているビジネス，就労，学習の意味が根本から変わる．本論も，そのような知識資本主義の視点に立っている．詳しくは，Alan Burton-Jones (1999) *Knowledge Capitalism-Business, Work, and Learning*, Oxford University Press, 野中郁次郎監訳 (2001)『知識資本主義』日本経済新聞社, pp.1-353, などを参照されたい．

参考文献
松行康夫・松行彬子 (2004)『価値創造経営論―知識イノベーションと知識コミュニティ』税務経理協会.
松行康夫 (2004)「日本発の産業クラスターの戦略的形成と研究開発による競争力の創生」『経営力創成研究』第2号, pp.101-112.
Lester, R. K. (1998) *The Productive Edge*, W. W. Norton & Company, Inc. (田辺孝二・西村隆夫・藤末健三訳 (2000)『競争力』生産性出版.)
Porter, M. E. (1980) *Competitive Strategy*, Free Press. (土岐坤・中辻萬治・服部照夫訳 (1995)『競争の戦略』ダイヤモンド社.)
IMD (2007) *IMD World Competitiveness Yearbook* 2007, IMD.
松行康夫・松行彬子 (2002)『組織間学習論―知識創発のマネジメント―』白桃書房.
松田修 (1997)『起業論―アントレプレナーの資質・知識・戦略』日本経済新聞社.
日本政策投資銀行産業・技術部 (2001)「『ヤングレポート』以降の米国競争力政策

と我が国製造業空洞化へのインプリケーション；国際競争プラットフォームの整備とイノベーション強化のための提言」『産業レポート』第13巻，日本政策投資銀行，pp. 1-42.

松行康夫・佐々木恒男・大森弥・田代稔（1982）『行政分野における国際協力分野の国際比較に関する調査研究』行政管理研究センター，pp. 1-367.

松行康夫（2006）「サイバー社会の構成主義」『進化経営学―生命プロセスの認識―』白桃書房，pp. 113-132.

渡邊千仭（2007）「日本企業の競争力の創成と経営組織の変革―ハイブリッド技術経営―」第10回東洋大学経営力創成研究センター・シンポジウム講演レジュメ，pp. 1-80.

Porter, M. E. (1998) *On Competition*, Harvard Business School Press.（竹内弘高訳（1999）『競争戦略論Ⅰ・Ⅱ』ダイヤモンド社.）

Segal, N. (1985) *Cambridge Phenomenon: The Growth of the High-technology Industry in University Town*, Segal Quince and Wicksteed.

松行康夫（2007 a）「ケンブリッジ大学における産学連携とパートナーシップによる技術移転のメカニズム」『企業競争力の研究』（東洋大学経営力創成研究センター編）中央経済社，pp. 119-133.

Minshall, Tim and Bill Wicksteed (2005) *University spin-out companies: Starting to fill the evidence gap-A report on a pilot research project Commissioned by the Gatsby Charitable Foundation*, St. John's Innovation Center Ltd. and SQW Ltd., pp. 1-58.

北九州産業学術推進機構（2005）『FAIS 2005 事業報告書』北九州産業学術推進機構.

北九州市（2005）『北九州市モノづくり産業振興プラン』北九州市産業学術振興局産学政策課.

松行康夫（2007b）「共進化するデュアルシティ・川崎市」東洋大学主催・川崎市共催，tvテレビ神奈川，神奈川新聞社後援，「東洋大学シンポジウム in 川崎」（川崎市産業振興会館）2004年10月16日，講演資料.

経済産業省（2006）『産業クラスター計画』経済産業省地域産業グループ.

文部科学省（2006）『平成18年度知的クラスター創成事業』文部科学省科学技術・学術政策局地域科学技術振興室.

末吉興一（1993）『挑戦―百万都市北九州の再生にかける―』ぎょうせい.

〔資料〕
東洋大学経営力創成研究センターの概要と活動報告

1．本センターの概要

　本センターは，2004年6月に文部科学省の「私立大学学術研究高度化推進事業」を受けたオープンリサーチセンターとして，設立された．

　本研究では，われわれ研究グループが構想するMMOT（Management and Marketing of Technology）概念に基づいて，日本発の新しい企業競争力の創成に関する研究を目的として推進してきた．センターの活動は，「組織」「経営財務」「マーケティング」という三つの領域別研究を中心に活動し，シンポジウムの開催や，年報『経営力創成研究』を刊行している．

2．シンポジウム

- **開所式・記念講演会**
  日時：2004年7月31日（土）
  場所：東洋大学白山キャンパス井上円了ホール
- **第1回シンポジウム**
  「経営力とコーポレート・ガバナンス
  　　―企業競争力の強化を目指して―」
  日時：2004年12月4日（土）
  場所：東洋大学白山キャンパス2号館16階スカイホール
- **第2回シンポジウム**
  「経営力と現代経営者の社会的責任
  　　―企業競争力の強化を目指して―」
  日時：2005年3月8日（火）
  場所：東京ガーデンパレス2階須磨
- **第3回シンポジウム**
  「弾力的な組織関連とテクノロジーからの競争力創成」
  日時：2005年7月16日（土）
  場所：東洋大学白山キャンパス2号館16階スカイホール
- **第4回シンポジウム**
  「事業再生と経営力」
  日時：2005年12月10日（土）

場所：東洋大学白山キャンパス2号館16階スカイホール
- 第5回シンポジウム

「市場ニーズへの創造的適応からの競争力創成
　―マーケティングとテクノロジーの共鳴―」

日時：2006年3月7日（土）

場所：東洋大学白山キャンパス2号館16階スカイホール
- 第6回シンポジウム

「研究開発と企業競争力」

日時：2006年7月8日（土）

場所：東洋大学白山キャンパス5号館2階5201・5202
- 第7回シンポジウム

「戦略提携とMOT
　―日本企業の競争力創成を目指して―」

日時：2006年12月9日（土）

場所：東洋大学白山キャンパス2号館16階スカイホール
- 第8回シンポジウム

「最高財務責任者の役割と企業競争力」

日時：2007年1月18日（木）

場所：東洋大学白山キャンパス2号館16階スカイホール
- 国際シンポジウム

UMSL-Toyo University Symposium

日時：2007年3月16日（金）

場所：米国ミズーリ大学セントルイス校
- 第9回シンポジウム

「日本発マネジメント・マーケティング・テクノロジー
　―新しい競争力の創成―」

日時：2007年6月16日（土）

場所：東洋大学白山キャンパス2号館16階スカイホール
- 第10回シンポジウム

「新しい経営組織の創成と企業競争力」

日時：2007年10月20日（土）

場所：東洋大学白山キャンパス2号館16階スカイホール
- 第11回シンポジウム

「新しい財務力の創成と企業競争力」

日時：2007年12月8日（土）

場所：東洋大学白山キャンパス2号館16階スカイホール

- 東洋大学学術研究推進センター主催,当センター共催シンポジウム
  「大学発ベンチャーへの挑戦」
  日時：2008年1月19日（土）
  場所：東洋大学白山キャンパス2号館16階スカイホール
- 第12回シンポジウム
  「日本企業の経営力創成」
  日時：2008年6月7日（土）
  会場：東洋大学白山キャンパス2号館16階スカイホール
- 第13回シンポジウム
  「日本企業の経営・マーケティングの競争力
    ―アジア企業との国際比較―」
  日時：2008年12月13日（土）
  会場：東洋大学白山キャンパス2号館16階スカイホール
- 第14回シンポジウム
  「日本型経営の構築と経営力の創成」
  日時：2009年1月31日（土）
  会場：東洋大学白山キャンパス2号館16階スカイホール

3．刊行物

(1) 年報
- 『経営力創成研究』創刊号
  刊行日：2005年3月25日
- 『経営力創成研究』第2号
  刊行日：2006年3月25日
- 『経営力創成研究』第3号
  刊行日：2007年3月25日
- 『経営力創成研究』第4号
  刊行日：2008年3月25日
- 『経営力創成研究』第5号
  刊行日：2009年3月19日（予定）

(2) 単行本
- 東洋大学経営力創成研究センター編『企業競争力の研究』中央経済社
  刊行日：2007年3月31日
- 東洋大学経営力創成研究センター編『経営力創成の研究』学文社
  刊行日：2009年2月20日

索　引

ア　行

IR（インベスター・リレーションズ）
　　14
ISO26000　　103
IMD　　236
アウトソーシング　　51, 245
暗黙知　　123, 245
ERP　　39, 55
EAI　　47
ES（従業員満足度）　　170
異質性　　142, 146
イノベーション　　68, 111
イノベーション戦略　　141
インターネット　　237
win-win関係　　185
売上高営業利益率（ROS）　　139
AMA　　182, 184
駅ナカ　　207
　　――の事業展開　　209
「駅ナカ」市場　　210
エコ・カー　　100
エコデザイン　　107
エコ・ネットワーク　　106
SEM　　39
SA　　47
SCM　　39
エタノール車　　102
NAMT　　181
MOT　　86
MOT人材　　85, 86
OECD　　243
音楽教室　　221

カ　行

科学技術基本計画　　252
価格競争　　160
化学産業　　133, 134
加重平均資本コスト　　3
価値創造企業　　44
価値創造経営　　50
価値創造型CSR　　9
活動基準会計　　46
株主価値　　44
株主資本主義　　185, 195
株主重視の経営　　2
加盟企業　　124
環境規制　　99
環境技術　　100
環境経営　　101
環境責任主体　　104
環境負荷　　97
管理者研修　　32
企業価値最大化　　4
企業家精神　　240, 243, 246
企業価値　　218
　　――創造の枠組み　　3
企業間提携　　101
企業競争力　　240, 243
企業市民　　15
企業統治　　27
企業の競争力（経営力）　　199, 237
企業の社会的責任　　14
企業不祥事　　10
技術経営　　132
技術的多角化　　141, 145, 147
技術ポートフォリオ　　140, 146, 149
規制の平均発生頻度　　230
帰属意識　　84
期待現在価値　　228
北九州学術研究都市　　250, 251, 253
北九州市科学技術振興指針　　254
北九州市モノづくり産業振興プラン
　　253
機能性化学産業研究会　　144
規模の経済性　　166, 177
キャッシュカウ　　126
キャッシュフロー　　227
　　――の正味現在価値　　231
Carrol and Buchholtz　　14

競争優位性　62
協同体系　83
協同体系的能率性　41
金融危機　179
金融のグローバル化　1
グラント，R. M.　65
クロスファンクションチーム　175
グローバルコーディネータ　175
グローバルスタンダード　194
経営価値スコアカード　45
経営価値創造論　47
経営価値創造モデル　44
経営者　5
経営のグローバル化　1
経営ビジョン　5
経営力　4, 27
　──の創成　5
経営力創成　18, 35
研究開発型　135
研究開発型ベンチャー企業　239
研究開発集約度　145
研究開発多角化　145
研究開発特性　137
研究開発費支出　140, 149
顕在能力　81
現地従業員　174, 177
ケンブリッジ現象　247, 248
ケンブリッジ・サイエンスパーク　248
コア・コンピタンス　64
コアベネフィット　121
公開特許　136, 143
公開特許件数　145, 146
高度成長期　190
コーポレートユニバーシティ　34
顧客価値　44
コンピテンシー　83
コンプライアンス的信頼　25

サ 行

最高意思決定　5
最高人事責任者　93
在職期間異質性　148
採板工程　173
サブプライムローン問題　179
差別化戦略　239
サーベンス・オクスリー［SOX］法　50
産学官連携　250
産業競争力委員会　240
産業クラスター　234, 245, 254
産業集積機能　244
産業組織論　61
産業の競争力
参入障壁　167, 175, 177
CRM　39
JR 東日本　199, 204
JMA90 年定義　192
CSR　9
事業化特別推進制度　144
自己回帰不等分散モデル　145
自己統治　27
自己統治経営者　28
市場シェア　158
市場創造　207
　──と最適なニッチ　199
システム・フランチャイジング　117
次世代経営者育成　35
持続可能な発展　21, 22
持続的競争優位性　63
CPM　43
資本コスト　2
資本力　204
社会的技術の体系　43
社会に信頼される企業　21
ジャーコビー，S.　91
ジャスト・イン・タイム　51
従業員価値創造　47
受動的学習説　124
循環型社会　105, 106
準拠対象　84
準レント　62
職能背景異質性　148
消費者志向　185, 190
少品種大量生産　165
情報通信技術　235
正味現在価値　224
職能資格制度　82
職場内教育訓練　93
職務遂行能力　82
新技術採用　225
新技術採用投資　229
新古典派経済学　61

索　引

人材スコアカード　92
人材マネジメント　76
新産業創造戦略　252
深層の競争力　156
人的資源管理　76
新・日本流経営　29
Suika　206, 207
ステークホルダー　8
ステーションルネッサンス　209
スピルオーバー　244
スピンオフ　239, 246, 248
摺り合わせの組織能力　161, 162, 163, 164, 177
正規従業員　84
正社員の定着率　170, 175
製品—工程マトリクス　165
製品差別化　165, 166
製品ライフサイクル　135, 165
責任労働化論　56
先行者優先　167, 175
潜在的生産コスト　226
潜在能力　81
全人性　8
セント・ジョーンズ・イノベーションセンター　249
選抜人材教育　33
全米イノベーションイニシアティブ　241
戦略パートナー　89
戦略フォーカス　67, 69
属人的要素　81
側生組織　42
組織　41
　——の活性化　205
　——の効率性　141
　——の柔軟性　204
組織的意思決定過程　42
組織的能率性　40
組織能力　156
組織文化　68
ソーシャル・マーケティング　191
ソリューション　134

タ　行

対境関係　19
対境理論　8

対人的信頼　25
第2次マーケティング専門視察団　188
チェーン・オペレーション　119, 122
地球環境問題　97, 103
知識イノベーション　234, 238, 241, 252, 256
知識資本主義　234, 241, 243
知識ベース論　71
知的財産価値　136, 255
中小企業経営　238
跳躍拡散過程　225, 226
TETの製法　164
TMT異質性　148
DCS　172
デファクトスタンダード　181
デリバラブル　88
電気音響研究室　220
ドウアブル　88
投資決定理論　230
投資媒体モデル　6
特許　133, 144
トップマネジメント訪米視察団　187
トップ・マネジメント・チーム　141
ドラッカー，P.I.　39

ナ　行

ニッチ　207
日本国有鉄道　199
日本商業学会　186
日本人派遣員　174, 177
日本生産性本部　182
日本マーケティング協会　189
人間環境宣言　22
値下げ戦略　194

ハ　行

ハイテククラスター　249
ハザード・レート　124
バーナード，C.I.　38
破滅的競争　194
バランスト・スコアカード　48
PERT　43
非営利組織のマーケティング　193
ビジネスシステム　112, 113, 120
ビジネスフォーマット・フランチャイジング　118

ビジネスモデル　110
ビジネスメソッド　111, 115, 122
PDP 製造工程　163
PDCA サイクル　12
ビュースイカ　206
表層の競争力　156
ピラミッド型 CSR　16
付加価値生産額　134
フランチャイジー　118, 121
フランチャイズ　115
フランチャイズ・システム　110, 119
フランチャイジング　114, 123
ブランド・ロイヤルティ　117
フリー・キャッシュ・フロー　3
プロダクト・プランニング　188
プロダクト・フランチャイジング　121
プロダクト・ミックス　176, 177
ポアソン過程　226
ボラティリティ　232
ボロニア中小企業憲章　244

マ 行

マーケティング　180
マーケティング定義　182, 184
マーケット　188, 194
マーケティング専門視察団　187
マネジアル・ケイパビリティ　61
マネジメント　1
マネジリアル・コンピタンス　67, 69
モジュラー型設備集約産業　177
ものづくり戦略　176, 177

ヤ 行

ヤマハ楽器　210
山葉寅楠　210
ヤングレポート　240

ラ 行

ライフサイクル・アセスメント　107
リアルオプション　230
リアルオプション理論　225
利害関係者　24
リスボン戦略　242
リーダーシップ　238
リードタイム　139, 143
連続フロー工程　166

執筆者一覧（執筆担当章）

小椋康宏　東洋大学教授………………………………………………（第1章）
　　　　　　東洋大学経営力創成研究センター長
　　　　　　東洋大学経営力創成研究センター研究員
　　　　　　プロジェクト・リーダー

平田光弘　星城大学教授………………………………………………（第2章）
　　　　　　東洋大学経営力創成研究センター客員研究員

河野大機　東洋大学教授………………………………………………（第3章）
　　　　　　東洋大学経営力創成研究センター研究員
　　　　　　プロジェクト・サブリーダー

中村久人　東洋大学教授………………………………………………（第4章）
　　　　　　東洋大学経営力創成研究センター研究員
　　　　　　プロジェクト・サブリーダー

幸田浩文　東洋大学教授………………………………………………（第5章）
　　　　　　東洋大学経営力創成研究センター研究員

柿崎洋一　東洋大学教授………………………………………………（第6章）
　　　　　　東洋大学経営力創成研究センター研究員

小嶌正稔　東洋大学教授………………………………………………（第7章）
　　　　　　東洋大学経営力創成研究センター研究員

中内基博　東洋大学准教授……………………………………………（第8章）
　　　　　　東洋大学経営力創成研究センター研究員

富田純一　東洋大学専任講師…………………………………………（第9章）
　　　　　　東洋大学経営力創成研究センター研究員

疋田聰	東洋大学教授	(第10章)
	東洋大学経営力創成研究センター研究員	
	プロジェクト・サブリーダー	
小川純生	東洋大学教授	(第11章)
	東洋大学経営力創成研究センター研究員	
董晶輝	東洋大学准教授	(第12章)
	東洋大学経営力創成研究センター研究員	
松行康夫	東洋大学名誉教授	(第13章)
	東洋大学経営力創成研究センター客員研究員	

■編者紹介

東洋大学経営力創成研究センター

　本センターは，2004年6月に文部科学省の「私立大学学術研究高度化推進事業」を受けたオープンリサーチセンターとして，東洋大学大学院経営学研究科の中に設置されております．本センターでは，われわれ研究グループが構想したMMOT（Management and Marketing of Technology）の概念に基づいて日本発の新しい企業競争力の創成に関する研究を推進しております．

〒112-8606
東京都文京区白山5-28-20

経営力創成の研究

2009年2月20日　第一版第一刷発行

編　者	東洋大学経営力創成研究センター
発行所	㈱ 学 文 社
発行者	田 中 千 津 子

東京都目黒区下目黒3-6-1
〒153-0064　電話(03)3715-1501　（代表）　振替　00130-9-98842
http://www.gakubunsha.com

落丁，乱丁本は，本社にてお取り替えします．　　　印刷／亨有堂印刷所
定価は，売上カード，カバーに表示してあります．　　＜検印省略＞
ISBN 978-4-7620-1919-7
Ⓒ 2009　Research Center for Creative Management Printed in Japan